상처
주지
않을
결심

12 STEPS TO A COMPASSIONATE LIFE
Copyright ⓒ Karen Armstrong 2011
All rights reserved
Korean translation copyright ⓒ 2024 by BULKWANG MEDIA CO.
Korean translation rights arranged with Felicity Bryan Associates Ltd
through EYA Co.,Ltd.

이 책의 한국어판 저작권은 EYA Co.,Ltd 를 통해
Felicity Bryan Associates Ltd 과 독점 계약한 주식회사 불광미디어가 소유합니다.
저작권법에 의하여 한국 내에서 보호를 받는 저작물이므로 무단 전제 및 복제를 금합니다.

상처
주지
않을
결심

Twelve Steps to A Compassionate Life

이기적
본능을
넘어서는
공감의
힘

카렌 암스트롱
지음

권혁
옮김

불광출판사

서문

더 나은 세상을 위한 소원

2007년 11월, 내가 상을 받게 되었다는 소식을 들었다. '널리 퍼뜨릴 가치가 있는 생각들'에 대한 훌륭한 강연으로 유명한 사설 비영리 기구인 TED(Technology, Entertainment, Design)는 해마다 이 세상에 의미 있는 변화를 이끌어 내고, 도움이 더해지면 더 큰 영향력을 끼칠 수 있는 사람들에게 상을 수여하고 있다. 그동안 미국의 전 대통령 빌 클린턴과 과학자 E. O. 윌슨, 그리고 영국의 요리사인 제이미 올리버가 이 상을 받았다. 수상자는 상금으로 10만 달러를 받게 되지만, 그보다 더 중요한 것은 더 나은 세상을 위한 한 가지 소원을 빌 수 있으며 TED는 그것이 이루어지도록 모든 노력을 다할 것이라는 점이다.

나는 내가 원하는 것을 이미 알고 있었다. 우리 시대의 가장 중요한 과제들 중 하나는 분명 모든 사람이 서로를 존중하며 함께 살 수 있는 세계적인 공동체 건설이 되어야만 할 것이다. 하지만 이러한 과제에 가장 크게 공헌해야 할 종교는 오히려 문제의 한 부분으로 보인다.

　　모든 종교들은 자비慈悲(Compassion)가 진정한 영적 권위를 시험하는 잣대이며 신, 브라만, 열반涅槃, 혹은 도道라고 부르는 초월성에 도달할 수 있도록 이끌어준다고 주장한다. 종교들은 자비에 대해 '네가 남들에게 대접받기 원하지 않는 방식으로 그들을 대접하지 말라' 혹은 긍정적인 표현으로 '네가 대접받고자 하는 대로 남들을 대접하라'와 같이 때로는 황금률黃金律이라 불리는 자기들 나름의 해석을 제시해왔다. 더 나아가, 자신이 속한 집단에게만 선행을 베풀어서는 안 되며, 모든 사람에게 ―비록 적이라 할지라도― 관심을 가져야만 한다고 주장한다.

　　하지만 슬프게도 우리는 오늘날 자비에 대해 거의 듣지 못하고 있다. 런던에서 택시를 타게 되면, 나의 직업을 물어본 기사들이 종교가 역사상 모든 주요 전쟁의 원인이었다고 딱 잘라 말하는 것을 수도 없이 듣는다. 사실 분쟁의 원인은 대부분 탐욕과 시기심, 그리고 야망이지만, 이를 정당화하기 위해 이런 이기적인 감정들은 종종 종교적 수사에 가려져 왔다. 최근에는 종교의 극악무도한 남용이 무척이나 많이 저질러지고 있다. 테러리스트들은 종교의 가장 신성한 가치들을 훼손하는 그들의 잔학 행위에 당위성을 확보하기 위해 오히려 종교를 이용하고 있다.

　　로마의 가톨릭교회에서는 교황과 주교들이 교회의 성직자들이 저지른 성적 학대를 못 본 체하는 것으로 수많은 여성과 어린이들이 겪고 있는 고통을 무시하고 있다. 일부 종교 지도자들은 자신의 종파는 찬양하지만, 경쟁자들에 대해선 자애심이 부족하다고 헐뜯으며 세속의 정치인처럼 행동하고 있다. 그들의 공식적인 성명서에는 자비에 대한 언급은 거의 없고, 성적 관습이나 여성들의 성직 임명 혹은 난해한 교의에 대한 정의와 같은 부차적인 문제에만 매달리고 있다. 황금률보다는 이런 부차적인 문제들에 대한 적당한 입장이 마치 진정한 믿음의 기준이라는 듯한 태도를 보이는 것이다.

하지만 종교의 자비로운 목소리가 지금처럼 간절히 요구되던 시대는 없었다. 우리의 세계는 위험할 정도로 양극화되어 있다. 부와 권력의 위태로운 불균형이 존재하며 그 결과로 점점 커져가는 분노와 막연한 불안, 소외와 굴욕감이 테러리스트의 잔학 행위로 분출되어 우리 모두를 위험에 빠뜨리고 있다. 우리는 끝낼 수도, 이길 수도 없어 보이는 전쟁을 벌이고 있다. 아랍과 이스라엘 간의 갈등처럼 근본적으로는 세속적인 분쟁들은 점점 악화되어 '신성한' 문제로 변질되었다. 일단 그러한 갈등이 신성화되면 양쪽의 입장은 더욱 완고해지고 실용적인 해결책은 저항을 받게 된다. 하지만 그와 동시에 우리는 전자 매체를 통해 과거의 그 어느 때보다 서로에게 훨씬 더 가까이 연결되어 있기도 하다. 고통과 빈곤은 더 이상 멀리 떨어진 지구 반대편의 어떤 불우한 지역에만 국한되지 않는다. 한 나라의 주식이 폭락하면 전 세계의 주식 시장에 도미노 현상이 발생한다. 오늘 가자Gaza나 아프가니스탄에서 일어난 일이 내일은 런던이나 뉴욕에 영향을 끼치게 된다. 또한 우리는 모두 환경 재앙이라는 끔찍한 가능성에 직면해 있기도 하다.

지금까지는 민족 국가에만 한정되어 있던 파괴적인 권력을 소수의 집단이 점점 더 많이 차지하게 될 이 세계에서, 우리 자신이 대접받기를 원하는 대로 모든 사람이 대접받을 것이 보장되도록 전세계에 황금률의 적용이 절실하게 요구되고 있다. 만약 우리의 종교적, 도덕적 전통들이 이처럼 어려운 과제들을 제대로 다루지 못한다면 우리 시대에 부과된 시험을 통과하지 못하게 될 것이다.

2008년 2월의 시상식에서 나는 TED에 종교적, 도덕적 삶의 중심에 자비를 회복시킬 수 있도록 다양한 주요 종교의 뛰어난 사상가들에 의해 작성될 '자비의 헌장(Charter for Compassion)'을 발표해 널리 퍼뜨릴 수 있도록 도와달라고 부탁했다.

이 헌장은 극단주의와 불관용, 그리고 증오의 목소리들과 맞서게 될 것이다. 또한 종교가 서로 다투고 있다고 널리 인식되어 있는 이 시대에, 우리가 지닌 뚜렷한 차이에도 불구하고 이 헌장에 모두 동의할 것임을 증명하게 될 것이다. 그리하여 신앙을 가진 사람들이 서로의 경계를 넘어서고, 정의와 평화를 위해 함께 노력하는 것이 실제로 가능함을 증명할 것이다.

전 세계 수천 명의 사람들이 다국어 웹사이트에 히브리어, 아랍어, 우르두어, 스페인어 그리고 영어로 작성된 헌장의 초고를 기고해 주었다. 그들의 의견은 여섯 가지 종교전통(유대교, 그리스도교, 이슬람교, 힌두교, 불교, 유교)에서 모인 저명한 인사들의 모임인 '양심위원회(Council of Conscience)'에 제출되었다. 그리하여 양심위원회는 2009년 2월 스위스에 모여 다음과 같은 최종안을 작성했다.

자비의 헌장

자비의 원칙은 모든 종교적, 도덕적, 영적 전통의 핵심에 자리 잡고 있으며, 언제나 우리가 대접받기를 바라는 대로 남들을 대접할 것을 요구한다.

자비는 우리로 하여금 인간의 고통을 해소하기 위해 끊임없이 노력하고, 우리 스스로 세상의 중심에서 물러나 다른 사람들을 그곳에 놓아두며, 모든 인간 개개인의 침해할 수 없는 존엄성을 존중하고, 모든 사람을 예외 없이 절대적인 정의와 공평함과 존경심으로 대하도록 한다.

또한 모든 공적이거나 사적인 삶에서 누군가에게 고통을 가하는 것을 지속적으로 그리고 공감적으로 억제하는 것이 반드시 필요하다. 원한이나 쇼비니즘 혹은 사리사욕으로 인해 폭력적으로 행동하거나 말하는 것, 누군가의 기본권을 무력화하고, 착취하고, 부정하는 것 그리고 다른 사람들을 — 우리의 적일지라도 — 모욕하여 증오를 유발하는 것은 우리가 공유하는 인간애를 부정하는 것이다.

우리는 자비롭게 살지 못해왔으며 심지어 종교라는 명목으로 인류의 고통을 가중시키기도 했다는 점을 인정한다.

그러므로 우리는 모든 사람들에게 다음과 같이 요청한다.

- 도덕과 종교의 중심에 자비를 회복할 것
- 폭력, 증오, 경멸을 낳는 경전 해석을 인정하지 않는 옛 원칙으로 돌아갈 것
- 젊은이들에게 다른 전통과 종교와 문화에 대한 정확하고도 경의가 담긴 정보를 제공할 것
- 문화적, 종교적 다양성에 대한 긍정적인 이해를 장려할 것
- 모든 인간이 (적으로 여겨지는 사람들까지도 포함하여) 겪는 고통에 대해 지식에 근거한 공감을 장려할 것

양극화된 이 세계에서 우리는 자비를 깨끗하고 명쾌하며 역동적인 원동력으로 삼아야만 할 필요가 있다. 이기심을 초월하려는 원칙에 의거한 결의를 바탕으로 한 자비는 정치적, 교의적, 이념적, 종교적 경계들을 무너뜨릴 수 있다.

우리의 깊은 상호의존성에서 비롯된 자비는 인간의 관계와 인간애의 성취에 필수적이다. 자비는 깨우침으로 나아가는 통로이며, 공정한 경제와 평화로운 세계 공동체를 만들어내는 데 필수 불가결한 것이다.

―――――――――――――――――――

헌장은 2009년 11월 12일에 전 세계 60곳의 서로 다른 장소에서 공

표되었으며, 유대교 회당, 이슬람 모스크, 힌두교·불교 사원, 그리고 교회와 성당뿐 아니라 카라치 언론 클럽(Karachi Press Club), 시드니 오페라 하우스와 같은 여러 비종교 기관에도 안치되었다. 하지만 작업은 이제 막 시작되었다. 이 글을 쓰는 지금, 전 세계 150개 이상의 파트너가 헌장을 실질적이고 현실적인 행동으로 옮기기 위해 협력하고 있다.1

하지만 과연 자비가 우리 시대의 다루기 어려워 보이는 문제들을 치유할 수 있을까? 지금과 같은 첨단 기술의 시대에 이러한 미덕이 실현 가능한 것일까? 그리고 실제로 '자비(compassion)'가 의미하는 것은 무엇일까? 이 단어는 종종 '불쌍히 여김(pity)'과 혼동되며, 무비판적이고 감상적인 자선과 연관되곤 한다. 예를 들어, 옥스퍼드 영어 사전은 형용사인 '자비로운(compassionate)'을 '애처로운(piteous)' 혹은 '측은한(pitiable)'으로 정의하고 있다. 자비에 대한 이런 인식은 널리 퍼져 있을 뿐만 아니라 그 뿌리도 깊다. 최근에 네덜란드에서 강연을 하면서 나는 자비가 남들을 불쌍하게 여긴다는 의미가 **아니라**고 강조했지만, 나의 강연을 소개한 네덜란드 일간지 드 폴크스크란트De Volkskrant의 기사는 '자비'를 시종일관 '불쌍히 여김'으로 번역해 놓았다. 그러나 passion은 '고통받다, 견디다, 혹은 체험하다'라는 의미의 라틴어 *patiri*와 그리스어 *pathein*에서 파생된 단어이다. 그러므로 '자비(**com**+passion)'는 '다른 사람과 **함께** [어떤 일을] 견딘다'는 의미이다. 다른 사람의 입장에 처해 보는 것, 다른 사람의 고통을 마치 나의 고통처럼 느껴 보는 것, 그리고 관대하게 다른 사람의 관점을 가져 보는 것이다. 그렇기 때문에 자비가 우리 자신의 마음을 들여다보고, 고통의 원인을 찾아내어, 어떤 상황에서든 누구에게든 그 고통을 가하지 말 것을 요구하는 황금률에 적절하게 요약되어 있다고 말하는 것이다. 그러므로 자비는 원칙에 입각한 태도로서, 지속적인 이타주의라고 정의될 수 있다.

황금률을 명확하게 제시한 최초의 인물은 중국의 현자인 공자孔子(기원전 551~479)로 알려져 있다. 제자들이 "종일 그리고 매일" 실천해야 할 가르침에 대해 묻자 그는 이렇게 대답했다. "그것은 필시 '서恕(배려)'에 대한 가르침일 것이다. '서'는 남들이 너에게 하지 말았으면 하는 일을 너 역시 남에게 하지 않는 것이다."2 이것은 그가 '도道'라고 부르던 사상 체계를 관통하여 모든 가르침을 하나로 엮어주는 실이라고 했다. 그의 제자 중 한 명은 "우리 스승님의 도는 남을 위해 최선을 다하는 '충忠'과 남을 배려하는 '서'이다."라고 설명했다.3 '서'에 대한 보다 명확한 해석은 '다른 사람을 나 자신처럼 여기는 것'이다. 즉 자기 자신을 특별하거나 특권을 가진 범주에 넣지 말고, 자신의 경험을 다른 사람들의 경험과 '종일 그리고 매일' 연관시켜야 한다는 것이다.

공자는 이러한 이상을 '인仁'이라 불렀다. 이 단어는 본래 '고귀한' 혹은 '가치 있는'이라는 뜻이었지만 그의 시대에는 그저 '인간적인'이라는 의미로 사용되었다. 본래의 뜻은 '부드러움', '유연함'이라고 주장하는 학자들도 있었다.4 하지만 공자는 '인'에 대해 정의 내리기를 거부했다. 그의 시대에 널리 알려져 있던 그 어떤 범주에도 적절하게 부합하지 않기 때문이라는 것이다.5 인은 그것을 완벽히 실천한 사람만이 이해할 수 있으며, 그렇지 못한 사람은 상상조차 할 수 없다. '종일 그리고 매일' 인을 실천하는 사람만이 '분별 있는 인간', 즉 군자君子가 될 수 있다.

그러므로 자비는 인간성과 떨어뜨려 생각할 수 없다. 진정으로 자비로운 사람은 사적인 이익에 따라 움직이는 대신 언제나 다른 사람을 중심으로 생각한다. 서恕를 훈련하여 실천하면 초월적인 경험의 차원으로 들어설 수 있는데, 이것은 모든 인간적인 교류를 특징짓는 자기중심주의를 뛰어넘는 것이기 때문이다.

붓다(기원전 470~390) 역시 같은 생각을 갖고 있었다.6 그는 자신의 내면에서 성스러운 평화의 영역을 발견했다고 주장했으며, 그것을 열반涅槃(nirvana, '번뇌를 불어 끄다')이라고 불렀다. 그 영역을 발견하기 전까지 자신을 속박하던 열망과 욕망과 이기심이 마치 불꽃처럼 소멸되었기 때문이었다. 그는 열반은 전적으로 자연스러운 상태이며 자신의 수행법을 실천에 옮기는 사람이라면 누구나 성취할 수 있다고 주장했다. 그 중심적인 수행법 중의 한 가지는 모든 사람과 모든 사물 내에 존재하는 '헤아릴 수 없는' 사랑의 네 가지 요소를 명상하는 것이었다. '마이트리maitri(慈)'는 모든 지각 있는 존재에게 행복을 주려는 욕구이다. '카루나karuna(悲)'는 모든 생명을 고통에서 벗어나도록 하겠다는 결의이다. '무디타mudita(喜)'는 다른 사람들의 행복에서 기쁨을 얻는 것이다. 그리고 마지막으로 '우펙샤upeksha(捨)'는 모든 존재를 동등하고 편견 없이 사랑하도록 만들어주는 평정심이다.

그러므로 모든 종교전통은 자비가 인간에게 자연스러운 것이라는 데 의견이 일치하고 있다. 즉 인간의 본성을 구현하고, 자아를 굽히고 줄곧 타인과 공감하고 배려하도록 요구함으로써 평상시의 아집我執에 싸인 상태를 초월하여 존재하는 차원으로 인도한다는 것이다. 앞으로 살펴보겠지만, 세 유일신 종교들도 이와 비슷한 결론에 도달하게 되며, 이러한 관념이 모든 종교에서 독립적으로 나타났다는 사실은 자비가 인간성의 구조에 필수적이라는 것을 보여준다.

자비는 우리가 인정하고 존중하는 것이다. 역사를 통해 자비는 인류의 공감을 얻어왔으며 우리는 진정으로 자비로운 사람을 만났을 때 고양된 감정을 느끼게 된다. 교도소 개혁 운동을 이끈 퀘이커교도 엘리자베스 프라이Elizabeth Fry(1780~1845), 병원 개혁가인 플로렌스 나이팅게일Florence Nightingale(1820~1910) 그리고 가톨릭 노동자 운동의 창시자인 도로시 데이Dorothy Day(1897~1980)는 모두 영웅적인 자선활동의 대명사가 되었다. 공격적인 남성 중심 사회에서 활동했음에도 불구하고 이 세 사람은 모두 자비로운 이상을 망각할 위험에 빠져 있던 세상에서 그것을 실용적이고 효과적이며 지속적인 힘으로 만드는 데 성공했다. 마하트마 간디Mahatma Gandhi(1869~1948), 마틴 루터 킹Martin Luther King Jr.(1929~1968), 넬슨 만델라Nelson Mandela(1918~2013) 그리고 달라이 라마Dalai Lama에게 쏟아지는 대중의 엄청난 존경심은 그들이 자비롭고 지조 있는 지도자에 목말라 있었다는 것을 증명한다. 다른 차원에서 보자면, 작고한 영국의 왕세자비 다이애나Diana, Princess of Wales(1961~1997)에 대한 대중의 열광과 그녀의 죽음 이후에 표현된 엄청난 애도는 개인적인 어려움에도 불구하고 온화하고 실질적으로 사람들에게 다가서려 했던 그녀의 태도가 냉담하고 감정을 느낄 수 없는 다른 공인들의 태도와 대비되며 호의적인 반응으로 이어졌음을 보여준다.

하지만 자비는 여러 가지 면에서 현대인의 생활 방식과 동떨어져 있다. 자본주의 경제는 극심하게 경쟁적이고 개인주의적이며, 남보다 자신을 앞세우는 것을 장려한다. 찰스 다윈Charles Darwin(1809~1882)은 종의 진화라는 이론을 통해 일찍이 시인 테니슨Tennyson이 썼듯 자연은 '치열한 투쟁이 벌어지고 있는 곳(red in tooth and claw)'이라는 사실을 적나라하게 보여주었다. 생물학자인 허버트 스펜서Herbert Spencer(1820~1903)는 모든 피조물이 불교의 '사랑' 혹은 인仁의 '부드러움'으로 가득 차 있는 대신 오직 적자만이 생존하는 잔인한 투쟁을 끊임없이 벌인다고 믿었다. 토마스 헉슬리Thomas H. Huxley(1825~1895) 이후의 진화론 옹호자들은 다윈주의적 시각을 거스른다는 이유로 이타주의를 미심쩍게 생각했다. 과학이 유일한 진실의 기준이라고 믿는 오늘날의 실증주의자들은 우리의 유전자는 어쩔 수 없이 이기적이며 어떻게 해서든 경쟁자를 물리치고 자신의 이익을 추구하도록 되어 있다고 주장하고 있다. 즉, 우리는 우리 자신을 가장 중요하게 생각해야만 한다. 그러므로 이타주의는 환상이며, 인간성과는 어울리지 않는 실현 불가능한 꿈이다. 기껏해야 그것은 우리의 정신에 이식된 '비유전적 문화 요소(meme)'로서 문화적 개념이나 상징 혹은 관례의 한 단위일 뿐이다. 이것은 자연 선택 과정에서 발생한 '축복받은' 실수로서, 협력하는 법을 배운 무리가 절박한 자원 경쟁에서 앞서 나갔기 때문에 호모 사피엔스Homo sapiens에게 효과적인 생존 전략으로 떠올랐다는 것이다.7 그들은 소위 '이타주의'라는 것은 그저 겉치레에 불과한 것이며, 이 또한 궁극적으로는 이기적인 것이라고 주장한다. E. O. 윌슨은 "'이타주의자'는 자기 자신이나 가장 가까운 동족들에게 보답이 돌아올 것을 기대한다. 그의 선한 행위는 종종 철저하게 의식적으로 계산된 것이며, 의도된 그의 행위는 극도로 복잡한 규약과 거부하기 힘든 사회의 요구에 따라 은밀하게 조정된 것이다."라고 주장했다. 이러한 '목적이 있는 이타주의(soft-core altruism)'의 특징으로는 "거짓말, 가식, 그리고 자기기만까지를 포함하는 기만 등을 꼽을 수 있다. 자신의 연기를 현실이라고 믿는 배우가 더 설득력이 있기 때문이다."**8**

　마음속 깊은 곳에서 인간이 실로 무자비하리만큼 이기적이라는 데에는 의심의 여지가 없다. 이런 자기중심주의는 약 50억 년 전에, 살아남기 위해 태고의 진흙탕에서 몸부림치던 파충류로부터 물려받은 '오래된 뇌'에 그 뿌리를 두고 있다. 이 생명체들은 오로지 자신의 생존만을 목적으로 신경과학자들이 '네 가지 F'라고 부르는 메커니즘에 의해 움직였다. 즉 섭식(Feeding), 투쟁(Fighting), 도망(Fleeing) 그리고 번식(Fuxxing)이다. 이러한 본능적 욕구들은 빠르게 반응하는 체계로 발전되어 파충류로 하여금 먹이를 위해 무자비하게 경쟁하고, 모든 위협을 격퇴하고, 영역을 지배하고, 안전한 공간을 찾아내고, 자신들의 유전자를 영구히 보존하기 위한 모든 행동을 감행하도록 만들었다. 그러므로 우리의 파충류 조상들은 오로지 지위, 권력, 지배, 영역, 섹스, 개인적 이득 그리고 생존에만 관심이 있었다. 호모 사피엔스는 파충류로부터 이런 신경학적 체계를 물려받았으며, 뇌 기저의 시상하부에 위치한 이 체계 덕분에 인류는 살아남을 수 있었다. 이것이 일으키는 감정들은 강렬하고, 반사적이며 '모두 다 나(me)와 관련된 것들'이다.

그러나 인간은 수천 년에 걸쳐 '새로운 뇌'인 신피질도 진화시켜 왔다. 신피질은 본능적이고 원초적인 격정들로부터 한 걸음 물러서 세계와 자신에 대해 곰곰이 생각하도록 이끄는 추론 능력의 발상지이다. 하지만 네 가지 F는 시종일관 우리의 모든 행동에 영향을 미친다. 우리는 여전히 더욱더 많은 물자를 차지하고, 어떤 위협에도 즉각적으로 반응하고, 일인자로 살아남기 위해 무자비하게 싸우도록 프로그램되어 있다. 이러한 본능들은 압도적이고 반사적이어서 이성적인 판단을 무시하도록 되어 있다. 만약 정원에 갑작스럽게 호랑이가 나타난다면 우리는 책을 내던지고 도망치게 **되어 있다**. 그러나 우리의 두 가지 뇌는 불안하게 공존하고 있다. 인간이 오래된 뇌의 욕구를 더욱 향상하고 증진시키기 위해 새로운 뇌의 능력을 사용한 것은 치명적인 일이었다. 예를 들어, 우리를 위협하는 적들을 전례 없이 엄청난 규모로 파괴할 수 있는 기술을 창조해내기도 했던 것이다.9

그렇기 때문에 인간의 자비는 피상적인 것일 수밖에 없다는 실증주의자들의 주장은 과연 옳은 것일까? 20세기는 분명 치열한 투쟁이 광범위하게 벌어졌던 시기였으며, 21세기에도 이미 네 가지 F를 분명하게 감지할 수 있다. 오늘날 자비는 사람들의 관심 밖으로 너무 멀리 떨어져 있어, 많은 사람들이 꼭 필요한 자비조차도 혼동하고 있다. 심지어는 자비에 대해 과도한 적개심을 품기도 한다. 캘커타의 테레사 수녀Mother Teresa of Calcutta(1910~1997)를 둘러싼 논란은 절박한 현실의 문제를 해결하려 영웅적인 노력을 기울이던 비교적 소박한 여성이, 20세기 정치라는 미로 같고 대체로 부패한 세계를 헤쳐

나가는 것이 얼마나 어려운 일인지를 보여준다. 일부 비평가들의 독설은 현대 담론의 무자비한 경향(우리는 모두 결함이 있는 존재들이지 않은가?)뿐만 아니라 자비로운 정신에 대한 본능적인 혐오와 그러한 정신에 근거한 모든 행위를 '거짓말, 가식, 기만'으로 읽으려는 결의를 드러낸다. 오늘날에는 사람들이 자비롭게 살기보다 **정당하게** 살려는 것처럼 보인다.

하지만 인류는 줄곧 신조에 입각한, 이기심 없는 공감을 장려하는 공론들을 지지해왔다. 실증주의의 창시자이며 '이타주의'라는 용어를 만들어낸 오귀스트 콩트Auguste Comte(1798~1857)는 자신이 그토록 열정적으로 찬양했던 과학의 시대와 자비는 서로 상충되지 않는다고 생각했다. 비록 유럽에서 공포로 가득 찬 혁명의 시대를 겪으며 살았지만, 그는 사람들 간의 협동이 강압에 기반되지 않은 계몽된 사회 질서가 시작될 것이라고 자신 있게 예측했다.

(협동은) 보편적 사랑을 향한 인간의 타고난 성향에 기초하게 될 것이다. 즉각적인 직관이거나 목적을 이루려는 대담함과 끈질김이 있다 해도, 사리사욕에 의한 계산은 이러한 사회적 본능에 대적할 수 없다.

많은 경우에 자애로운 감정들이 본질적으로는 이기적인 감정들보다 그 힘이 약하다는 것은 사실이다. 하지만 사회적인 삶은 자애로운 감정들의 성장을 가능케 할 뿐만 아니라 거의 무한할 정도로 자극하는 동시에 적대적인 감정은 끊임없이 제지한다는 아름다운 특성을 지니고 있다.**10**

(서문)

E. O. 윌슨과 달리 콩트는 자비로운 행동을 위선적이거나 계산적인 것으로 생각하지 않았다. 그 대신 미학적 특질과 연결하여 '자애로운 감정들'의 '아름다운 특성'에는 자체적인 영향력이 있다고 확신했다.

현존하는 호모 사피엔스 최초의 문서들은 우리가 종교 체제를 만들었던 것과 동일한 이유로 예술도 함께 고안해냈다는 것을 보여준다. 신피질은 인간이 의미를 추구하는 생명체가 되도록 했다. 우리가 처해 있는 곤경의 비극을 예민하게 인식하고, 궁극적인 삶의 의미를 찾지 못하면 쉽게 절망에 빠지도록 만든 것이다. 종교와 마찬가지로 우리는 예술에서도 자신을 내려놓고 타인에게 다가서도록 이끄는 '부드러움'과 '유연함'을 북돋아 줄 방법을 추구한다. 예술과 종교는 우리를 내면의 새로운 공간으로 이끌어 어느 정도의 평온함을 찾도록 해준다. 약 3만 년 전, 초기 구석기 시대의 선조들이 프랑스 남부와 스페인 북부에 그려놓은 최초의 동굴 벽화에는 거의 분명하게 제의적인 기능이 표현되어 있다. 그러므로 예술과 종교는 처음부터 깊이 연관되어 있었다. 이러한 프레스코 벽화와 판화에는 그곳을 방문하는 사람들에게 여전히 경외감을 불러일으키는 미학적인 힘이 있다. 이들 사냥 집단이 전적으로 의존하며 살았던 동물들에 대한 묘사에는 신령스러운 특성이 드러나 있다. 즉 네 가지 F 중 첫 번째인 음식의 획득에 열중해 있으면서도, 죽일 수밖에 없는 짐승들을 향한 동정심과 친밀감으로 사냥꾼이 지닌 잔인성이 잦아들게 되는 것이다.

그토록 오래전에 동굴 벽화를 그리도록 이끌었던 상상력은 오늘날의 토착 사냥 집단 사이에 뚜렷이 나타나는 영성과 비슷할 것이다.11 친구이자 수호자로 여기는 동물의 살육에 삶을 의존하고 있다는 사실에 불안함을 느낀 이들 부족은 사냥감에 대한 존중과 공감을 불러일으키는 의식들을 통해 근심을 완화한다. 예를 들어, 나무가 희귀한 칼라하리Kalahari 사막의 부시먼Bushmen들은 가죽 표면을 스칠 정도의 가벼운 무기들에 의존하기 때문에 화살에 독을 묻히는데, 이 독은 굉장히 느리게 작용한다. 사냥꾼은 희생물이 마지막 순간을 맞이하는 며칠 동안 그 자리를 지켜야만 한다. 울부짖을 때는 같이 울고, 몸을 떨 때는 같이 떨면서 그 죽음의 고통에 상징적으로 참여하는 것이다.

최근에는 인류학자와 생태학자, 신경과학자들이 함께 모여 동물과 인간의 뇌에 존재하는 이러한 '호의적인' 감정의 발달에 대해 연구했다. 그들은 이러한 감정들이 우리의 사고 체계를 더욱 유연하고 창의적이며 지적으로 만들어온 것이라고 주장한다.[12] 1878년에 프랑스의 해부학자인 폴 브로카Paul Broca는 모든 포유류의 뇌에서 신피질보다 오래된 것으로 보이지만 파충류의 뇌에는 없었던 어떤 구역을 발견하고, 이 중간적인 영역을 '르 그랑 로브 림빅le grand lobe limbique(대변연엽)'이라고 명명했다.[13] 1950년대에는 이러한 통찰을 바탕으로 미국 국립정신건강연구소의 의사이자 신경과학자인 폴 맥린Paul MacLean이 자비심, 기쁨, 평온함 그리고 모성애라는 긍정적인 감정들은 지금까지 추정되었던 것과는 달리 시상하부가 아닌 피질 아래에 위치한 변연계에서 발산되는 것이라고 주장했다.[14] 더 나아가, 1960년대에는 캘리포니아 공과대학의 로저 스페리Roger Sperry가 인간의 우뇌와 좌뇌 사이의 차이점들을 연구했다. 그의 연구 결과 좌뇌는 추론하고, 설명하고, 분석하며 단어, 구별, 정밀함, 인과 관계와 관련이 있는 반면, 우뇌는 감정을 나타내고, 울고, 상징에 반응하며 예술, 음악 그리고 '더 부드럽고', '더 유연한' 감정들의 발상지라는 것이 밝혀졌다.15 따라서 시상하부의 보다 공격적인 본능들은 공감을 이끌어내는 또 다른 뇌 체계와 나란히 공존하고 있으며, 우리는 잔인성만큼이나 자비심에도 강하게 연결된 것으로 보인다.

온혈 포유류의 등장은 새끼의 생존을 확실하게 보장할 수 있도록 남을 보살필 능력을 갖춘 뇌의 진화로 이어졌다. 초기에 이러한 보살핌은 초보적인 수준에서 반사적으로 실행되었지만, 수천 년이 지나면서 포유류는 새끼를 위한 보금자리를 짓기 시작했으며 새끼들의 건강과 성장을 보장할 수 있는 방식으로 행동하는 법을 익혔다. 지각 있는 존재들이 처음으로 자신들 외의 생명체를 보호하고 가르치고 기르는 능력을 발달시키게 된 것이다. 수백만 년이 지나면서 이러한 전략이 유전학적 혈통을 확립하는 데 대단히 성공적이라는 것이 증명되어 결국은 더욱 복잡한 뇌 체계의 진화로 이어졌다.16 이 과정이 공생 관계로 진행된 것으로 보이며, 새로운 기술들을 수용하기 위해 포유류의 뇌는 더욱 커졌다. 이는 산도産道를 원활히 통과할 수 있도록 새끼들이 다 자라지 않은 상태로 태어나야만 한다는 것을 의미하며, 그로 인해 새끼들 스스로의 힘으로는 생존할 수 없었으므로 부모뿐만 아니라 집단 전체의 도움과 보살핌, 보호가 필요했다.17 이것은 뇌를 엄청나게 발달시킨 호모 사피엔스에게는 특히 절실한 일이었다. 몸에 털이 없었기 때문에 인간 아기는 어미에게 매달릴 수 없었다. 어미는 한 번에 여러 시간 동안 아기를 안고 이동해야만 했으며 자신의 배고픔, 필요와 욕구는 아기를 위해 미뤄두어야 했다. 이러한 과정은 더 이상 반사적이 아니라, 감정적으로 유발되어 어느 정도 자발적으로 이루어지게 되었다. 부모의 사랑은 종족의 생존을 확고히 하고 아기가 잘 자라도록 도왔으며, 인간에게 생존을 위한 투쟁에서 매우 유용한 또 다른 인척과 교우 관계를 발전시키도록 가르쳤다. 인간은 이타심을 발휘할 수 있는 능력을 점진적으로 키워 갔다.[18]

위협을 물리치거나 먹이를 구하는 데 몰두해 있지 않을 때 동물들은 긴장을 풀고 안심하게 된다. 스스로를 진정시키는 조절 체계가 작동하면 위협과 배고픔에 대한 반응을 통제하는 체계들이 균형을 갖추어 잠시 쉴 수 있는 시간을 갖게 되고 스스로 몸을 치유할 수 있게 된다. 활동이 없는 이런 상태를 공격적인 욕구들이 잠들어 있는 것일 뿐이라고 생각했지만, 이제는 포유류와 인간 모두에게 있어 이러한 육체적 이완에 평화와 안전 그리고 웰빙과 같은 심원하고 긍정적인 감정들이 수반된다는 것이 밝혀졌다.[19] 어머니의 보살핌에 의해 처음으로 발생한 이러한 감정들은 옥시토신과 같은 호르몬에 의해 활성화되어, 타인에 대한 친밀감을 촉진하고 부모에 대한 애착심의 발달에 결정적인 역할을 한다.[20] 이처럼 평화로운 상태에 접어들게 되면 인간은 근심으로부터 자유로워지고, 그로 인해 보다 더 명료한 생각과 신선한 통찰력을 갖게 된다. 새로운 기술들을 익히고 여가시간을 더 많이 갖게 되면서, 이러한 평온함을 이끌어 내는 것으로 밝혀진 활동과 훈련 그리고 의식들을 통해 그것을 재생산하려 애쓰는 사람들도 생겨났다.

셈족의 언어에서 '자비'라는 단어(성서 이후의 히브리어에서는 '라하

마누트*rahamanut*', 아랍어로는 '라흐만*rahman*')의 어원은 *rehem/RHM*(자궁)과 연관되어 있다. 어머니와 자식의 성상聖像은 인간적인 사랑의 전형적인 표현인 것이다. 이것은 비이기적이며 무조건적인 이타주의를 위한 우리의 능력을 만들어낸 모성애를 연상시킨다. 아기를 가르치고, 이끌고, 보살피고, 보호하고, 먹을 것을 주었던 경험은 분명 인간으로 하여금 자기 친족 이외의 사람들을 보살피는 방법을 알게 했을 것이며, 냉정한 계산에 근거하지 않고 따뜻함이 배어 있는 관심을 갖도록 만들었을 것이다. 우리 인간은 다른 어떤 종보다 훨씬 더 근본적으로 사랑에 의존하고 있다. 우리의 뇌는 남을 보살피고 남의 보살핌이 필요하도록 진화해 왔으며, 만약 이러한 돌봄이 부족할 경우 뇌가 손상될 정도에 이르렀다.[21] 모성애는 정서적인 사랑을 포함하고 있어서, 비록 강력한 호르몬에 기초하고 있지만 또한 헌신적이고 이기적이지 않은 행위를 '종일 그리고 매일' 필요로 한다. 아기에 대한 어머니의 관심은 모든 행동 속에 가득 배어 있다. 자신의 의지와 관계없이 어머니는 우는 아기 때문에 매일 밤 일어나야만 하고, 매일 매 순간 지켜봐야 하고, 자신의 피곤함, 성급함, 분노, 절망을 통제하는 법을 배워야 한다. 성인이 되고 난 후에도 자식은 오랫동안 어머니에게 의지하며, 실제로 양쪽 모두에게 있어 이 관계는 죽음에 이르러서야 종결된다. 모성애는 성취감을 주는 것만큼이나 애달픈 것이기도 해서, 체력과 불굴의 용기 그리고 강력한 이타심을 필요로 한다.

경험을 통해 우리는 인간의 이타적인 행위가 자신의 유전자를 물려받은 사람에게만 한정되지 않는다는 것을 알고 있다. 유교 철학자인 맹자孟子(기원전 371~289)는 타인에 대한 동정심이 전혀 없는 사람은 없다고 확신했다. 누구든 우물가에 위태롭게 서 있는 아이를 보게 된다면 즉시 달려가 그 아이를 구하려 할 것이다. 그러한 행동은 자신의 이익을 위해 발생한 것이 아니다. 그 아이가 자신과 어떤 관련이 있는지 확인하기 위해 행동을 멈추지는 않을 것이다. 그 아이의 부모에게 잘 보이고 싶다거나 친구들의 존경을 받기 위한 욕구 때문에 움직인 것이 아니며, 혹은 도와달라는 아이의 외침에 자극되어 그랬던 것도 아니다. 그런 계산을 할 만한 시간은 전혀 없으며, 그저 직감적으로 아이의 곤경을 느낀 것이다. 아이가 떨어져 죽는 것을 아무런 불편한 기색도 없이 지켜본다면 그는 뭔가 대단히 잘못된 사람일 것이다. 소방관들은 전혀 모르는 사람들을 구하기 위해 불타는 집 안으로 뛰어든다. 자원봉사자들은 산비탈에 꼼짝없이 조난된 등산객을 구하기 위해 자신의 목숨을 건다. 물에 빠져 죽어 가던 생면부지의 타인을 구하고도 그다지 영웅적인 행동은 아니었다고 말하는 사람들의 이야기를 들어본 적이 있을 것이다. 그들은 "그렇게 할 수밖에 없었어요. 내 손을 잘라낼 수 없는 것처럼 그의 손을 놓을 수는 없었어요."라고 말한다. 일부 연구자들은 이러한 반응이 뇌의 전두부에 있는 '거울 신경 세포'에서 비롯된 것이라고 본다. 실험 대상자에게 누군가의 손이 불에 데이는 장면을 보여주면, 거울 신경 세포가 위치한 자리가 반응한다는 것이다. 최근에 발견된 이 신경 세포들은 중간에서 공감을 전달하고, 단순히 타인의 고통을 보는 것만으로도 마치 자신의 고통처럼 느끼도록 하는 것으로 보인다.[22] 맹자는 자신의 신체를 훼손할 수 있는 것처럼 이처럼 자연스러운 자비의 '새싹'을 짓밟을 수도 있겠지만, 만약 이러한 이타적 성향을 근면하게 개발한다

면 그것 자체의 역동적인 힘을 몸에 익히게 될 것이라고 주장했다.23

종교 체계들은 모두 맹자가 설명한 자비심의 새싹을 배양하고 오래된 파충류 뇌의 '나 먼저' 심리를 이겨내는 법을 배우는 것이 실제로 가능하다는 것을 발견했다. 인간은 언제나 타고난 능력을 향상시키기 위해 열심히 노력할 준비가 되어 있다. 포식자들로부터 도망치기 위해 달리고 뛰어오르는 방법을 배운 것은 분명하지만, 이런 기본적인 기술을 통해 인간은 발레와 체조를 발전시켰다. 수년간에 걸친 헌신적인 연습을 통해 인간은 우아하게 움직이는 능력을 갖게 되었으며, 단련되지 않은 몸으로는 불가능한 육체적인 아름다움을 이루어냈다. 언어는 의사소통을 돕기 위해 고안되었고, 이제는 언어를 다른 차원으로 끌어올린 시詩가 있다. 마찬가지로 자비의 기술을 부단히 연마해 온 사람들은 마음과 정신의 새로운 능력을 보여주고 있다. 이들은 타인에게 꾸준히 손을 내밀어 평온함, 친절함, 창의력을 통해 불가피하게 닥쳐오는 고통을 감당할 수 있다는 것을 발견했다. 그들은 새로운 명료함을 갖게 되었으며, 풍부하게 강화된 존재의 상태를 경험했다.

네 가지 F는 매우 강력해서 더 친절하고 이성적으로 살아가려는 모든 노력을 순식간에 뒤집어엎어 버릴 수도 있다. 하지만 충분히 발달한 신피질을 가진 생각하는 존재로서 우리는 그에 대한 책임을 질 능력이 있다. 실제로, 우리에게는 더 파괴적인 본능들로부터 우리 자신은 물론 타인을 보호해야 할 의무가 있다. 집단 전체가 증오, 혐오, 탐욕 혹은 복수의 욕망에 사로잡혀 있을 때 어떤 일이 벌어지는지 알면서도 파충류 뇌에 굴복하고픈 마음이 들까? 위태롭게 분열된

이 세상에서 자비는 우리에게 최선의 이익이 된다. 그러나 자비심을 얻기 위해서는 정신과 마음의 엄청난 노력이 필요하다. 간디는 우리 스스로가 이 세상에서 보기를 소망하는 바로 그 변화가 되어야만 한다고 했다. 계속 자기중심적으로, 몰인정하게, 탐욕적으로 살고 검증되지 않은 편견들이 넘쳐나도록 내버려 두면서 우리나라나 다른 나라의 지도자들이 더욱 인도적인 정책을 펼치기를 기대할 수는 없다. 우리 자신의 삶에서 네 가지 F를 극복하려는 노력을 전혀 기울이지 않으면서 경쟁자들에게 더욱 관용적이고 비폭력적인 태도를 요구할 수는 없다. 우리는 잔인성뿐만 아니라 자비에 대한 천부적인 능력도 갖추고 있다. 우리는 증오와 배척, 의심을 대변하는 종교적이거나 세속적인 전통의 측면을 강조할 수 있다. **아니면** 모든 인간의 상호 의존성과 평등을 강조하는 면을 발전시킬 수도 있다. 선택은 우리의 몫이다.

  사람들은 종종 이렇게 묻는다. "어떻게 시작해야 할까요?" 자비가 요구하는 것들이 감당하기 힘들어 보이기 때문에 어디서부터 시작해야 할지 알아차리기 어렵다. 그래서 이 열두 단계의 프로그램을 만들게 된 것이다. 얼핏 알코올 의존자 단체에서 활용하는 열두 단계 치료가 떠오를 수도 있다. 우리는 자기중심주의에 중독되어 있다. 정당성이라는 들뜬 기분을 제공해 주는 증오와 편견 없이는 어떻게 처신해야 하는지조차 생각할 수 없다. 마치 중독자처럼, 우리는 모진 말을 내뱉는 것으로 영리함을 과시했을 때 느끼는 활력과 기쁨 그리고 눈에 거슬리는 동료를 뭉개버렸을 때 분출되는 승리감에 의존하려 한다. 우리는 그렇게 자신의 주장을 펼치고, 자신의 실체를 세상에 알린다. 우리의 자아의식이 의존하고 있는 습관을 깨는 것은 어렵다. 이 프로그램의 각 단계에서 배우게 될 규율들은 삶의 일부가 되어야만 한다.

나는 이 열두 단계의 첫 번째 버전을 'vook'이라는 형태로 발표했는데, 이것은 비디오(video)와 책(book)이 혼합된 매체이다. 하지만 인쇄되어 발행된 책은 전혀 다른 매체이므로, 여기에서는 이러한 주제들을 더욱 상세하고 심도 있게 탐구할 수 있었다. vook에서는 역사적인 배경설명은 최소한으로 유지하고 현재에 집중해야만 했다. 하지만 나는 종교 역사학자이며, 자비에 대해 내가 지금 알고 있는 모든 것은 과거의 영성을 연구한 결과이다. 이런 측면에서 나는 종교전통들이 여전히 우리에게 가르쳐줄 것이 무척 많다고 생각한다. 하지만 이 열두 단계의 프로그램이 초자연적이거나 교리적인 신념에 의존하고 있지 않다는 것을 밝히는 것이 중요할 것 같다. 나는 "어떤 사람이 어떤 종교의 신자인가 하는 것은 중요하지 않다. 훨씬 더 중요한 것은 그들이 좋은 인간으로 머무는 것이다."라는 달라이 라마의 말에 동의한다.24 최선의 상태에 도달한 모든 종교적, 철학적 그리고 윤리적 전통들은 한결같이 자비의 원리에 근거하고 있다.

여러분이 어디를 향해 가고 있는지 파악하기 위해 일단 프로그램을 전체적으로 읽어 본 후에 첫 번째 단계로 돌아와 시작할 것을 권한다. 각 단계는 그 전 단계에서 연습한 규율과 익히게 된 습관을 기반으로 하고 있다. 효과는 점진적으로 누적될 것이다. 각 단계는 전체 과정에서 떼어 놓을 수 없는 부분이기 때문에 어느 한 단계도 건너뛰어서는 안 된다. 그리고 권고된 실천 사항들이 여러분의 일상적인 생활의 일부가 되기 전까지는 그 단계를 넘어가지 말아야 한다. 서두를 필요는 없다. 하룻밤 만에 공정하고 보편적인 사랑을 발전시키려는 것이 아니기 때문이다. 오늘날 우리는 무엇이든 즉각적으로 이루어지기를 기대하곤 한다. 우리는 즉각적인 변화와 즉각적인 깨달음을 원한다. 그래서 며칠 사이에 새로운 정원, 새로운 거실 혹은 새 얼굴로 개조해 주는 텔레비전 쇼들이 인기를 얻고 있는 것이다. 그러나 우리의 정신과 마음의 방향을 새롭게 정립하는 데에는 좀 더 오랜 시간이 필요하다. 이런 형태의 변화는 극적이지 않고, 느리며, 점진적이다. 각 단계는 조금만 더 나아갈 것을 요구한다. 하지만 이 프로그램을 한 단계씩 따라가다 보면, 세계와 자기 본인, 그리고 다른 사람들을 다른 시각으로 보기 시작했음을 발견하게 될 것이다.

일러두기
- 원서에서 이탤릭으로 강조한 내용은 한국어판에서 **볼드 서체로** 표시했다.
- 본문 중 괄호 또는 대시 사이의 설명은 모두 저자의 것이다. 단, 독자의 이해를 돕고자 몇몇 곳에 부연 설명이 들어갔으며 옮긴이 또는 편집자 표시를 해놓았다.

차례

서문	더 나은 세상을 위한 소원	… 4
첫 번째 단계	자비란 무엇인가	… 31
두 번째 단계	한발 물러나 세상을 둘러보라	… 75
세 번째 단계	나를 사랑해야 남도 사랑한다	… 87
네 번째 단계	타인의 입장에 서 보기	… 107
다섯 번째 단계	내 마음 사용법 익히기	… 125
여섯 번째 단계	일상의 작은 행동부터	… 133
일곱 번째 단계	우리는 얼마나 무지한가	… 143
여덟 번째 단계	우리는 서로 어떻게 대화해야 할까	… 163
아홉 번째 단계	누구든 낯선 곳에서는 이방인이 된다	… 177
열 번째 단계	모르는 것을 이해할 수는 없다	… 193
열한 번째 단계	고통을 마주하라	… 203
열두 번째 단계	원수를 사랑하라	… 219
마지막 한마디		… 236
부록	⊙ 각 장의 주	… 240
	⊙ 더 읽어볼 책들	… 254

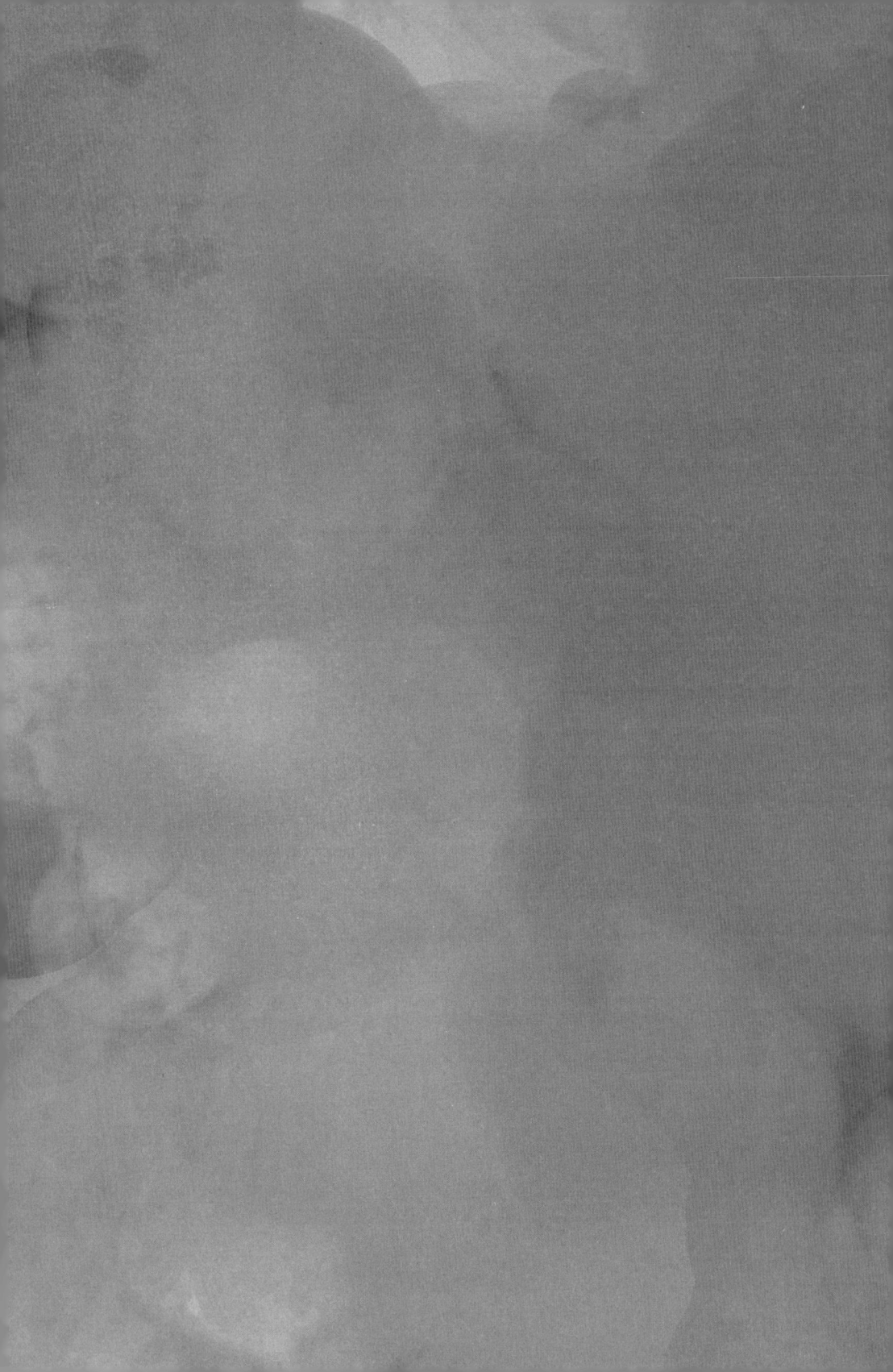

첫 번째 단계

자비란 무엇인가

본질적인 의미에서 보자면 열두 단계는 모두 교육적(educative)인 내용이 될 것이다. 교육(education)의 어원인 라틴어 *educere*는 '밖으로 이끌다'라는 의미이다. 앞서 소개했듯이 이 프로그램은 모든 인간의 내면에 잠재되어 있는 자비심을 '밖으로 이끌어내' 우리의 삶과 세계를 치유하는 원동력이 될 수 있도록 구성되어 있다. 우리의 반응 태도를 다시 훈련시켜 좀 더 친절하고, 온화하며, 타인을 두려하지 않게 되는 정신적 습관을 형성하기 위해 노력하게 될 것이다. 자비에 대해 읽고 배우는 것은 이 과정의 중요한 부분이며 평생의 습관이 되어야만 하지만, 그 정도에서 멈춰서는 안 된다.

    자동차 설명서를 읽는다고 해서 운전을 배울 수는 없으므로, 자동차를 직접 운전하며 제2의 천성이 될 때까지 조작법을 연습해야만 한다. 수영장 한편에 앉아 다른 사람들이 물속에서 신나게 노는 것을 본다 해서 수영을 배울 수는 없으므로, 과감히 뛰어 들어가 수영하는 법을 익혀야 한다. 꾸준히 익히다 보면 처음에는 불가능한 것처럼 보이던 능력을 얻게 될 것이다. 자비 역시 마찬가지다. 뇌의 신경학적 구조와 우리의 전통이 요구하는 것들을 배울 수는 있겠지만, 우리의 행동을 실질적으로 변화시키고, 황금률에 따라 타인들에 대해 생각하고 행동하는 법을 배우지 못한다면 앞으로 더 나아갈 수 없다.

이 프로그램에 참여하겠다는 상징적인 행위로써 우선 자비의 헌장 웹사이트(www.charterforcompassion.org)를 방문하여 자비의 헌장에 동참한다면 많은 도움이 될 것이다. 이 헌장은 본질적으로 자비로운 행동을 이끌어내기 위해 작성된 것이며, 이 웹사이트를 방문하면 매주 세계 곳곳에서 일어나는 진전 상황을 확인해 볼 수 있을 것이다. 하지만 이 헌장은 공동 문서로서 특정한 종교전통의 시각만을 반영한 것이 아니므로 자신에게 동기를 부여하는 가치관과 잘 조화시키는 것이 중요하다. 단순히 지시 사항들을 나열해 놓은 가르침은 효과적일 수 없다. 우리에겐 이성적인 것보다 더 깊은 수준의 정신에 도달하고, 대뇌변연계에 자리잡고 있는 감정들을 자극해 줄 영감과 동기 부여가 필요하다. 그러므로 종교적이든 세속적이든 자신이 따르고 있는 전통을 탐구하고, 그 안에서 자비에 대한 가르침을 찾아내는 것이 중요하다. 이것은 여러분에게 익숙한 방식으로 이야기를 전하고, 여러분의 가장 큰 열망과 희망 그리고 두려움에 반향을 일으킬 것이며, 자비를 향해 떠나는 이 여행에 무엇이 필요한지를 설명해 줄 것이다.

이 책의 말미에 수록해 놓은 '더 읽어볼 책들' 목록에서 자신은 물론 다른 사람들의 전통에 대한 지식을 넓히는 데 도움이 되는 책들을 찾아볼 수 있다. 열두 단계를 함께 밟아 나갈 사람들과 독서 토론 그룹을 만드는 것도 도움이 될 것이다. 다른 신앙과 이데올로기를 비교 연구하는 것은 자신의 신앙에 대한 이해를 풍부하게 해 줄 수 있다. 그러므로 다른 종교와 전통을 가진 사람들을 그 그룹에 포함시키는 것도 재미있을 것이다. 또한 특별한 영감을 제공해준 시나 구절들을 모아 개인적인 선집選集을 만들어보거나, 자비의 더욱 깊은 의미를 알려주는 신화들을 기록해 둘 수도 있을 것이다.

신화는 현대의 과학 세계에서 원래의 영향력을 상당 부분 잃었기 때문에 그 개념에 대한 별도의 설명이 필요하다. 신화는 공상적인 옛이야기가 아니다. 일상적인 대화에서 '신화'라는 단어는 종종 사실이 아닌 어떤 것을 표현하기 위해 사용되고 있다. 정치인들은 과거에 저지른 사소한 과오로 인해 비난을 받게 되면 보통 그 이야기는 '신화'일 뿐이라며 항변한다. 즉 실제로 일어나지 않았던 일이라는 것이다. 하지만 근대 이전의 세계에서 신화의 목적은 사실이나 역사적인 정보를 전달하려는 것이 아니었다. 그리스어 '미토스*mythos*'는 '입이나 눈을 막는다'는 뜻의 동사인 *musteion*에서 파생되었다. 침묵과 모호함, 어둠과 연관된 단어로서 신화는 논리적이고 추론적인 이야기로는 쉽게 표현해낼 수 없는, 알아차리기 힘든 인생의 다양한 측면들을 표현해 보려는 시도였다. 신화는 역사를 **뛰어넘는** 것으로, 어떤 사건의 더욱더 깊은 의미를 설명하려는 시도이다. 신화는 어떤 의미에서 보면 언젠가 한 번 일어났지만, 언제나 일어나기도 하는 일이라고 설명될 수 있다. 시간을 초월한 보편적인 진리인 것이다.[1]

추수와 곡식의 여신인 데메테르와 그녀의 사랑스러운 딸 페르세포네에 관한 유명한 이야기에 납득할 만한 역사적 증거가 있는지 고대의 그리스인들에게 물어보는 사람이 있다고 가정하자. '페르세포네가 정말 하데스에게 납치되어 지하세계에 갇혀 있었나요? 데메테르가 실제로 그녀를 풀려나도록 했나요? 페르세포네가 매년 지상 세계로 돌아왔다는 것을 어떻게 증명할 수 있죠?' 그리스인들은 이러한 질문들을 아둔하다고 생각했을 것이며, 신화의 진실은 누구나 알 수 있을 만큼 명백하다고 대답했을 것이다. 이 세상이 매년 봄마다 생기를 되찾는 것처럼, 추수할 곡식들이 거듭해서 싹을 틔우는 것처럼 그리고 무엇보다 삶과 죽음은 분리될 수 없다는 심오한 진실처럼 그것은 명백한 진실인 것이다. 씨앗이 땅속에 묻혀 죽지 않는다면 새 생명도 존재할 수 없다. 죽음 없이는 삶도 없다. 매해 엘레우시스(데메테르가 페르세포네를 찾는 동안 머물렀다고 전해지는 곳)에서 거행되었던 신화와 관련된 의식들은 죽음이라는 운명을 받아들이는 데 도움을 주기 위해 신중하게 공들여 준비되었다. 그로 인해 많은 사람은 자신이 맞이하게 될 죽음에 대해 더욱 평온하게 숙고할 수 있었다.[2]

그러므로 신화는 의식이나 행위의 형태를 갖춘 행동으로 옮겨질 때만 의미가 있고, 변화 과정의 일부로 전달될 때에만 이해할 수 있다. 신화는 심리학의 초기 형태로 적절히 묘사되어 왔는데, 미궁을 통과하거나 괴물과 싸우는 신들의 이야기는 실제로 일어난 사건이라기보다 원형적인 진실을 표현한 것이다. 신화의 목적은 사람들에게 미로와 같은 정신세계를 소개하고, 이 불가사의한 영역을 어떻게 잘 헤치고 나아갈 것인지 그리고 자신의 악마와 어떻게 싸워야 할지를 보여주는 것이다. 영웅 신화는 자신에게 내재된 영웅적인 잠재력을 깨우기 위해서는 무엇을 해야만 하는지를 들려준다. 지그문트 프로이트Sigmund Freud와 C. G. 융Carl Gustav Jung은 정신세계에 대한 과학적 탐구를 시작하면서 본능적으로 이러한 고대의 이야기들에 관심을 기울였다. 신화가 올바른 정신적 태도를 갖추도록 해줄 수는 있지만, 그다음 단계로 넘어가는 것은 각자의 몫이다. 과학을 지향하는 현재의 세계에서는 분명한 정보만을 추구한다. 그래서 무덤에서 걸어 나오는 신들이나 두 갈래로 갈라지는 바다와 같은 상징적인 이야기를 해석하는 과거의 기술을 잃어버리게 되었으며, 그로 인해 종교는 미심쩍은 것이 되고 말았다. 실질적으로 이행되지 않는다면, 신화는 마치 주사위를 집어 들고 시작하기 전까지는 복잡하고 따분하게만 들리는 보드게임의 규칙처럼 명확하지도 않고 추상적일 뿐이다. 하지만 일단 놀이가 시작되면 모든 것이 앞뒤가 들어맞고 이해가 된다. 각 단계를 밟아 나가면서, 우리는 자비의 규범에 대한 가르침을 담고 있는 전통적인 신화들을 검토해볼 것이다. 그리고 그 가르침을 우리의 삶에 통합하려면 어떻게 행동해야만 하는지를 살펴볼 것이다. 여기에서 주요 전통의 가르침을 모두 다 설명하는 것은 불가능하므로, 몇몇 독창적인 예언자와 현자들에 집중해야만 할 것이다. 하지만 이처럼 간단한 개관만으로도 자비로운 이상의 보편성과 그것이 탄생하게 된 주변 환경에 대해 이해할 수 있을 것이다.

앞서 우리는 사랑과 자비, 감사, 용서 같은 긍정적인 감정을 유발하는 뇌 기전과 호르몬이 존재하지만 그것들이 네 가지 F, 즉 '오래된' 파충류 뇌에 자리한 더욱 원시적이고 본능적인 반사 작용만큼 강력하지 않다는 사실을 확인했다. 하지만 위대한 현자들은 인간의 정신을 재교육할 수 있다는 것을 알고 있었다. 그들은 생각하는 자아와 잠재적으로 파괴적인 본능 사이에 일정한 거리를 둠으로써 새로운 평화를 찾아냈다. 이러한 통찰은 고독한 산꼭대기나 황량한 성채에서 얻은 것이 아니다. 현자들 역시 우리와 마찬가지로 격렬한 정치적 갈등과 근본적인 사회적 변화를 겪으며 살았다. 이러한 격변의 결과로 극에 달한 폭력에 대한 도덕적인 혐오감이 모든 경우에서 중대한 정신적 변화의 촉매제가 되었다.3 이처럼 새로운 영성들은 계산적이고 이성적인 새로운 뇌가 자극적이며 삶의 질을 높여주는 방식으로 오래된 뇌를 선택하면서 많은 사람이 큰 불안에 빠진 시대에 등장했다.

  수천 년 동안 인류는 고립되어 있던 소규모 집단과 부족 내에서 자신들의 사회를 효율적으로 조직하기 위해 이성적인 힘을 사용하며 살아왔다. 한정된 자원의 공유에 생존을 의존하던 시대에 부족의 지도자에게는 육체적인 강인함과 지혜만큼이나 이타주의와 관용에 대한 평판이 중요하게 여겨졌을 것이다. 만약 풍요로운 시기에 자원을 공유하지 않았다면, 궁핍한 시기에 누가 도움을 주려고 하겠는가? 구성원들이 개인적인 욕구를 집단의 요구에 종속시키고 공동체 전체를 위해 목숨을 내놓을 준비가 되어 있을 때에만 그 부족은 살아남을 수 있었다. 인간들에게는 심지어 그들이 눈앞에 없을 때일지라도 다른 사람의 마음속에 긍정적인 존재로 기억되는 것이 필요했다.4 만약 사냥 중에 길을 잃거나 부상을 당한다면 부족의 다른 구성원들이 찾아와 구해줄 수 있도록 그들의 애정과 관심을 이끌어내는 것이 중요했다. 하지만 네 가지 F는 부족 정신에 있어 개인만큼이나 집단에게도 필수적이었다. 그러므로 부족 중심주의는 종종 공격적인 영주주의(territorialism), 신분에 대한 열망, 지도자와 집단에 대한 반사적인 충성심, 외부인에 대한 의심, 그리고 다른 집단이 굶주린다 해도 더 많은 자원을 획득하기 위한 무자비한 결의로 나타나기도 했다. 부족 중심주의는 호모 사피엔스의 생존을 위해 꼭 필요한 것이었지만, 인류가 더욱더 치명적인 무기의 제조 기술을 얻게 되고 대규모로 영토와 자원을 위한 경쟁을 시작하게 되면서 문제가 되었다. 인류가 도시와 국가를 형성하기 시작했을 때에도 부족 중심주의는 사라지지 않았다. 심지어는 생존에 대한 걱정이 전혀 없는 오늘날의 복잡하고 부유한 사회에서도 그 모습을 드러낸다.

하지만 인류가 보다 안정되고, 환경을 더 잘 통제하고 마을과 도시를 형성하기 시작하면서, 내면적인 삶을 추구하고 파괴적인 충동들을 통제하는 방법에 관심을 갖는 사람들이 나타나게 되었다. 대략 기원전 900년에서 200년에 이르는, 즉 독일 철학자 카를 야스퍼스Karl Jaspers가 '축의 시대(Axial Age, 세계의 주요 종교와 철학이 탄생한 기간 - 편집자)'라고 명명한 시기에 인간의 정신적 발달에 결정적인 계기가 된 종교 혁명이 일어났다. 뚜렷이 구별되는 네 개의 지역에서 현자와 예언자 그리고 신비주의자들이 나타나 인간에게 지속적으로 양분을 제공해 주는 전통들을 발전시키기 시작했던 것이다. 그것은 인도 아대륙의 힌두교·불교·자이나교, 중국의 유교와 도교, 중동의 일신교, 그리고 그리스의 철학적 이성주의였다.5 당시는 『우파니샤드 Upanisad』, 붓다, 공자, 노자, 이사야, 에스겔, 에스라, 소크라테스, 아이스킬로스의 시대였다. 우리는 지금까지 축의 시대가 보여준 통찰력을 초월해본 적이 없다. 정신적, 사회적 위기가 닥치면 사람들은 거듭해서 이 시기로 돌아가 지혜를 얻으려 했다. 축의 시대에 이루어진 발견들을 다르게 해석할 수는 있었지만, 그것을 뛰어넘었던 때는 없었다. 예를 들어 랍비 유대교, 기독교, 이슬람교는 모두 이 최초의 통찰력을 후대의 고통스러운 상황에 직접 적용할 수 있는 표현 방식으로 멋지게 해석해 개화시킨 것이다. 자비는 이러한 각각의 운동에서 핵심적인 요소였다.

인도의 아리아인들은 언제나 정신적·심리적 변화의 선구자였으며, 정신의 작용에 관해 특별히 정교한 이해를 발전시켰다. 현재의 편자브 지방에 정착했던 아리아 부족은 이웃 집단을 급습해 가축을 훔치는 데 열중해 있던 공격적이고 열정적인 전사로서 자신들의 폭력을 신성시했다. 그들의 종교 의식에는 제물로 바치기 위한 동물의 도축과 격렬한 경기, 그리고 참가자들이 다치거나 심하면 죽기도 하는 모의 습격과 전투가 포함되어 있었다. 그러나 기원전 9세기경에 성직자들은 이런 공격성을 전례典禮에서 체계적으로 없애기 시작했으며, 위험한 관습들은 한층 온건한 의식으로 변형시켰다. 결국에는 전사들을 설득하여 그들이 신성시하던 전쟁 경기를 포기하도록 이끌었다. 이들 의식 전문가들이 정신의 폭력성에 대한 원인을 연구하기 시작하면서, 처음으로 영적 자각이 시작되었다.6 그러므로 그들은 아주 일찍부터 인도 영성의 핵심이 된 '아힘사(비폭력)'의 이상을 신봉해왔던 것이다.

기원전 7세기에는 최초의 영적 보고서인 『우파니샤드』를 만들어냈던 현자들이 또 다른 중요한 진전을 이끌어냈다. 외형적인 의식을 치르는 데 집중하는 대신 내면적인 의미를 음미하기 시작한 것이다. 이 시기에 갠지스강 유역에 있던 아리아족의 사회는 도시화의 초기 단계에 있었다.7 사회의 엘리트들에게 정신의 내적 활동을 고찰해볼 여유가 생긴 것이다. 그것은 생존만을 위한 투쟁에서 벗어나기 전에는 누릴 수 없었던 사치스러운 일이었다. 『브리하다란야까 우파니샤드Brhadaranyaka Upanisad』는 아리아인들이 확장한 영토의 가장 동쪽 끝 변경 국가인 비데하Videha 왕국에서 토착민과 이란의 부족민, 아리아족이 뒤섞여 살던 시절에 작성되었을 것이다.8 초기의 『우파니샤드』에는 이러한 만남으로 인한 강렬한 자극이 반영되어 있다. 사람들은 스승에게 조언을 구하기 위해 천 리 길을 떠나는 것쯤은 대수롭지 않게 생각했으며, 왕과 전사들도 성직자들만큼이나 열정적인 논쟁을 펼쳤다.

현자와 그 제자들은 정신의 복잡성을 탐구했으며 융과 프로이트보다 훨씬 앞서 무의식을 발견해냈다. 그들은 최근에 신경과학자들이 찾아낸 인간 뇌의 무의식적이며 반사적인 충동들에 대해 이미 잘 알고 있었다. 그들은 무엇보다 모든 정신 활동의 근원이기 때문에 인간의 평상적인 정신적, 심리적 경험을 특징짓는 생각이나 감정과는 동일시될 수 없는 진정한 '자아'인 '아트만Atman'을 찾아내는 데 열중해 있었다. 초기의 가장 중요한 현자들 중 한 명인 야즈나발캬Yajnavalkya는 "너는 실제로 보고 있는, 보는 자를 볼 수 없다. 실제로 듣고 있는, 듣는 자를 들을 수 없다. 실제로 생각하고 있는, 생각하는 자와 함께 생각할 수 없다. 그리고 실제로 인식하고 있는, 인식하는 자를 인식할 수 없다."라고 설명했다.9 현자들은 만약 그들 존재의 가장 깊은 핵심에 도달할 수 있다면 브라만Brahman과 합일을 이룰 수 있을 것이라고 확신했다. 브라만은 '전체(凡)'이며, 천지 만물에 원기를 제공하고, 법칙을 세우며, 우주의 다른 모든 부분을 하나로 끌어모으는 파괴될 수 없는 영속적인 에너지이다.10

  현자들과 그들의 제자들은 정신적 활동, 훈련된 생활 양식 그리고 열정적인 변증법적 토론이 아트만을 드러나게 하며, 좀 더 강력한 존재 양식으로 이끌어간다고 주장했다. 이러한 경험을 설명하는 그들의 방식은 동물이 휴식을 취하거나 위협에서 벗어났을 때 작용하는 뇌의 진정 체계에서 아트만이 비롯되었을 것이라는 사실을 암시한다. 야즈나발캬는 아트만을 알고 있는 사람은 '온화하고, 차분하며, 냉정하고, 인내심이 있으며, 매우 침착하다'라고 했다. 무엇보다 그 사람은 "공포로부터 자유롭다"라는 표현이 이러한 주제들의 핵심을 관통한다.11 그러나 현자들이 발견한 평화는 단순한 휴식 이상의 것이었다. 그들은 네 가지 F에 거듭 압도당하는 일시적·우연적 만족감과 이 새로운 지식을 조심스럽게 그리고 일관되게 구별했다. 어미 소 곁에서 한가롭게 쉬고 있는 송아지의 평화로운 분위기는 자극과 자원에 집중하는 메커니즘에 저항하지 못한다. 송아지는 배가 고프면 반사적으로 벌떡 일어나 음식을 찾아 돌아다닌다. 그때 사자가 나타난다면 위협에 집중하는 메커니즘이 반사적으로 공포에 사로잡히게 하여 살기 위해 도망치도록 만들 것이다. 그러나 우파니샤드 현자들은 이 본능적인 욕구에 대해 보다 영구적인 수준의 면역력을 획득한 것으로 보인다. 한 인간이 일단 '늙지 않고, 죽지 않고, 두려움이 없는, 무한하고 내재적인 아트만'에 이르게 되면, 공포와 근심에서 벗어나게 된다.12 이제 그는 더욱더 많이 원하고, 추구하고, 욕망하고, 얻고, 소비하도록 강요하던 본능적인 탐욕적 동기에 완벽하게 속박되지 않는다. 즉 "욕망하지 않는 자 —욕망이 없는 자, 욕망이 충족된 자, **아트만**이 유일한 욕망인 자— 는 자신의 지극히 중요한 기능들을 벗어나지 않는다. 그가 바로 브라만이며, 그는 브라만을 향해 나아간다."13

현자들은 이 상태를 초자연적인 것으로 보지 않았다. 신에 의해 부여된 것이 아니라, 비록 상당한 시간과 노력이 필요하지만, 그것을 수련할 재능과 끈기가 있는 사람이라면 누구나 도달할 수 있는 상태라고 했다. 수련 중인 수행자는 스승을 모시고 12년 동안 공부해야만 하며, 이 기간 동안의 생활 양식은 그가 배우는 지적인 내용만큼이나 중요했다. 공격적이며 독단적인 자아를 억제하지 못한다면 깨달음을 얻는 것은 불가능하므로, 그는 스승의 불을 관리하고, 숲에서 땔감을 구하고, 자기가 먹을 음식을 구걸하면서 겸손하게 자기를 내세우지 않는 태도로 살아야 했다. 폭력은 모두 금지되었으며, 모든 사람에게 공평한 예의를 갖추고 행동해야만 했다. 심지어 전투적이며 호색적인 자신의 공적을 끊임없이 자랑해온 전쟁의 신 인드라조차 인간 스승을 모시면서 싸움과 성관계를 포기하고, 스승의 집을 청소하고, 스승의 불을 관리하며 101년 동안 공부해야만 했다.14 수련을 마치고 나면 수행자는 집으로 돌아가 결혼하고 자녀를 키우면서 스승에게 배운 모든 것을 실행에 옮겼다. 그는 계속 공부하고 명상하면서, 그 어떤 폭력도 사용하지 않겠다고 맹세하고, 타인들을 친절하고 온화하게 대했다.15

도시화가 진행됨에 따라 인도의 현자들은 새로운 차원의 침략으로 인해 혼란을 겪게 되었다. 기원전 6세기 무렵 신생 국가들이 형성되면서 지역은 어느 정도 안정되었지만, 왕들은 군대를 통해서만 백성들을 통제할 수 있었다. 그리고 이 군대는 왕을 위해 더 많은 영토를 정복하는 데 쓰였다. 시장에 기반을 둔 새로운 경제는 탐욕을 부채질했고, 끝없는 경쟁에 사로잡힌 전주錢主와 상인들은 서로를 무자비하게 짓밟았다. 소 도둑질이 경제의 근간이었던 시절보다 훨씬 더 폭력적으로 보일 정도였다. 오래된 종교는 더 이상 변화하는 시대에 영향력을 끼치지 못했다. 사람들은 아힘사의 이상과 상충되는 동물 희생제의 잔인성을 점점 더 불편하게 느끼게 되었으며, 대신 전혀 다른 종류의 인간성을 만들어내기 위해 사회를 등진 '거부하는 사람들(산야신sannyasin, 유행승)'에게로 눈길을 돌렸다.

정신을 변화시키는 요가의 고행은 인도 영성의 중심이 되었다.16 고전적인 요가는 유산소 운동이 아니라 자아에 대한 체계적인 공격이었다. '요가(멍에 매기)'라는 단어는 그 자체로 의미심장하다. 이 단어는 아리아인들이 원래 습격 전에 전차를 끌 동물들을 밧줄로 매는 것을 묘사하기 위해 사용했다. 하지만 새로운 요가 수행자들은 내면을 정복하고 '나 먼저' 본능에 사로잡히게 하는 무의식적인 충동들을 공격하는데 힘을 쏟았다. 요가 수행자는 규범의 '바깥으로 나아가는' 엑스타시스ekstasis를 성취하기 위해 자연스러운 것들의 정반대로 행동했다. 즉, 지각이 있는 모든 존재들을 특징짓는 끊임없는 움직임에 순종하는 대신 식물이나 조각상처럼 움직이지 않고 가만히 앉아 있었다. 인간의 육체적 기능에서 가장 기본적이며 자동적으로 이루어지는 호흡을 통제했으며, 그 목표는 들숨과 날숨 사이에서 가능한 한 오랫동안 숨을 멈추고 있는 것이었다. '어느 한 지점(ekagrata)'에 집중하기 위해 정신을 끊임없이 맴돌고 있는 생각과 감각, 그리고 환상의 흐름을 지배하기 위해 공부했고, 그 결과 다른 대상과 사람들을 전혀 다르게 보게 되었다. 각각의 다른 존재들을 둘러싸고 있는 기억과 개인적인 관계의 기운(aura)을 억눌렀기 때문에, 더 이상 자신의 욕망과 필요를 통해 바라보지 않게 된 것이다. 요가 수행자의 생각 속에서 '나'는 사라진다.

하지만 요가 수행자가 되려는 사람은 가장 간단한 수준의 수행을 허락받기 전에, 네 가지 F와 정면으로 대결하는 오랜 수습 기간을 거쳐야만 했다. 그는 다섯 가지 '금기(yamas)'를 준수해야만 한다. ① 어떤 종류의 폭력도 금지된다. 곤충을 때려죽여서도 안 되며, 불손하게 말하거나, 성마른 행동을 하거나, 어떤 식으로든 생명체에 해를 가해서는 안 된다. ② 도둑질도 금지되는데, 배가 고프다고 음식을 가로채서는 안 되며, 언제든 제공된 음식만을 먹어야 한다는 의미이기도 하다. ③ 물욕을 포기하고, 탐욕과 식탐을 버려야만 한다. ④ 언제나 진실만을 말해야 한다. 자신을 보호하거나 자신의 이익을 위해 이미 했던 말을 바꾸면 안 된다. ⑤ 마지막으로 정신을 흐리게 하고 요가 수행을 방해할 수 있는 섹스와 술을 끊어야 한다. 이런 태도가 이제 제2의 본성이 되었다고 스승이 만족할 때까지 수행자는 요가 자세로 앉을 수조차 없었다. 『요가수트라Yoga Sutra』의 저자인 파탄잘리는 일단 이러한 규율들에 정통하게 되면 '형언할 수 없는 기쁨'을 경험하게 된다고 설명했다.17 원시적인 자기 보호 본능을 초월하려는 의도적인 노력은 수행자를 전혀 다른 의식의 상태로 진입시키는 것이다.

후일 붓다가 되는 고타마 싯다르타는 열반의 깨달음을 얻기 전에 당대 최고의 스승들을 모시고 요가를 공부했다. 빠르게 숙달된 그는 가장 높은 수준의 무아지경에 도달했다. 그러나 이러한 절정의 경험을 해석하는 스승들의 방식에는 동의하지 않았다. 그들은 최상의 깨달음을 경험한 것이라고 했지만 싯다르타는 엑스타시스가 사라진 후에는 그 전과 똑같이 욕심, 색욕, 질투, 증오에 휩싸이게 된다는 것을 알았다. 그는 엄혹한 고행을 통해 이러한 격정들을 소멸시키려 노력하다가 너무 쇠약해져 건강을 해칠 지경이 되었다. 하지만 그의 육신은 여전히 욕망으로 가득 차 있었다. 결국 절망과 저항이 뒤엉켜 있던 그 순간에 싯다르타는, "깨달음을 얻기 위한 또 다른 방법이 분명히 있을 것이다!"라고 외쳤고, 바로 그때 새로운 해결책이 떠올랐다.18

그는 어린 시절에 경험했던 한 가지 일을 기억해냈다. 그의 아버지는 그 해의 첫 씨뿌리기 행사를 앞두고 밭을 일구는 의식을 보여주기 위해 그를 들판으로 데리고 나갔다. 그의 유모는 의식에 참여하기 위해 그를 갯복숭아 나무 밑에 앉혀 두었고, 어린 싯다르타는 그곳에서 어린 풀의 여린 새싹들이 쟁기질에 찢기고, 그곳에 매달려 있던 조그마한 곤충들이 죽고 있다는 것을 알아차리게 되었다.19 그는 마치 자신의 친족이 죽은 것처럼 깊은 슬픔의 고통을 느꼈고, 바로 그 감정 이입의 순간에 자신을 벗어나 '마음의 해탈(*ceto-vimutti*)'에 이르게 되었다. 비록 짧은 생애 동안 요가 수업을 받은 적은 없었지만, 요가 자세로 앉아 자기 존재의 깊은 곳에서 솟아오르는 순수한 기쁨을 느끼며 곧바로 무아지경에 빠졌던 것이다.

싯다르타는 그 결정적인 사건을 되짚어보며 축복의 순간에 자신의 정신에는 욕심이나 증오, 질투, 색욕이 전혀 없었다는 것을 깨달았다. 그래서 가혹한 수련으로 자신의 인간성을 억누르려 노력하는 대신 마음의 해탈로 이끌어주었던 자비와 기쁨, 감사와 같은 감정들을 계발해야만 한다고 생각했다. 또한 다섯 가지 '금기'는 좀 더 긍정적인 것으로 대체하여 균형을 이루어야만 한다는 것도 깨달았다. 그래서 단순히 폭력적인 충동들을 억누르는 대신 사랑이 넘치는 친절한 감정을 고무시키려 노력했으며, 단순히 거짓말을 억제하는 대신 자신의 모든 말이 '사리에 맞고, 정확하고, 분명하며 유익한' 것이 되도록 했다.[20] 도둑질을 삼가는 것에 만족하는 것이 아니라, 최소한의 소유를 통해 얻게 되는 자유에서 기쁨을 누리는 법을 배웠다.

싯다르타는 공감과 자비를 향한 자연스러운 욕구를 끌어올리기 위해 특별한 형태의 명상법을 계발했다. 정신의 깊은 곳으로 파고들어 가는 요가 수행의 각 단계에서 '미움을 모르는, 무한히 확장되며 헤아릴 수 없는 감정들'을 스스로 인식하게 만드는 '사무량심四無量心'이라는 것을 명상하고, 관심의 범주에서 단 하나의 생명체도 놓치지 않으면서 이 감정들을 세상의 가장 먼 구석들에까지 도달하도록 했다.

그 첫 번째는 모든 사물과 사람을 향해 우애심을 갖게 하는 마이트리maitri(慈, 자애loving-kindness)를 불러일으키는 것이다. 그 다음으로는 모든 생명체가 고통으로부터 벗어나기를 바라는 카루나

karuna(悲, 자비compassion)를 명상한다. 세 번째는 그 자신이 갯복숭아 나무 아래에서 경험했던 것이자 모든 생명체가 얻기를 바라는 순수한 '기쁨'인 무디타mudita(喜, 더불어 기뻐함pure joy)를 불러일으키는 것이었다. 그리고 마지막으로 모든 지각 있는 존재를 평온한 마음으로 사랑하여 개인적인 집착과 편애로부터 스스로를 자유롭게 하려는 우펙샤upeksha(捨, 평온even-mindness)를 명상했다.

싯다르타는 강도 높은 수행을 통해 자신의 정신이 이기심의 굴레를 부수고 자유로워졌다는 것을 알게 되었고 '제한 없이 확장되고, 증오나 사소한 악의도 없이 향상되는' 것을 느꼈다.21 감사를 모르는 마음과 원한, 증오, 질투는 우리의 시야를 좁게 만들고 창의력을 제한하지만 자애로운 감정들은 전혀 다른 효과를 나타낸다는 것을 이해한 것이다. 즉 감사, 자비, 이타주의는 우리의 시야를 넓혀주며 두려움에 싸여 탐욕스럽고 불안정한 자아를 보호하기 위해 우리가 자신과 타인 사이에 세워놓은 헛된 장벽들을 무너뜨린다.22

'남을 위해 사는 것'이 곧 '도덕적으로 사는 것'임이 붓다의 결정적인 통찰이었다. 단순히 종교적인 경험만으로는 충분하지 않았다. 그는 깨달음을 얻은 사람은 반드시 저잣거리로 돌아가 모든 사람에게 자비를 실천해야 하며, 다른 사람의 고통을 덜어주기 위해 할 수 있는 모든 일을 해야 한다고 했다. 해탈의 경지에 오른 후 붓다는 자신이 찾아낸 초월적인 평화에 안주하고 싶다는 유혹에 빠지기도 했지만, 남아 있는 40년의 생애를 길거리에 머물며 자신이 터득한 바를 다른 사람들에게 가르쳤다. 대승불교의 중심인물은 '보살(bodhisattva)'로서 깨달음 직전까지 도달했으나 열반의 희열 속으로 사라지는 대신 고통받고 있는 세상으로 돌아가겠다고 결심한 사람이다. "우리(보살)는 세상의 은신처, 세상의 휴식처, 세상의 마지막 위안, 세상의 섬, 세상의 빛, 세상의 구원을 안내하는 자가 될 것이다."23

중국의 현자들은 자비의 심리적인 측면보다 잠재적인 사회적, 정치적 영향에 더 많은 관심을 기울였다. 서양에서는 공자를 종종 가정생활을 규정하는 무의미해 보이는 사소한 규칙들에 사로잡힌 편협한 의례주의자로 여긴다. 그가 고대 의례들을 되살린 것은 사실이다. 그러나 그는 그 규칙들을 자기중심주의를 억제하고 자비를 계발할 수단으로 보았다. 이러한 의례(禮)들은 기원전 8세기에 귀족들의 사치스러운 태도를 조절하기 위해 의도적으로 발전시켜온 것이었다. 공격적인 삼림 벌채를 통해 경작할 수 있는 땅은 더 많아졌지만, 수많은 동식물의 자연 서식지가 파괴되었고 지역의 야생은 심하게 훼손됐다.24 사냥꾼들은 이제 빈손으로 돌아가야 했으며, 너무 많은 땅이 작물 재배에만 사용되었기 때문에 양이나 소를 기를 땅은 줄어들었다. 과거에는 귀족들이 미래에 대한 생각 없이 수많은 동물을 살육하여 부유함을 과시하기 위한 사치스러운 선물로 제공했다. 무엇보다 지위와 특권을 가장 먼저 생각했기 때문에, 그들은 피로 얼룩진 복수와 사소한 원한에 빠져들어 있었다. 그러나 식량 부족의 시대가 시작될 무렵에는 조절, 통제, 자제가 새로운 좌우명이 되었다. 왕실의 의례주의자들은 삶의 모든 세부사항을 통제하는 복잡한 법규들을 만들어내기 시작했다. 심지어는 전쟁조차 전투의 두려움을 완화시켜 주도록 잘 다듬어진 전사적戰士的 의례에 따라 엄격히 관리되었다.25 귀족들은 자기 절제의 미덕을 발견하게 되었고, 더 이상 경거 망동하게 군사를 일으키지 않았다.

한 세기 이상 예禮는 제대로 기능하고 있는 것처럼 보였다.26 그러나 공자의 시대가 되었을 무렵, 네 가지 F가 또다시 기승을 부렸다. 기원전 6세기의 초기 시장 경제 시대에 사람들은 자제심을 벗어던지고 공격적으로 사치품과 부유함과 권력을 추구했다. 예에 익숙하지 않았던 오랑캐들이 통치하던 강력한 신생국가들은 아무런 제약 없이 작은 제후국들을 공격하여 엄청난 사상자를 만들어냈다. 공자는 충격에 빠졌다. 중국은 자기 파괴에 몰두해 있는 것처럼 보였으며, 그는 오래된 의식들의 기초가 되는 정신을 새롭게 이해해야만 구제될 수 있다고 생각했다. 서恕의 의식은 타인을 소홀하게 대하거나 단순한 실리나 사적 이익에 끌려다녀서는 안 된다는 것을 분명히 했다. 이처럼 인자한 행동 규범들은 사람들이 모든 인간의 존엄성을 의식하게 했고, 신성한 경의를 표현하고 부여했으며, 모든 가족 구성원에게 다른 사람을 위해 살아야 한다고 가르쳤다. 또한 동료에게 '양보'하는 미덕(讓)을 각 개인들에게 가르쳐 인仁의 '부드러움'과 '유연함'을 계발하는 데 도움을 주었다. 적절하게 이해된다면, 이 의례들은 이기심의 한계를 뛰어넘을 수 있게 해 주는 정신적인 교육이었다. 과거에 예는 그것을 받아들이는 사람에게 마술적인 힘을 베푼다고 여겨졌다. 공자는 이것을 다음과 같이 재해석했다. 즉 존중받게 된 사람들은 그들 자신의 신성한 가치를 의식하게 되고, 먹거나 마시는 것과 같은 일상적 행동들이 생물학적인 수준보다 더 높이 고양되어 신성함을 갖추게 된다는 것이다.

정치에 끼친 영향력은 엄청났다. 공자는 타인에게 손해를 입히며 무자비하게 사리사욕을 추구하는 대신 통치자가 "단 하루만이라도 자아를 억제하여 예에 복종할 수 있다면, 하늘 아래 있는 모든 사람이 그의 선함을 칭송할 것이다!"라고 믿었다.27 제자 중 한 명이 '인'이란 무엇이며 그것을 정치적 삶에 어떻게 적용할 수 있는지를 물었다. 공자는 인을 가정생활에 적용하는 것과 똑같은 방식으로, '모든 사람을 존경심으로 대접하라'고 대답했다.

> 집 밖에 나가 있을 때에도 중요한 손님을 대하듯이 행동하라. 백성들을 대할 때는 마치 중요한 제사를 받드는 듯이 대하라. 스스로 원치 않는 일을 남에게 행하지 마라. 그렇게 하면 네가 처리하고 있는 일이 국가의 일이건, 가정의 일이건 상관없이 너를 원망하는 사람이 없을 것이다.28

통치자가 다른 제후와 국가에 대해 이처럼 예절 바르게 행동한다면 파괴적인 전쟁은 일어나지 않을 것이다. 이 황금률은 다른 누군가의 영토를 침범하는 행위를 불가능하게 만든다. 그런 일이 자신의 나라에서 일어나기를 원하는 사람은 아무도 없기 때문이다. 공자는 거침없이 질문하는 제자 자공子貢에게 그것은 매우 간단한 일이라고 설명했다.

> '인'에 대해 말하자면, 자신이 높은 지위와 명성을 원한다면 다른 사람들이 먼저 높은 지위와 명성을 얻도록 돕는 것이다. 자

신의 장점으로 뜻을 이루고 싶다면, 다른 사람들이 그들의 장점으로 뜻을 이루도록 돕는 것이다. 사실, 자신이 원하는 것을 길잡이로 삼아 남이 원하는 것을 이해하는 것이 바로 '인'을 추구하는 방법이다.29

이런 방식으로 백성들의 진정한 안녕을 위해 일하고, 자신의 이익을 제쳐두는 통치자는 세상에 커다란 이익을 실현할 원동력이 될 것이다.

가정은 군자가 충분히 인간적이며 성숙한 인간으로 살아가는 법을 배우는 곳이었다.30 가정은 자비의 학교였다. 그러나 '인'은 가정에만 국한될 수 없었다. 붓다와 다르지 않은 통찰력으로 공자는 각각의 인간들을 연속적인 자비의 동심원同心圓 중심에서 부단히 확장되는 존재로 보았다.31 군자가 부모와 아내, 형제자매를 돌보면서 배우게 되는 교훈이 그의 마음을 가르치고 확장시키며, 그로 인해 군자는 더욱더 많은 사람과 공감하게 된다. 우선은 도시 혹은 마을, 그 후에는 국가, 그리고 마침내는 전 세계와 공감하게 되는 것이다. '인'을 필요로 하는 곳은 한없이 많았지만, '인'은 우리가 중독된 허영, 분노, 지배하려는 욕망을 포기할 것을 요구했기 때문에 실천하기 어려웠다.32 하지만 '인'은 우리 인간성의 필수적인 부분으로 우리에게 자연스러운 것이기 때문에 쉬운 것이기도 했다. 공자는 "'인'이 그렇게 멀리 있는 것일까?"라고 물었다. "우리가 진정으로 인을 원한다면, 바로 우리 곁에 있다는 것을 알게 될 것이다."33

공자의 도道를 따랐던 사람들은 비록 죽음에 이르러서야 끝나게 될 평생의 노력이기는 했지만 '인'이 그들의 삶을 바꾸어 놓았다는 것을 깨달았다.34 공자는 '도'의 마지막에 무엇이 있을 것인지 추측하지 말라고 했다. '서'의 길을 따라 걷는 것 자체가 초월적인 경험으로, '온종일 그리고 매일' 실행한다면, 욕망에 사로잡힌 자아를 버리고 지속적인 엑스타시스로 이끌어줄 것이기 때문이었다. '인'을 추구하는 삶의 역동적인 본성은 공자의 가장 재능 있는 제자인 안회顔回(기원전 521~490)가 아름답게 표현한 바 있다. 그는 "깊은 한숨을 내쉬며" 이렇게 말했다.

> 더욱 우러러보려 노력할수록 그것은 더욱 높이 솟아올랐고, 더욱 깊이 파고 들어가려 할수록 더욱 견고해졌다. 내 눈앞에 있는 듯하다가 어느새 뒤에 있다. 스승께서는 차근차근 사람들을 잘 이끌어 주셨다. 학문으로 나를 넓혀 주시고, 예의로써 나를 단속해 주셨다. 내가 그만두고 싶어도 그만둘 수 없었다. 이미 나의 모든 것을 다 쏟아부었다고 느끼고 있을 때, 무엇인가 떠오르는가 싶더니 내 위에 날카롭고 명료하게 우뚝 서 있는 듯했다. 비록 그것을 따르겠다고 열망하지만, 그것에 도달할 방법을 전혀 찾을 수가 없었다.35

'인'은 그를 이기심의 구속에서 벗어나게 해 주었으며 내재적이면서도 초월적인 신성한 경지에 대한 찰나의 각성을 전해 주었다. 그것은 내면에서 치밀어오르는 것이었지만 또한 '내 위에 날카롭고 명료하게 서 있는' 존재이기도 했다.

공자는 더욱 자비로운 정책을 펼치도록 제후들을 설득하지 못했기 때문에 스스로를 실패한 사람이라고 생각하며 기원전 479년에 죽음을 맞이했다. 하지만 그는 중국의 정신세계에 엄청난 영향을 끼쳤다. 비록 그의 사상에 동의하지 않는 사람들일지라도 그의 영향력에서 벗어날 수는 없었다. 그런 사람들 중의 한 명이었던 묵자墨子(기원전 480~391)는 미천한 출신으로 귀족적인 '예'를 못마땅하게 생각했다. 이 무렵 중국은 전국 시대라는 끔찍한 새 시대에 돌입해 있었다. 큰 제후국들이 작은 나라들을 조직적으로 파괴하면서 서로 전쟁을 벌였으며, 결국 기원전 221년에 다툼이 끝나고 진秦나라만이 남게 되었다. 전쟁 자체의 형태도 변형되었다.36 오래된 전투 의례들은 폐기되었으며, 전쟁은 이제 향상된 기술에 힘입어 치명적인 효율성을 갖추고 수행되었다. 비록 여성, 어린이, 노인이 희생된다 할지라도 오로지 상대방을 정복하겠다는 의도만을 가진 군사 전문가들이 전쟁을 지휘했다. 이것은 오래된 뇌의 격정이 새로운 것과 결합했을 때 어떤 일이 일어날 수 있는가를 보여주는 무서운 경고였다. 묵자의 가르침은 공리적이며 실용적인 것이었다. 공자와 마찬가지로 그의 철학을 관통하는 실마리 또한 '인'이었지만, 그는 공자가 '인'을 가정에 국한함으로써 윤리를 왜곡했다고 (잘못) 생각하고 있었다. 묵자는 친족 관계의 잠재적 이기주의를 더욱 넓은 이타주의로 대체하기를 원했다. 그는 '타인을 자신처럼 여겨야 한다'고 주장했다. 이러한 사랑은 "모두를 포용하며 누구도 배제해서는 안 된다."37 서로에 대한 살육을 막는 유일한 방법은 제후들이 겸애兼愛를 실천하도록 설득하는 것이었다.

 '겸애'는 종종 '보편적인 사랑'으로 번역되지만, 강인한 정신을 지녔던 묵자에게는 너무 감성적인 표현이다.38 '모든 사람에 대한 배려'가 더 적절한 번역일 것이다. 애愛는 감정과는 관계가 없는 공평한 박애로, 깊게 뿌리내린 공정심과 모든 인간에 대한 훈련된 존경심에 기초를 둔 것이었다. 이러한 보편적인 박애가 없다면 가족에 대한 사랑과 애국심이라는 긍정적인 가치조차 집단적 이기주의로 타락할 수 있다. 묵자는 당시의 제후들이 자신의 나라만을 사랑하며 다른 나라를 공격하는 데 아무런 양심의 가책도 느끼지 않고 있다고 주장했다. 그들이 자신만큼이나 남들도 배려해야 한다고 배웠다면 이런 상황은 불가능했을 것이다. 묵자는 "자기 나라를 존중하듯 다른 나라를 존중하고, 자기 백성을 존중하듯 다른 나라의 백성을 존중하라"라고 촉구했다. "만약 제후들이 서로에 대해 관심을 갖는다면 전쟁을 일으키지 않을 것이다." 그는 "이 세상에서 일어나는 재난, 강탈, 원한과 증오는 모두 다 겸애가 부족하기 때문이다."라고 확신했다.39

묵자는 21세기를 살고 있는 우리의 상황에서도 공감을 일으킬 만한 실용주의적인 태도로 통치자에게 전쟁으로 얻는 이익과 손실을 비교해 보라고 요구했다. 전쟁은 수확을 망치고, 수많은 백성의 생명을 앗아가고, 값비싼 무기와 군마를 허비한다. 조그마한 마을 하나를 점령하는 일은 농지 경작을 위해 남자들이 필요한 시기에 감당하기 어려울 정도의 수많은 사상자를 낳을 수 있다. 그러한 일이 어느 국가에든 어떻게 이득이 될 수 있을까? 커다란 제후국들은 조그마한 주변 국가들을 정복하면 얻는 것이 있다고 생각했지만, 사실 전쟁은 아주 소수의 사람에게만 이득이 되었다. 반면에 자신을 존중하듯 타인을 존중하도록 모든 사람을 설득한다면, 온 세상에 평화와 화합이 있을 것이다. 통치자가 겸애를 실천한다면, 어떻게 한 도시를 쑥대밭으로 만들거나 마을의 백성들을 모두 학살할 수 있겠는가? 그리고 모든 사람에 대한 공평한 배려에서 얻을 수 있는 이익은 헤아릴 수 없을 만큼 막대하다.

> 이제 우리가 '겸애'를 우리의 규범으로 받아들여 세상에 이로움을 끼치기 위해 노력한다면, 명석한 귀와 맑은 눈을 가진 사람들은 다른 사람들을 위해 보고 듣게 될 것이며, 강건한 육체를 가진 사람들은 다른 사람들을 위해 일하게 될 것이며, 도에 대한 지식을 갖춘 사람들은 다른 사람들을 가르치기 위해 노력할 것이다. 나이가 들어 아내와 자식이 없는 사람들은 직업을 찾을 것이고 천수를 누릴 수 있게 될 것이다. 부모가 없는 어린 고아들은 그들을 보살펴주고 그들에게 필요한 것을 관리해줄 사람을 찾게 될 것이다.**40**

당대의 공포에 대해 너무나도 적절하게 발언했던 묵자는 전국 시대에 공자보다 더 널리 존경을 받았다. 하지만 유학자들은 점점 커져만 가는 위기에 그들 자신만의 방식으로 대응했다. 기원전 260년 진나라의 군대는 위대한 유학자인 순자荀子(기원전 298~238)의 출생지인 조趙나라를 정복하고 전쟁 포로 40만 명을 산 채로 묻어버리는 대량 학살을 자행한다. 하지만 순자는 자신의 신념을 버리지 않았다. 그는 (비록 이처럼 혹독한 시기에는 상과 벌이 뒤따라야만 하겠지만) 여전히 의례에 담긴 '양보하는' 정신이 중국을 깊은 구렁텅이에서 건져낼 수 있다고 믿었다. 그는 위엄 있고 자비로운 제후가 세상을 구할 수 있다고 확신했다.

> 그는 전리품을 얻기 위해 남들과 경쟁하지 않고, 폭력을 끝내고 해로움을 없애기 위해 무기를 든다. 그러므로 자애로운 제후의 군사들이 전열을 갖추면 신과 같은 존경을 받으며, 그들이 진군하는 지역의 백성들을 변화시킨다. 그들은 모든 사람들이 기뻐하며 맞이하는 단비와 같다.41

이것은 아름다운 상상이었으며, 유학자들이 황금률에 따라 정책을 이끌어가도록 제후들을 설득하지 못했다는 것은 그도 인정해야만 했다. 하지만 순자는 그것이 결코 불가능한 이상이 아니라고 주장했다. 그는 거리에 있는 어떤 사람이든 유교의 현자가 될 수 있다고 믿었다.

전국 시대의 폭력성과 잔인함은 순자로 하여금 인간의 사악함을 공자보다 더 절실하게 인식하도록 만들었다. 순자는 "인간은 모두 질투와 미움의 감정을 가지고 태어나며, 그것들에 탐닉하게 되면 폭력과 범죄에 빠져들게 될 것이며, 모든 충성심과 선한 신념은 사라질 것이다."라고 했다.42 그러나 좋은 스승을 만나 다른 사람들을 존중하라고 가르치는 '예'에 성심성의껏 헌신하고 사회의 규칙을 따른다면, 현자가 될 수 있다.43 타고난 대로 행동하거나 하늘(天, 중국 최고의 신)의 도움에 의지하는 것은 아무런 도움도 되지 않는다. 하늘을 찬양하면서 인간의 행동에 아무런 주의도 기울이지 않는 것은 무의미한 일이다. 순자는 거듭해서 하늘에만 집중하고 인간 스스로 할 수 있는 일을 게을리한다면 "만물의 본성을 이해하지 못하게 된다."라고 주장했다.44

민간 전설에 의하면 제의(예)는 고대 중국의 전설적인 성군인 요와 순, 그리고 우임금이 만들어낸 것이라고 한다. 순자는 이 현자들이 세상에 대해 성찰하던 끝에 주변에서 목도되는 견딜 수 없는 고통을 끝낼 수 있는 유일한 방법은 자신들의 변화와 함께 시작되는 무한한 지적 노력뿐이라는 것을 깨달았다고 주장했다. 그래서 그들 자신의 다스리기 힘든 욕망을 조절하기 위해 서恕('자기 자신에게 견주는')를 기반으로 한 '예'와 황금률을 만들었으며, 그것을 실천했을 때 내면의 평화를 발견한 것이다. 자신의 마음을 살펴보고, 행동을 비판적으로 관찰하고, 고통과 기쁨에 대한 자신의 반응에 주목하는 것으로 이 현자들은 사회적 관계의 질서를 바로잡을 방법을 찾아냈다.45 통치자는 자신의 원초적인 본능들을 제어했을 때에만 그 사회에 평화와 질서를 가져올 수 있다. 순자는 인간성에 대한 현자들의 분석을 통해 제의들이 만들어졌다고 믿었다. 예술가가 그다지 훌륭하지 않은 재료에서도 능수능란하게 형태와 아름다움을 끄집어내는 것과 마찬가지로, 그들은 우리 뇌에서 발생하는 기본적인 감정들을 다듬어 형체를 만들었다. 그들은 "너무 긴 것은 다듬고, 너무 짧은 것은 늘이고, 군더더기는 제거하고, 결함은 고치고, 사랑과 존경은 확장하여, 차근차근히 적절한 행위의 아름다움을 실현했다."46 잠재적인 혼돈으로부터 질서를 이끌어내기 위해서는 별과 행성, 그리고 사계절조차 서로에게 '양보'를 해야만 했다.47 '예'는 전혀 부자연스럽지 않고, 그것을 실천하는 사람들이 세상의 이치와 조화를 이루도록 해 주며 진실의 중심으로 이끌어준다.

세 유일신 종교 역시 자비의 중요성을 강조했다. 기독교와 오늘날 유대인 대부분이 신봉하는 랍비 유대교는 모두 전쟁과 경제적 착취가 진행되던 시기에 발달했다. 로마의 유대 지역 점령에 저항하여 일어난 유대인의 반란은 기원후 70년, 로마 군대에 의한 예루살렘과 성전의 파괴로 이어졌다. 그때까지만 해도 단일한 정통 유대교는 존재하지 않았다. 기원후 70년의 대참사가 벌어지기 이전까지의 시기는 풍부한 종교적 다양성으로 특징지어진 때로, 자신들이 진정한 유대교라고 주장하며 경쟁하던 다수의 종파는 모두 예루살렘 성전의 지위와 제의에만 몰두해 있었다. 성전이 파괴된 후, 그중 오직 두 개의 종파인 예수 운동과 바리새파만이 살아남을 수 있었다.

탈무드 시대의 랍비들은 바리새파 학자들의 통찰력을 바탕으로 유대교를 성전 신앙에서 책의 종교로 변화시킬 수 있었다. 그때까지 (모세의 가르침과 율법이라고 추정되는) 토라Torah의 연구는 소수 집단이 추구하던 것이었지만 이제는 성전 숭배를 대체하게 되었다. 대단히 창의적인 지적 노력을 통해 랍비들은 새로운 경전을 집필했다. 기원후 200년경에 완성된 『미쉬나Mishnah』와 각각 5·6세기에 완성된 『예루살렘 탈무드』, 『바빌로니아 탈무드』가 그것이다. 예수보다 나이가 많았던 동시대의 위대한 현자 힐렐Hillel의 유명한 이야기에서 알 수 있듯 자비는 그들이 품었던 이상의 중심이었다. 어떤 이교도가 힐렐에게 다가와 자신이 한 다리로 서 있는 동안 토라 전체를 설명해줄 수 있다면 유대교로 개종하겠다는 약속을 했다고 한다. 힐렐은 이렇게 대답했다. "당신 자신이 싫어하는 일을 당신의 이웃에게 하지 마시오. 그것이 토라의 전부이며 나머지는 그저 주석일 뿐이니, 가서 그것을 공부하시오."**48**

이 도발적인 설명은 듣는 사람에게 충격을 주어 자비의 중요성을 인식하도록 이끌려는 것이었다. 그의 설명에는 신의 유일성이나 천지창조, 출애굽 혹은 613 계명과 같은 교리에 대한 언급은 전혀 없다. 힐렐에게는 이런 것들이 그저 황금률에 대한 '주석'일 뿐이었다. 다른 일신교들도 똑같은 결론에 도달했다. 기도와 믿음이 중요하지 않다는 것이 아니라, 요점은 다른 사람들에 대한 헌신적인 관심을 이끌어내지 않는 영성이라면 무언가 잘못되었다는 뜻이었다. 힐렐은 또한 경전의 해석인 주해에 대해 미크라miqra(독본讀本)로 결론을 내린다. 즉 '가서 공부하라!'며 행동을 요구하는 것이다. 유대인들은 고대 문헌을 면밀하게 검토하며 창의적인 통찰력을 발휘해 그것들을 황금률에 대한 '주석', 즉 단순한 해설로 만들어 성전 이후의 시대에 맞게 해석했을 것이다.

기원후 135년에 로마인에게 처형된 위대한 랍비 아키바Akiva는 '네 이웃을 네 몸처럼 사랑하라'는 계명이 토라의 가장 위대한 원리라고 가르쳤다.**49** 오직 그의 제자인 벤 아차이Ben Azzai만 그것에 동의하지 않았다. 그는 인류의 단일성을 강조하는 "이것은 아담의 자손에 대한 기록"이라는 성서의 단순한 설명을 더 중요하게 생각했다.**50** 토라의 모든 계율과 이야기들의 핵심에 자비의 실재를 밝히려는 목적으로 랍비들은 가끔 원래의 의미를 다르게 해석하거나 심지어 경전의 단어들을 바꾸기도 했다. 그들은 경전 작가들이 의도했던 본래의 의미를 단순히 설명하는 것에는 관심이 없었다. '미드라쉬 Midrash(주해)'는 본질적으로 창작적인 분야로, 자명하지 않은 어떤 것을 '탐구하다' '조사하다' 혹은 '추구하다'를 의미하는 동사인 '다라쉬 darash'에서 파생된 것이었다. 랍비들은 경전에서 새로운 의미를 찾아내려 했다. 경전은 신의 말씀으로서 무궁무진하므로 단일한 해석에만 얽매일 수 없다는 것이었다.

또 다른 유명한 이야기는 랍비들이 성전이 파괴된 지금 자비가 종교의 핵심이라는 것을 처음부터 인식하고 있었음을 보여 준다.

랍비 요하난 벤 자카이가 예루살렘 밖으로 나갔을 때의 일이다. 그를 따라나섰던 랍비 여호수아가 불에 탄 성전의 폐허를 보며 말했다. "이스라엘의 죄를 속죄하던 곳이 폐허가 되었으니 안타까운 일이군요!" 그러자 랍비 요하난이 말했다. "슬퍼하지 마시오. 우리는 성전에서처럼 속죄를 할 수 있소. 바로 사랑의 행동(gemilut hasadim)을 하는 거지요. '나는 희생이 아닌 사랑(hesed)을 원한다'고 하셨잖소."51

실용적으로 표현된 자비는 이제 성전의 희생 제의보다 더 효과적으로 속죄할 수 있는 사제다운 행위였다. 이것은 새로운 미드라쉬의 좋은 예이다. 랍비 요하난은 선지자 호세아의 말을 인용하고 있는데, 아마 선지자는 이러한 해석에 깜짝 놀랐을 것이다.52 호세아서의 원문에서 '헤세드hesed'는 '사랑'이 아닌 '충절'을 의미했다. 호세아는 유대인들이 서로에게 행하는 사랑의 행동이 아니라, 이스라엘 사람들이 **신에게** 돌려주어야만 하는 종교적 충절을 말했던 것이다.

전쟁의 공포를 너무나도 뼈저리게 확인했던 랍비들은 과거의 국수주의를 너그럽게 받아들일 수 없었다. 그들은 (기원후) 70년에 성전이 파괴되는 것을 목격했을 뿐만 아니라, 로마 점령에 저항해 일어난 바르 코크바Bar Kochba의 반란(132~135년)으로 수많은 유대인이 학살당하는 엄청난 재난도 겪었다. 다른 유일신 종교들처럼 유대교도 전적으로 비폭력을 주장하는 종교는 아니었다. 전투는 허용되지만, 오직 자기방어의 경우에만 인정되었다.53 하지만 랍비들에게 있어 '평화(샬롬shalom)'는 가장 높은 가치들 중의 하나였다. '샬롬'은 단순히 분쟁이 없는 상태를 넘어 '온전함', '완벽함'이라고 번역될 수도 있다. 샬롬은 적대자들과도 화해할 수 있는 긍정적인 조화의 원리로 추구되는 것이었다.54 랍비들은 '너의 형제를 마음으로 미워해서는 안 된다'는 유대교의 계율을 내세워 이웃을 저주하거나 때리는 것을 자제하는 것만으로는 충분하지 않으며, 마음속 깊은 곳에 자리 잡은 증오도 뿌리째 뽑아내야 하며55 같은 인간에 대한 미움도 도리를 벗어나게 한다고 했다.56 진정한 힘은 무력이 아닌 자비와 화해에 있는 것이다. 랍비들은 이렇게 말했다. "누가 강한 사람인가? 적을 친구로 만들 수 있는 사람이다."57

창조에 대한 성서 교리를 해석하면서 랍비들은 모든 인간이 신의 형상대로 만들어졌다는 사실에 주목했다. 그러므로 누구에게든 경시하는 태도를 보이는 것은 신 자체에 대한 부정이자 무신론과 같다고 여겼으며, 살인은 단순히 인간성에 반하는 범죄가 아니라 신성모독이었다.58 태초에 신이 오직 한 사람만을 창조한 이유는 단 하나의 생명을 파괴하는 것도 세상을 절멸시키는 것과 같으며, 한 생명을 구하는 것이 전 인류를 구원하는 것과 같다는 점을 가르치기 위해서였다.59 유대인이 아니거나 노예일지라도 누군가를 모욕하는 것은 살인과 마찬가지로 신의 형상을 모독했을 때와 같은 벌을 받아야 할 행위였다. 그리고 누군가를 중상하는 이야기를 퍼뜨리는 것 역시 신의 존재를 부정하는 것이었다.60 자선은 믿음에 대한 궁극적인 시험이었다. 누구든 상관없이 모든 인간을 존중하지 않는다면 신을 섬길 수 없는 것이다.

기독교의 가르침에서도 자비는 처음부터 그 중심에 있었던 것으로 보인다. 예수도 힐렐처럼 황금률을 가르쳤으며, 다만 긍정적인 표현법을 사용했다.61 랍비들과 마찬가지로 그는 마음과 영혼을 다해 신을 사랑하고, 네 이웃을 너 자신과 같이 사랑하라는 것이 토라의 가장 숭고한 계명이라고 믿었다.62 복음서들은 예수가 창녀, 나환자, 간질병 환자, 로마의 세금을 걷는다는 이유로 배반자로 비난당한 세리에 이르기까지 '죄인'마저 포함하는 '모든 사람을 위한 배려'를 실천했음을 보여준다. 그의 추종자들은 다른 사람에 대한 판단을 삼가야만 했다.63 부자와 가난한 자가 같은 식탁에 함께 앉는 신의 왕국에 들어간 사람들은 굶주린 자에게 음식을 주고, 아프거나 감옥에 갇힌 사람을 찾아가는 자애로운 행위를 실천하는 이들이었다.64 예수의 가장 헌신적인 제자들은 자신이 가진 모든 것을 가난한 사람들에게 주어야만 했다.65 또한 예수는 아힘사를 실천했던 사람으로 제시된다. 예수는 자신을 따르는 무리에게 "너희는 '눈에는 눈, 이에는 이'라는 말을 들었을 것이다. 하지만 나는 너희에게 말한다. 사악한

자에게 저항하지 마라. 오히려 누군가 너의 오른쪽 뺨을 때리면 왼쪽 뺨을 마저 돌려 대라."라고 했다.66

> 네 이웃을 사랑하고 원수를 미워하라는 말을 들었을 것이다. 그러나 나는 너희에게 말한다. 원수를 사랑하고 너희를 박해하는 자를 위해 기도하여라. 그리하면 하늘에 계신 아버지의 아들이 될 것이다. 그분은 선한 자에게뿐만 아니라 악한 자에게도 해를 비추시고 정직한 자에게도 똑같이 비를 내리시기 때문이다. 만약 너희가 너희를 사랑하는 자를 사랑하면, 무슨 자랑이 있겠는가? 세리들과 이교도들일지라도 그 정도는 하지 않느냐? 만약 너희 형제에게만 인사를 한다면, 남보다 나을 것이 있느냐? 하늘에 계신 아버지께서 온전하신 것처럼 너희도 온전해야 한다.67

예수는 한층 더 설득력 있게 공감할 수 있도록 랍비들처럼 오래된 원문을 뒤틀어 경전에 담긴 자비의 메시지를 전면에 내세웠다. 여기에서 그는 불교의 우펙샤, 즉 '평정심'의 이상에 다가선다. 예수를 따르는 사람들은 보답받을 가능성이 없는 곳에서도 친절을 베풀었다.

현존하는 가장 오래된 기독교 문헌의 저자인 사도 바울은 초기 기독교 찬송가를 인용하며 예수를 신의 형상으로 만들어진 이에게 어울리는 고귀한 지위에 대한 집착을 거부하고 고통을 겪는 인류의 종으로 살아간 보살과 같은 존재로 묘사한다.68 바울은 기독교인들도 그와 똑같이 '모두 자기를 내세우지 말아야 한다'고 주장했다. "언제나 나 자신보다 남을 더 훌륭하게 여겨, 자신의 이익을 먼저 생각하는 사람이 없어야 하며 모두 다른 사람의 이익을 먼저 생각해야 한다."69 자비는 진정한 영성의 시험이었다.

> 내가 사람의 모든 말과 천사의 말을 할 수 있을지라도 내게 사랑이 없으면 울리는 징이나 요란한 꽹과리가 될 뿐입니다. 내가 예언하는 능력을 가지고 있을지라도, 모든 비밀과 모든 지식을 가지고 있을지라도, 또 산을 옮길 만한 모든 믿음을 가지고 있을지라도, 사랑이 없으면 아무것도 아닙니다. 내가 내 모든 소유를 나누어주고 내 몸을 불사르게 내줄지라도 사랑이 없으면 내게는 아무런 이로움이 없습니다.70

초기의 기독교 공동체는 사랑의 공동체로 기억된다. 그것은 '한마음과 한뜻이 되어' 있었으며71 점점 더 많이 가지려는 '나 먼저'의 욕망에서 의도적으로 벗어나려 했던 공동체였다. "믿는 사람은 모두 함께 지내며, 모든 것을 공동으로 소유했다. 그들은 재산과 소유물을 팔아 모든 사람에게 필요한 대로 나누어주었다."72

물론 이것이 전부는 아니다. 유대교와 기독교의 경전 모두에 부족 중심주의가 매우 많이 등장한다. 그로 인해 우리는 여호수아서에서 가나안 토착민을 잔인하게 살육하는 이스라엘 사람들을, 요한 계시록에서 심판의 날에 적들을 살육하는 그리스도를 그린 내용을 찾아볼 수 있다. 그러므로 '폭력과 증오와 경멸을 낳는 그 어떤 경전의 해석도 정통으로 인정하지 않는 예전의 원리로 돌아갈 것'을 요구하는 자비의 헌장에 당혹해하는 사람들도 있을 것이다.

그러나 우리는 경전이 언제나 오늘날과 같은 방법으로 읽혀왔던 것은 아니라는 사실을 기억해야 한다. 랍비들의 미드라쉬는 경전 저자의 본뜻에는 관심이 없었다. 랍비들은 고대 경전의 문자적인 의미에 맹목적으로 집착하지 않았고, 근본적으로 변화한 세계에 맞는 급진적으로 새로운 해석을 추구했다. 오래된 원전에서 자신들에게 유용한 부분을 취하고 나머지는 경건하게 남겨두었다. 그 후로 유대인들은 미쉬나와 탈무드의 렌즈를 통해 전체적으로 변형된 유대 경전을 읽었다. 기독교인들 역시 유대 경전의 해석에 있어 선택적으로 메시아의 도래(그들이 전혀 다른 방식으로 이해했던)를 예언하는 것으로 보이는 원문에만 집중했으며 나머지에는 관심을 보이지 않았다. 심지어 성서를 신에게 다가서는 단 하나의 유효한 통로라고 보았던 마르틴 루터Martin Luther(1483~1546)조차 일부 성경 구절은 다른 구절보다 도움이 되기 때문에 '경전 안의 경전'을 만들어야만 한다고 생각했다. 그러므로 성서 읽기는 매우 선택적인 과정이었으며, 근대 초기에 이르기까지 온전하게 문자적인 의미에만 초점을 맞추려 한 사람은 아무도 없었다. 대신 유럽의 기독교인들은 성서의 모든 문장을 네 가지 방식으로—문자적으로, 도덕적으로, 비유적으로, 그리고 신비적으로— 자세히 설명하도록 교육받았다. 사실 이것은 내가 1950년대 가톨릭 가정의 어린이로서 배운 성서를 읽는 법이다. 랍비들에게 그랬듯이 기독교인들에게도 자선은 올바른 주석의 핵심이었다. 서구 기독교 전통의 형성에 있어 가장 중요한 신학자 중 한 명이었던 아우구스티누스St. Augustine(354~430)는 경전이 오로지 자선만을 가르친다고 주장했다. 성서의 저자가 본래 의도했던 것과 관계없이 증오를 전파하고 사랑에는 도움이 되지 않는 것처럼 보이는 구절들은 자선을 비유적으로 말하고 있는 것으로 해석되어야만 했다.73

여러 가지 면에서 이슬람교는 무슬림에게 공격적인 성향을 통제하고 새로운 방향을 설정하기 위해 새로운 뇌의 능력을 활용할 것을 요구하는, 부족 중심주의의 폭력성을 없애려는 의도가 반영되었다고 볼 수 있다. 수 세기 동안 아랍인들은 황량한 아랍의 스텝 지대에서 끊임없이 아사 직전의 상황에 내몰리는 절박한 유목 생활을 영위했다. 그들이 지켰던 기사도적인 규범은 '무루와muruwah'라고 불리는데, 간명하게 번역하기 어려운 개념이다. 이것은 용기와 인내, 부족에게 가해진 나쁜 행동에 복수하고, 공격받기 쉬운 구성원들을 보호하며, 그 어떤 위협에도 즉각적으로 대응하고, 모든 적에 저항한다는 결의를 의미했다. 각각의 부족민들은 동족을 지키기 위해서라면 언제라도 즉시 뛰쳐나갈 준비가 되어 있어야 하고, 옳건 그르건 족장에게는 기꺼이 순종해야 했다. 고대의 시인 중 한 명은 이렇게 노래했다. "나는 가찌야의 사람. 만약 그녀가 잘못을 저질렀다면, 나도 잘못을 저지른 것이다. 만약 가찌야가 올바른 길로 나아간다면, 나도 그녀와 함께 갈 것이다." 또 유명한 격언도 있다. "형제가 부당한 대우를 받고 있거나, 남들을 부당하게 대하고 있다 해도 어쨌든 형제를 도와야 한다."74 물론 이러한 충성심은 자신의 부족까지만 적용됐다. 이방인들은 무가치하며 희생시켜도 괜찮은 존재로 여겼고, 동료 부족민을 보호하기 위해 그들을 죽여야만 한다면 후회하며 시간을 낭비할 필요가 없었다.

그로 인해 부족의 생존방식은 '자힐리야jahilyyah'로 특징지어졌다. 이것은 전통적으로 이슬람교 이전 시기의 아라비아를 지칭하는 데 사용된 단어로, '무지의 시대'라고 번역된다. 그러나 어근인 *JHL*에 '무지'라는 의미가 포함되어 있기는 하지만, 본래는 '화를 잘 낸다'는 의미였다. 초기 무슬림 경전에서 '자힐리야'는 공격, 오만, 맹목적 애국주의, 그리고 폭력과 보복을 향한 고질적인 성향을 의미했다.75 기원후 6세기 후반에 선지자 무함마드가 태어났을 때 부족 간의 전쟁은 전례 없는 수준에 이르러 있었으며, 재앙이 임박했다는 종말론적 분위기가 팽배했다.

하지만 무함마드의 부족인 '쿠라이시Quraysh'는 유목 생활을 버리고 메카에 기반을 둔 상업 제국을 세웠다. 무역이 가능하도록 그들은 부족 간의 전투를 포기하고 지역 분쟁에도 고고한 중립적 태도를 견지했으며, 메카 중심부의 고대 성지인 카바 주변 지역을 폭력이 금지된 성스러운 장소로 지정했다. 이러한 조치들로 인해 반도 전역에서 찾아온 아랍인들은 피의 복수에 대한 두려움 없이 그곳에서 사업을 할 수 있게 되었다. 그러나 쿠라이시 부족은 오래된 자힐리jahili의 오만한 태도를 유지했다. 그들은 기대했던 것 이상의 성공을 거두었고 이제 빈곤의 공포에서 벗어났지만, 부유함에 대한 욕망에 휩싸여 부족 체제의 인도적인 면모들을 망각했다. 약한 구성원들을 돌보는 대신 일부 가문들이 서서히 두각을 나타내면서 더 큰 부자가 되었고 다른 사람들은 궁핍해져 변방으로 내몰렸다. 오래된 부족의 제의들은 더 이상 초기 시장 경제의 새로운 상황과 부합되지 않았으므로 분노와 영적 불만이 존재했다. 아랍인들은 유대인과 기독교인들의 신에 대해 알고 있었으며, 자신들이 모시는 최고의 신 알라Allah(단순히 '신'이라는 의미의 단어)와 똑같은 신이라고 믿고 있었다. 그러나 그 신이 아랍인들만의 언어로 작성된 경전이나 선지자를 보내주지 않았다는 것을 뼈저리게 의식하고 있었다.

하지만 그러한 상황은 무함마드가 훗날 '코란Qur'an'이라는 경전에 집대성할 계시를 받기 시작한 610년에 변하게 된다. 성스러운 신탁들은 메카의 상황을 직접적으로 겨냥했으며 호전적인 자본주의에 반대하는 자비로운 기풍을 분명하게 밝히고 있었다. 코란이 기본적으로 전하고자 했던 것은 사유 재산의 축적은 잘못된 일이지만, 부를 공평하게 나누어 가난하고 약한 사람들이 존중받는 공정하고 격조 있는 사회를 만드는 것은 좋은 일이라는 것이다. 자주 인용되는 언행록인 『하디스Hadith』에서 무함마드는 이렇게 말했다. "자신이 바라는 것이 이웃에게도 이루어지길 바라지 않는다면, 그 누구도 신자가 될 수 없다."

자힐리의 호전적인 기풍을 대체하기 위해, 코란에서는 아랍의 또 다른 전통적인 미덕이지만 널리 알려지지는 않았던 '힐름hilm(연민mercy)'을 제안했다.76 힐름을 실천하는 사람들은 관대하고, 참을성 있으며, 인정이 많다. 분노를 분출하는 대신 그들은 몹시 화가 날 만한 상황에서조차 평온함을 유지한다. 상처를 입었을 때에도 응수하지 않으며, 보복을 늦추었다가 알라의 몫으로 남겨둔다.77 힐름을 실천하는 사람들은 가난한 자, 불우한 자, 고아, 과부를 돌보며 자신들이 굶주릴 때에도 빈민에게 음식을 제공한다.78 그들은 언제나 원숙한 온화함과 예의를 갖추어 행동한다. 평화를 지키는 사람으로서 그들은 "땅 위를 온화하게 걸으며, '자힐룬jahilun', 즉 무지한 사람들이 그들을 [모욕적으로] 부를 때조차 '평화(salam)'라고 대답한다."**79**

자힐리야의 오만한 자부심을 없애기 위해 무함마드는 알라를 향해 몸과 마음을 다 맡겨 '귀의歸依(islam)'할 것을 추종자들에게 요구했다. 알라는 자비로운 존재(al-Rahman)이자 인정 많은 존재(al-Rahim)이며 창조된 이 땅의 모든 경이로움 속에서 인류를 향한 자신의 박애를 알리는 '징표(ayat)'를 제시했다.**80 무슬림**은 이처럼 자아를 신에게 맡긴 자이다. 무함마드가 자신의 종교로 개종한 사람들에게 가장 먼저 요구했던 것 중 한 가지는 하루에도 여러 번 바닥에 엎드려 기도를 올리라는 것이었다. 오만한 자힐리 정신에 고취되어 있던 아랍인들이 노예처럼 땅바닥에 엎드리는 것은 어려운 일이었다. 하지만 그러한 자세는 몸과 마음을 맡겨 **귀의**함으로써 우쭐대고 의기양양한 자아를 매일 초월해야 함을 이성보다 더 깊은 차원에서 가르치기 위해 의도된 것이었다. 또한 무슬림은 수입의 일정한 비율을 가난한 사람들에게 나눠주어야 했다. 이 '자카트zakat(정화)'는 그들의 마음에 남아 있는 이기심을 제거해 주었다. 무함마드가 설파했던 이 종교는 처음에는 자카트와 관련된 모호한 단어인 '타자카tazakkah'라고 불렸으며, 이는 '순화', '관용', '기사도'를 의미했다.

무슬림은 자신들을 자비의 미덕으로 감싸려 했다. 관심을 쏟고 책임지는 정신을 계발하기 위해 그들은 온 정성을 다해 자연 속에 있는 신의 '징표'들을 세심하게 관찰했다. 그러한 정신은 신이 만들어낸 모든 피조물들을 자비롭게 대하도록 만들었다. 흘러넘치는 알라의 자비로 인해 혼돈과 빈곤이 있었을 곳에 질서와 비옥함이 있게 되었다. 만약 그들이 이러한 모범을 따른다면 자힐리야의 이기적인 야만주의의 덫에 갇혀 있는 대신 정화된 영혼을 얻게 될 것이다.

이슬람교는 비폭력주의자의 종교가 아니다. 무함마드는 무슬림 공동체를 몰살하겠다고 맹세한 메카의 쿠라이시 부족을 상대로 전쟁을 치러야만 했다. 침략과 선제공격은 엄격하게 금지되어 있었다. 때로는 종교의 자유와 같은 인도적인 가치들을 지키기 위해 싸움도 필요했지만,81 만약 '가장 호의적인 방식'으로 대화가 이루어진다면 82 용서하고 차분하게 앉아 적을 설득하는 것이 언제나 더 나은 일이었다. 비참하게도 무함마드는 전쟁 자체가 치명적인 역학을 갖추고 있다는 것을 알게 되었다. 필사적인 투쟁 속에서 양쪽 모두 잔학 행위를 벌였던 것이다. 그래서 전쟁의 흐름이 그에게 유리한 방향으로 바뀌자마자 무함마드는 비폭력 정책을 채택하고 천 명의 무슬림과 함께 비무장 상태로 말을 타고 적진에 들어갔다. 메카의 무사들에게 학살될 위기를 가까스로 넘긴 그는 쿠라이시와 협상을 벌였고, 그의 성난 추종자들이 보기에는 그동안 획득한 모든 이득을 내다 버리는 듯한 조건들을 받아들였다. 하지만 코란은 그날 밤의 명백한 패배를 "승리의 선언"이었다고 분명히 밝혔다. 쿠라이시가 폭력적인 자힐리 정신에 따라 행동하며 "그들의 마음속에 완고한 오만함"을 품게 된 것과는 달리, 신은 무슬림에게 "내면의 평화라는 선물"을 내려주었다. 그로 인해 무슬림은 이러한 공격을 차분한 평정심으로 대응할 수 있었다.83 가망이 없을 것만 같았던 그 협정은 최종적인 평화로 이어졌다. 2년 후인 630년, 메카 사람들은 자발적으로 무슬림에게 문을 열어주었다.

여기에서 성서와는 전적으로 다른 종류의 경전인 코란을 해석하는 전통적 방법에 대해 알아두는 것이 중요하다. 코란은 천 년이 넘는 시간에 걸쳐 작성된 여러 종류의 글을 한데 집대성한 것이 아니라, 단 23년 만에 창작된 동질적인 전체로 보아야만 한다. 코란이라는 단어는 '암송'을 의미한다. 즉 처음부터 끝까지 읽도록 의도된 것이 아니라 숙련된 암송자가 들려주는 이야기를 듣도록 되어 있다. 단어들의 울림이 그 의미에 있어 중요한 부분이다. 원문 전체에 걸쳐 주제와 구절 그리고 소리의 패턴이 마치 한 곡의 음악이 변주되듯 되풀이되면서, 분산되어 있는 경전의 조각을 한 곳으로 모으기 때문이다. 그로 인해 평생 동안 코란 암송을 들으며 보낸 개인의 마음속에 응집력 있는 실체를 형성한다. 코란에서 신은 무함마드에게 이렇게 말한다. "코란에 성급하게 접근하지 마라. 그 전에 너에게 완벽하게 드러내게 될 것이다."[84] 이 텍스트를 근거로 하여 무슬림은 전통적으로 맥락과 상관없는 구절에서 성급한 결론을 이끌어내게 만드는 '성급한' 접근에 대한 경고를 들어왔다. 세부적인 것을 해석하려 하기 전에 전체 경전이 그들의 마음속에 뿌리내리도록 해야만 했다. 모든 코란의 암송은 신의 용서와 자비를 기원하는 것으로 시작한다. 그리고 전쟁 수행을 다루고 있는 상대적으로 적은 텍스트들은 관대함, 용서, 친절, 예의, 우정, 인내를 드러내는 훨씬 더 많은 구절에 의해 균형이 유지되고 있다.

대부분의 독자들은 다른 전통들보다 어느 한 가지 전통에 더 친숙할 것이며, 지금쯤이면 그 전통의 가르침을 더 깊이 탐구하고 싶어졌을 것이다. 하지만 이 열두 단계 프로그램의 초기 단계에서도 다른 신앙들의 역학을 인식하는 것이 중요하다. 자비는 다른 모든 신앙에 우리의 마음과 정신을 열어둘 것을 요구한다. 묵자가 설명했듯 우리는 '모든 사람에 대한 관심'을 가져야만 하며, 붓다가 가르쳤듯 우리의 자비심이 세상의 가장 먼 곳에까지 이르도록 확장하려고 노력해야 한다. 이것은 지구촌의 이웃들을 알아야만 하고, 자신의 종교전통만이 자비로운 이상을 추구하고 있는 것이 아니라는 사실을 알아야 한다는 의미이다. 다른 종교들에 관한 비교 연구는 자신의 전통에 대한 평가를 약화시키거나, 다른 전통으로 개종시키려는 것이 아니다. 이상적으로는 자신이 가장 잘 알고 있는 신앙을 전혀 다른 방식으로 더욱 풍부하게 바라보는 데 도움이 될 것이다. 세계 종교들은 저마다 고유한 특징, 자비의 본질과 요건에 대한 특별한 통찰력 그리고 우리에게 가르쳐 줄 수 있는 독특한 무언가를 가지고 있다. 여러분의 마음에 다른 종교전통을 위한 공간을 마련함으로써 문화나 종교에 상관없이 많은 사람이 공통적으로 가지고 있는 것을 이해하기 시작하는 것이다. 그러므로 자신의 종교전통이 제시하는 가르침들을 연구하면서, 동시에 자비의 정신을 표현하는 다른 종교들의 방식에 대해 더 많이 알아보는 시간을 가져야 한다. 이런 과정 자체가 여러분의 공감을 확장시키고, 우리를 '다른 사람들'로부터 분리하는 몇몇 선입견에 도전할 수 있도록 해준다는 것을 알게 될 것이다.

그러나 우리의 여정을 시작하면서 이러한 종교전통의 현자들, 예언자들, 신비주의자들이 자비를 실행 불가능한 꿈으로 생각하지 않았다는 사실을 기억하고 있어야 한다. 마치 현재의 우리가 암의 치료법을 찾으려 애쓰고 있는 것만큼이나 그들은 당시의 어려운 상황 속에서 자비를 실행하기 위해 엄청난 노력을 기울였다. 그들은 인간의 정신을 새로운 방향으로 이끌고, 고통을 완화하고, 벼랑 끝에 내몰린 사회를 구하기 위해 손에 잡히는 그 어떤 도구라도 사용할 준비가 되어 있었던 혁신적인 사상가들이었다. 그들은 절망에 빠져들어 냉소적으로 포기하지 않았으며, 오히려 무자비한 자기 파괴에 빠진 듯해 보이는 세상에서 모든 사람이 스스로를 개선할 능력이 있으며 자애롭고 이타적인 공감의 아이콘이 될 수 있다고 주장했다. 오늘날의 우리에게는 그러한 기운과 확신이 필요하다.

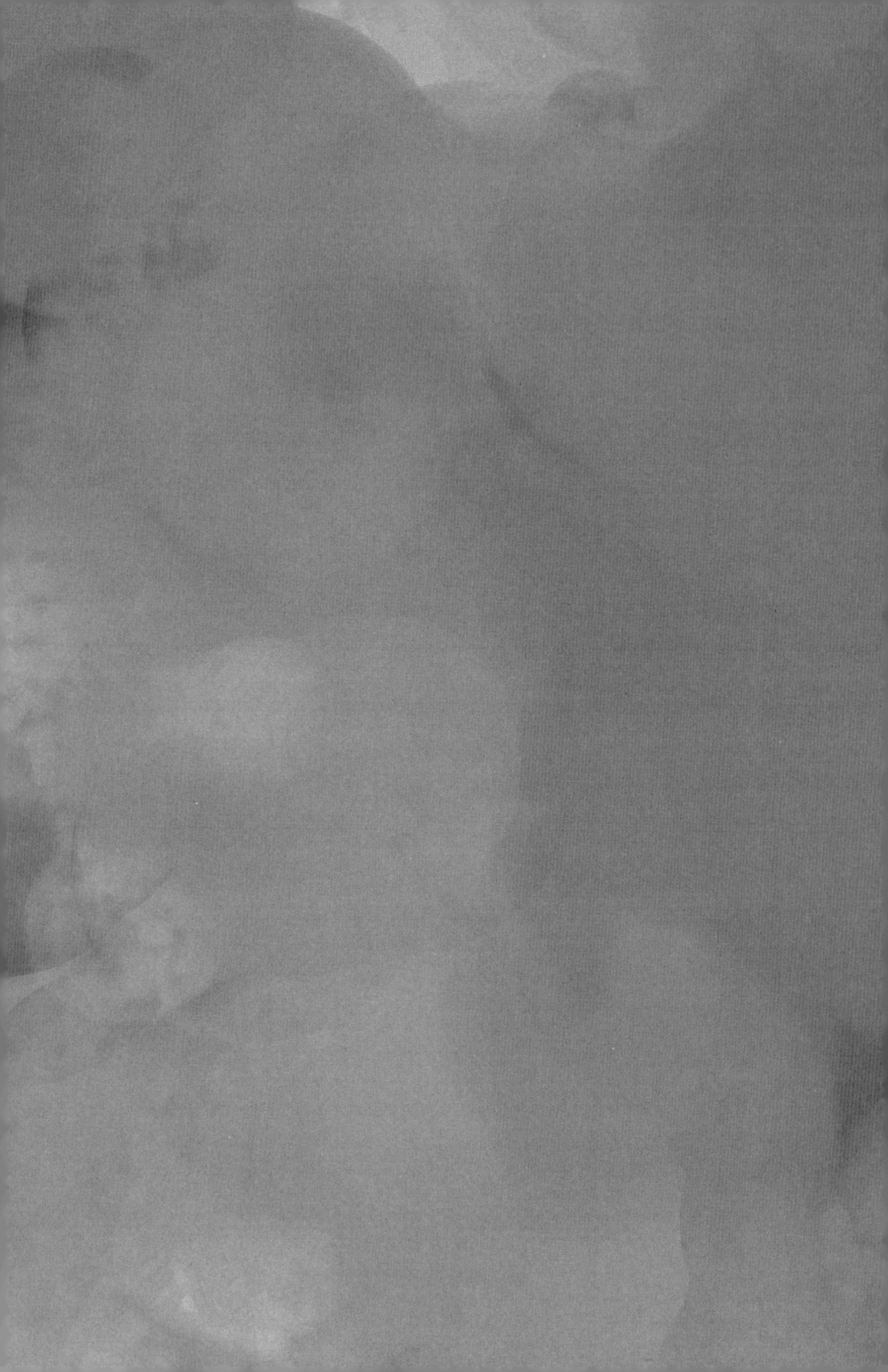

두 번째 단계

한발 물러나 세상을 둘러보라

위대한 선각자들의 사상을 살펴보는 것은 중요하다. 앞서 살펴보았듯이 그들은 자비의 가치를 이해하던 원시 시대 이래의 신앙 전통들이 보여준 통찰력을 급격하게 변화한 세계(도시화된 사회, 거대해진 산업 국가, 증가하는 폭력, 공격적인 상업 경제 등)의 요구에 지속적으로 적용시켰다. 그들은 과거의 종교가 자신들을 곤경에 빠뜨렸다고는 생각하지 않았으며, 물려받은 종교전통에 근본적인 변화를 일으킬 준비가 되어 있었다. 자기만의 길을 찾아 떠나기 전에 여러 스승을 찾아다니며 깨달음을 구했던 붓다의 경우만 생각해봐도 알 수 있다. 또한 공동체가 직면한 문제들을 해결하기 위해 기꺼이 경전의 구절마저 바꾸려 했던 랍비들의 경우도 있었다. 마지막으로 무함마드의 영웅적인 행동을 생각해 보아야만 한다. 신성시되던 혈연보다 공유된 이데올로기에 기초한 공동체를 만들려던 그의 계획은 과거와의 급진적인 단절이었다. 더욱 자비로운 세상을 만들기 위해 모색하고 있는 지금, 우리 역시 완전히 새로운 생각을 해야만 한다. 이 시대의 주요 분야들을 다시 생각해 보고, 오늘날의 까다로운 문제를 해결할 수 있는 새로운 방법을 찾아야만 한다.

이러한 과제에 착수하고 있는 지금, 우리에게는 붓다나 공자 같은 인물들의 지도가 필요하다. 그들이 전문가이기 때문이다. 서구의 성취는 과학과 기술 위주였고, 영적 부문의 천재는 거의 없었다. 외부 세계에 대한 과학적인 천착은 인류에게 엄청난 이로움을 제공해 주었지만, 내면적인 삶의 탐구에는 그리 정통하지 못했다. 영적으로는 과거의 위대한 현자들이 지녔던 범례적인 통찰력을 넘어설 수 없었던 것이다. 하지만 우리는 그러한 중추적인 스승과 예언자들 역시 현재의 우리와 비슷한 문제들을 떠안고 있던 사회에서 살았다는 것을 안다. 그들은 통제할 수 없을 것처럼 보이는 폭력과, 가난한 사람을 하찮은 존재로 만들어버리는 경제를 상대해야 했다. 그들은 모두 도처에서 벌어지고 있던 고통의 참상에 혼란스러워했다. 그렇다면 바로 지금이야말로 그들에게 배운 것을 우리의 상황과 우리가 사는 사회에 적용할 때이다.

조지프 캠벨Joseph Campbell은 개별적인 모든 문화가 그 자체만의 영웅 신화를 발전시켜 왔다는 것을 보여준다. 영웅은 엄청난 자기희생을 통해 동족의 삶을 변화시키는 특별한 인물이다. 영웅의 이야기는 언제나 동일한 기본 형식을 취하고 있으며, 그로 인해 보편적인 통찰력을 드러내 보여준다.[1] 모든 이야기 속에서 영웅은 자신이 속한 사회를 둘러보고 결핍된 무엇인가를 발견하게 된다. 그 사회 안에 영적 불안감이 존재할 수도 있고, 전통 사상들이 더 이상 당대의 사람들에게 의미를 제공하지 못할 수도 있으며, 혹은 유별난 위험에 직면해 있을 수도 있다. 기존의 방법으로는 해결책이 전혀 없다는 것을 알게 된 영웅은 안전하고 익숙한 모든 것을 뒤로 한 채 전혀 다른 해답을 찾기 위해 집을 떠나기로 결심한다. 그의 모험은 자기희생이 따르기 때문에 영웅적이다. 영웅은 고통, 거부, 고립, 위험, 심지어 죽음까지도 경험하게 될 것이다. 하지만 동족에 대한 사랑으로 이 여정을 기꺼이 밟아 나간다. 이러한 헌신은 장황한 선언이 아니라 실질적인 이타주의로 이루어진다. 신화의 목적은 우리에게 내재되어 있는 영웅적인 잠재력을 촉발시키도록 돕고, 더 나은 세상을 만들기 위해 무엇을 해야 하는지 알려주고, 당대의 과제에 가장 잘 대응하는 방법을 보여주는 것이다.

위대한 종교 지도자들의 일대기는 대부분 이러한 형식을 따르고 있다. 붓다는 세상의 고통을 구제할 방법을 찾기 시작하면서 가정의 안락함을 떠나, 슬피 우는 부모를 버리고, 머리를 깎고, 속세를 등진 수도자의 가사袈裟를 입어야만 했다.2 예수는 공생애公生涯를 시작하면서 '영(Spirit)에 이끌려' 사막으로 갔다. 성서의 전승에서 사막은 변화의 공간이지만 또한 악마의 소굴이기도 했다. 그는 시야가 탁트인 외딴곳에서 세상을 내려다볼 수 있도록 성전 꼭대기와 높은 산 위로 이끌려갔다. 그곳에서 그는 더 쉽고, 더 화려하고, 더 명확한 길로 갈 수 있다는 유혹을 거절했다.3 무함마드는 계시를 받기 훨씬 전부터 해마다 메카 외곽의 히라산(자발 알누르Jabal al-Nour)으로 올라가 칩거했다. 그곳에서 그는 금식과 영적 훈련을 수행하며, 가난한 사람들에게 자선을 베풀었다. 동시에 자기 부족이 사로잡혀 있던 막연한 불안감에 대해 명상하고 그 해결책을 골똘히 궁리했다. 좀 더 최근에 등장한 자비의 영웅들 역시 이와 똑같은 과정을 겪었다. 남아프리카에서 인도로 돌아온 간디는 행동 방침을 결정하기 전에, 도시의 유명 인사들의 곁을 떠나 전국을 돌아다니며 평범한 사람들이 겪고 있던 곤궁을 세심하게 관찰했다.

그러므로 이 단계를 거치면서 우리 스스로를 정신적으로 높은 산의 정상에 올려놓아야만 한다. 그곳에서 우리는 한 걸음 물러서서 세상을 전혀 다른 관점으로 볼 수 있을 것이다. 이 훈련을 수행하면서, 공자가 말했던 자비의 동심원이라는 관점에서 생각해 보는 것도 도움이 될 것이다. 즉 가족에서 시작하여 친구와 공동체로 넓혀나가 마지막으로는 자신이 살고 있는 나라까지 생각하는 것이다. 최근에는 오랫동안 당연하게 받아들여 왔던 많은 것들이 ―국내와 국외의 모든 금융기관과 정치 등― 갑작스럽게 부적절해 보인다. 우리는 기아와 빈곤이라는 심각한 문제에 제대로 대처하지 못하고 있다. 환경 정책을 지속하기 어렵다는 것을 알고는 있지만, 그것에 대처할 수 있는 실행 가능한 방법을 찾지 못하고 있다. 주변을 돌아보며 의미 있는 조치들이 필요하다는 것은 깨닫지만 즉각적인 해결책을 전혀 찾지 못하는 것이다. 하지만 개혁가의 거친 열정으로 이 과제에 접근해서는 안 된다. 우리의 관찰에 분노와 좌절 혹은 성급함이 개입되어서는 안 된다. 자비를 통해 우리의 공동체를 바라보아야만 하고, 약점뿐만 아니라 강점도 평가하며, 변화를 향한 잠재력을 가늠해야 한다.

먼저 가정에서부터 시작해 보기로 하자. 옛 속담에서 말하듯이 자애는 가정에서 시작한다. 유학자들이 가르쳐주었듯이, 다른 사람과 더불어 사는 법을 배우는 곳이므로 가정은 자비의 학교인 셈이다. 가정생활은 자기희생을 수반한다. 매일 다른 가족 구성원의 필요에 부응하기 위해 스스로 한 발짝 양보해야 하기 때문이다. 가정에서는 거의 매일 용서해야 할 일이 생긴다. 이러한 긴장을 짜증스럽게 여기는 대신, 성장과 변화를 위한 기회로 삼아야만 한다. 스스로에게 자신의 가정에 대해 진심으로 어떻게 느끼고 있는지 물어보라. 가족의 어떤 면이 당신을 자랑스럽고 행복하게 만드는가? 가족이 당신을 자라나게 만들어 준 방법들을 목록으로 작성해 보자. 가족의 역사를 그려보거나, 가정 내의 각 구성원에게 품고 있는 희망과 걱정을 담은 편지를 써볼 수도 있을 것이다. 당신의 가정 내에 '말썽꾼(black sheep)'이 있는가? 어떻게 해서 그런 상황이 만들어졌는가? 고쳐질 수 있는 문제인가? 논쟁과 의견 차이를 어떻게 처리하고 있는가? 가정생활에 있어 당신의 특별한 장점들은 무엇인가?

유학자들은 가정생활에 있어 의례儀禮의 중요성을 믿었다. 고대 중국에서 장남은 부모에게, 아내는 남편에게, 동생은 형에게, 각각의 가족 구성원이 자신의 욕구를 다른 구성원에게 양보해야 했다. 이 체제는 모두가 서로를 공손하게 대하고 일정한 존중을 받을 수 있도록 고안되어 있었다. 예를 들어 장남은 부모가 되었을 때 그 자신이 부모를 섬겼던 것과 같은 방식으로 자신의 아들에게 섬김을 받게 될 것이다. 아들이 둘 있다면 그들에게 베풀었던 것처럼 그들로부터 의례에 따라 봉양을 받게 될 것이다.

'예禮'는 아들에게 아버지의 소망에 절대적으로 복종할 것을 요구했지만, 아버지는 자녀들에게 공정하고 상냥하며 예의 바르게 행동하도록 되어 있었다. 가정생활은 정교하게 연출된 고대 중국의 제례 무용과 비슷하게 이루어졌다. 제례 무용은 전체적인 아름다움을 위해 파트너가 있는 각각의 인물들이 각자의 역할을 하면서 상호 작용하는 잘 짜인 연속된 춤이었다. '예'는 가족 구성원 모두에게 감정이입을 훈련시켰다. 예를 들어 아버지가 돌아가셨을 때 장남은 삶과 죽음 사이에서 점점 쇠약해지다가 정지된 아버지의 삶을 함께 나누기 위해 가족이 있는 집에서 벗어나 금식을 해야 했다.

물론 오늘날에는 이런 의례가 잘 지켜지지 않을 것이다. 서구에서는 젊은이들의 독립성을 존중하여, 자신들의 생각을 서슴없이 말할 것을 기대하고 절대적인 복종을 요구하지 않는다. 하지만 우리는 가정의 나이 많은 구성원들을 공감적인 사랑과 존경으로 대하고 있을까? 그들은 보살핌 속에서 죽음을 맞이하고 있는가, 아니면 비인격적인 요양원과 호스피스로 넘겨지고 있는가? 집에 머무른다 해도 형식적인 배려만 받으며 무거운 짐과 같은 대접을 받고 있는 것은 아닌가? 보살펴야 하는 책임을 일부 사람들이 더 많이 떠안고 있는 것은 아닐까? 공자는 많은 자손이 부모의 식사를 격식을 갖춘 정중한 의식으로 실천하는 대신, 단순히 부모 앞에 내동댕이치듯 음식을 차려놓는 것을 보고 격분했다. 공자는 "개나 말이라 해도 그 정도의 보살핌은 받을 것이다!"라고 소리쳤다.4 그는 "효도孝道란 꼭 해야만 하는 어떤 일이 있을 때 젊은이들이 그 힘든 일을 떠맡아야 한다는 단순한 것이 아니다. 그것보다 더 큰 의미가 있는 일이다"라고 주장했다. '더 큰 의미'는 바로 '태도'였다. 즉 섬기는 의례를 실행하는 동작이나 얼굴 표정 하나하나에서 그 정신이 드러난다는 것이었다.5 점점 고령화되어가는 서구에서도 노인들을 보살피는 일은 커다란 문제가 될 것이다. 우리는 공자로부터 노인에 대한 자비로운 보살핌을 배울 수 있을까?

가족 구성원 모두가 존중받고 있다고 느끼도록 해 주는 '예'에 상응하는 가치를 21세기에도 찾을 수 있을까? 어떻게 하면 가정을 자녀들이 다른 모든 사람들을 존경으로 대하는 가치를 배우는 자비의 학교로 만들 수 있을까? 모든 가족 구성원이 '온종일 그리고 매일' 스스로가 대접받고자 하는 대로 서로를 대접하겠다고 진지하게 시도한다면 삶은 과연 어떤 모습이 될까? 예를 들어, 모두가 너무 성급하게 말하지 않기 위해 노력한다면 삶은 얼마나 더 좋아질 수 있을까? 우리는 역기능 가정에서 자란 아이들이 나중에 커서 좋은 인간관계를 맺는 데 어려움을 겪는다는 것을 알고 있다. 그들에겐 이 세상의 고통을 더욱 많이 느끼도록 만드는 심리적인 문제들이 있을 수도 있다. 자비로운 가정생활을 만들어내는 것은 더욱 공감적인 미래 사회를 위해 건설적으로 공헌할 수 있는 방법 중 하나일 것이다.

그다음으로는 직장을 생각해봐야 한다. 변호사, 사업가, 건설 노동자, 의사, 교육자, 성직자, 애견 산책 도우미, 경찰관, 주차 단속원, 간호사, 상점 점원, 간병인, 사서, 요리사, 택시 운전사, 안내원, 작가, 비서, 청소부, 은행원 등은 각자의 업무 과정에서 어떻게 황금률을 따를 수 있을까? 자비로운 회사의 현실적인 기준은 무엇일까? 만약 자신의 직업을 더욱 자비로운 것으로 만들기 위해 진지한 노력을 기울인다면, 가까운 주변의 환경과 지구 공동체에 어떤 영향을 미치게 될까? 우리의 직업 분야나 일터에서 어떤 사람에게 '황금률 상(Golden

Rule prize)'을 수여하고 싶을까? 현대 사회에서 우리는 목표에 매몰된 채 살고 있으며, 종종 자비보다는 효율성을 더 중요하게 생각한다. 혹시 동료나 노동자들을 마치 톱니바퀴처럼 다루며 그들의 육체적·정신적·영적 건강을 희생시키면서 생산성 극대화를 강요하지는 않았는가? '경쟁 우위'를 차지하려는 욕구가 인생의 다른 부분에서 우리를 냉혹하게 만드는 '나 먼저'라는 충동을 용인하고 또 악화시키고 있는 것은 아닐까? 파충류 뇌의 탐욕스러운 충동은 풍족함이 아니라 부족함을 향해 진화되었다. '이제 충분하다'라고 말하는 게 정말 어려울까?

마지막으로 우리의 국가에 대해 냉정하게 생각해 보아야만 한다. 우선 자기 나라에 대해 생각할 때 가장 사랑하는 것이 무엇인지 자문해 보자. 당신의 국가가 과거에는 세계를 위해 어떤 일을 했으며, 현실적으로 이 세계를 더 공정하고 공평하고 안전하고 평화로운 곳으로 만들기 위해 무엇을 할 수 있는가? 대부분의 사람은 자신의 나라가 자비로운 가치들을 갖고 있다고 믿지만, 만약 **좀 더** 자비로웠다면 지금은 어떤 모습이 되어 있을지 상상할 수 있을까? 그것이 국제사회에는 어떤 영향을 끼쳤을까? 자비로운 현대 국가의 최소 조건은 무엇일까? 그리고 어떻게 하면 현대의 정치인이 자신들의 국내외 정책에서 황금률을 따를 수 있을까?

공자는 만약 정치적인 삶에서 <u>스스로를 확립시키기</u>를 원한다면, 남들 역시 확립시키기를 꾀해야 한다고 설명했다. <u>스스로</u>가 사회적 지위와 성공을 소원한다면, 반드시 다른 사람들도 그렇게 될 수 있도록 해야만 한다. 자신의 장점을 활용하려 한다면, 다른 사람들도 똑같은 기회를 가질 수 있도록 해야만 한다. 자신의 나라가 과거나 현재에 다른 나라들을 억압하거나 파괴하는 과오를 저지른 적은 없었을까? 국가의 형벌 제도나 사회 제도, 혹은 의료 제도는 얼마나 자비로운 것이었을까? 국가의 금융 기관이 '나 먼저'라는 탐욕을 저지르고 있지는 않을까? 당신의 국가는 이민자와 소수 민족을 어떻게 대하고 있는가? 부자와 가난한 사람들 간에 엄청난 불평등이 존재하고 있는가? 사회 내에 부족 중심주의가 만연해 있는가? 공격직 지역주의, 경쟁자에 대한 적개심, 이방인에 대한 모욕의 징후가 있는가? 아무런 비판 없이 뒤섞여 순응하고 지도자들을 추종하려는 강박적 충동은 없는가?

젊은이들을 자비로운 기풍(에토스ethos)으로 교육하는 것은 매우 중요하다. 여러분의 나라에서는 어린이들에게 자기 또래와 스승, 그리고 외국인들을 존중으로 대할 것을 장려하고 있는가? 그들의 교과서는 다른 인종과 민족에 대해 어떻게 가르치고 있는가? 학생들은 국가의 역사에 대해 충분히 배우고 있으며, 그로 인해 국가의 영광만큼이나 과오에 대해서도 잘 이해하고 있는가? 학교 내에 음주, 마약, 폭력, 그리고 따돌림과 같은 문제들은 없는가? 만약 교육자라면, 일단 이러한 질문들에 대해 숙고해 보고 학생들에게 공감과 존중의 중요성을 가르치기 위한 교육 과정을 개발해 보는 것은 어떨까? 관련 업계에서 일하고 있다면, 학생들 스스로가 따돌림의 희생자, 노숙자, 난민, 새로운 이민자, 빈곤 가정, 육체적·정신적 문제를 겪고 있는 사람 혹은 인종적으로 배척당하고 있는 사람의 입장에 직접 처해 보는 컴퓨터 게임을 개발할 수도 있을 것이다.

만약 독서 토론 그룹을 만든다면, 이러한 주제들을 토론해 볼 수도 있을 것이다. 어떤 한 사람이 모든 문제를 다 감당할 수는 없다. 이번 단계에서는 자신만이 특별하게 기여할 수 있는 것은 무엇일지, 자신의 노력을 어디에 ―사업, 의학, 미디어, 교육, 예술, 정치, 가정― 집중해야 할지에 대해 스스로에게 물어보는 것이 중요하다. 태도를 변화시키는 것은 가능한 일이므로 과제의 방대함에 미리 압도되어서는 안 된다. 1960년대에 활동했던 민권 운동가들과 페미니스트들은 인종과 성性에 대해 말하고 생각하는 방식을 변화시켰다. 순자의 낙관주의를 기억하고 자신의 것으로 만든다면, 거리에서 마주치는 모든 사람이 세상에 이로움을 주는 힘이 될 수 있다.

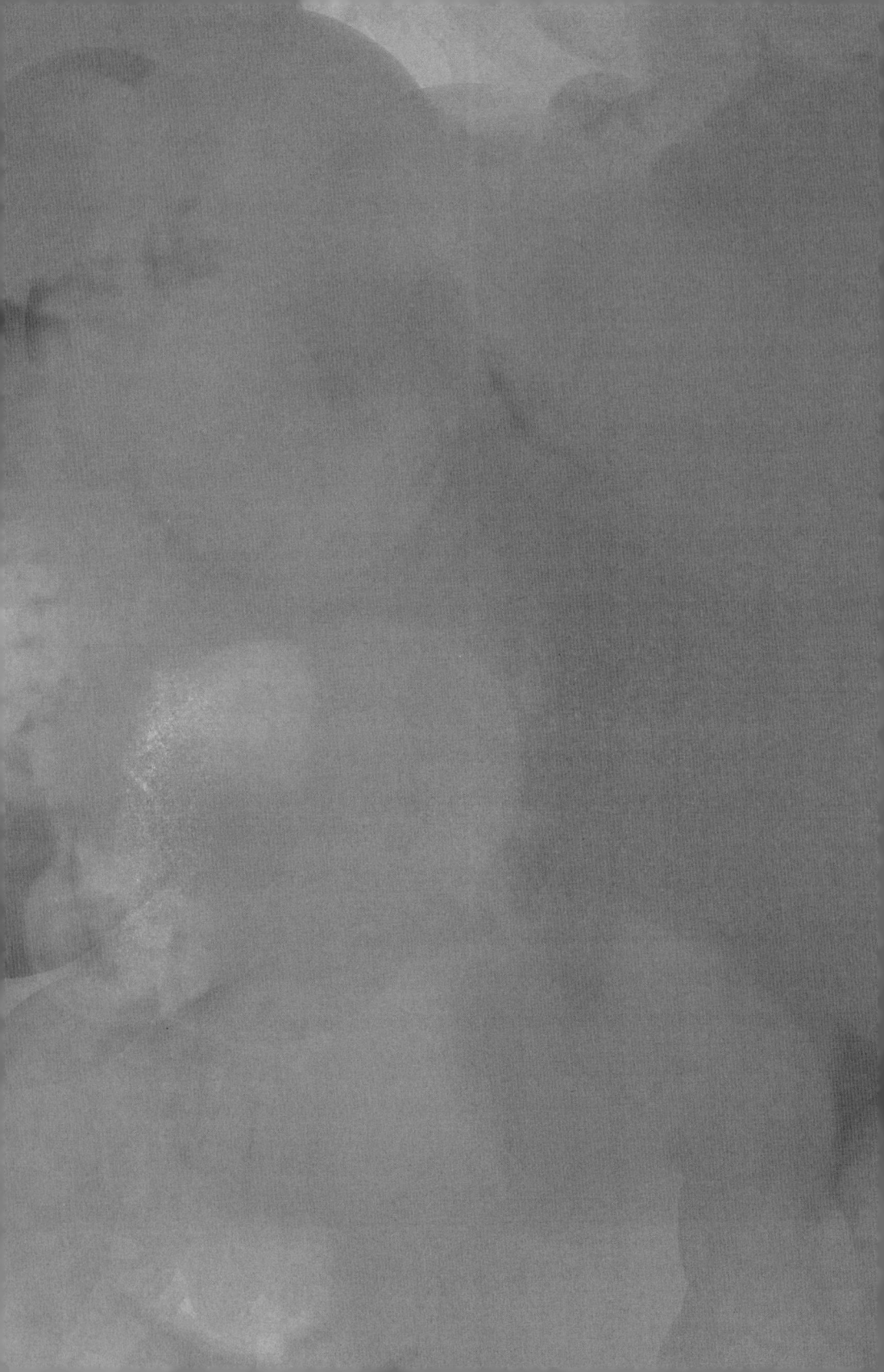

세 번째 단계

나를 사랑해야 남도 사랑한다

작고한 랍비 알베르트 프리들랜더Albert Friedlander는 나에게 '네 이웃을 네 몸과 같이 사랑하라'는 성서 계율의 중요성을 인상 깊게 심어 주었다.1 언제나 '네 이웃을 사랑하라'는 부분에만 집중하고 있던 나에게 그는 만약 자기 자신을 사랑하지 못한다면 다른 사람들도 사랑할 수 없다고 가르쳤다. 나치 치하의 독일에서 자란 그는 어린 시절 사방에서 자신을 괴롭히던 악의적인 반유대주의 선동에 당황하고 괴로워했다. 여덟 살 무렵의 어느 날 밤, 그는 일부러 잠을 자지 않고 자신의 장점들을 모아놓은 목록을 작성했다. 자신이 나치가 말하는 그런 사람이 **아니**라는 것을 단호하게 밝힌 것이다. 그는 자신이 가진 특별한 재능과 자질을 하나씩 열거했다. 마지막으로, 만약 살아남게 된다면 그러한 특성들을 더 나은 세상을 만드는 데 사용하겠다고 맹세했다. 그런 환경에 처해 있던 아이로서는 비범한 통찰력이었다. 그는 내가 만났던 가장 친절한 사람 중 한 명으로, 거의 병적이라 할 만큼 점잖았으며 수천 명에 이르는 사람들에게 도움과 조언을 주었다. 하지만 그는 늘 역사의 혹독했던 그 순간에 자신을 사랑하는 법을 배우지 못했다면 좋은 일을 전혀 할 수 없었을 것이라고 말했다.

지금까지 우리는 자비가 인간성에 필수적인 요소라는 사실을 확인했다. 우리에게는 다른 사람들의 보살핌을 받고, 다른 사람들을 보살피려는 생물학적 욕구가 있다. 하지만 자기 자신을 사랑하는 것은 쉬운 일이 아니다. 목표 지향적인 자본주의 사회에서 우리는 자신의 단점을 가혹하게 자책하며, 목표와 가능성을 달성하는 데 실패하면 과도하게 낙담하는 경향이 있다. 이 세상의 많은 사람이 영양실조와 기아로 고통받고 있는데, 서구의 엄청나게 많은 여성들이 —그리고 남성들도 점점 더— 자기혐오, 공포, 열패감, 부적응, 무기력 등의 복합적인 작용에서 비롯된 섭식장애를 겪고 있다는 사실은 끔찍한 아이러니이다.2 하지만 이러한 자기 불만족은 서구 사회에만 국한되지 않는다. 예를 들어 19세기 후반 유럽에 식민 지배를 받았던 국가의 사람들은 종종 자신들에 대한 지배자들의 부정적인 평가를 그대로 받아들여 내면화했다. 훗날 이집트의 위대한 무프티Mufti(이슬람 율법의 해석과 적용에 의견을 진술할 자격을 가진 법학 권위자 – 옮긴이) 가 된 무함마드 압두Muhammad Abdu(1849~1905)는 식민지 사람들의 삶에 스며들어 있던 열등감을 이렇게 묘사했다.

우리 자신과 문명화된 나라 사이의 속박이 형성된 그 시대에, 우리는 그들의 탁월한 지위와 (..) 우리의 초라한 상황을 인식하게 되었다. 그로 인해 그들의 부와 우리의 빈곤, 그들의 자부

심과 우리의 자기비하, 그들의 강점과 우리의 약점, 그들의 승리와 우리의 결함이 드러났던 것이다.3

식민주의는 식민지배자들이 본국으로 돌아갔다고 해서 끝나는 것이 아니었다. 양쪽 모두가 종종 과거의 태도를 견지하곤 했다. 과거 식민지의 일부 지역에서 비롯된 열등감은 곪아 터져 현재의 정치적 문제들의 원인이 되기도 한다.

황금률은 자각을 요구한다. 자신의 감정을 지침으로 삼아 다른 사람을 대하기를 요구한다. 자기 자신을 가혹하게 대한다면 다른 사람들도 쉽사리 그렇게 대하게 될 것이다. 그러므로 자신의 약점만큼이나 자신의 강점에 대한 더 건강하고 균형 잡힌 인식을 갖출 필요가 있는 것이다. 이번 단계를 거치는 동안 우리는 랍비 프리들랜더가 그랬던 것처럼 우리의 장점, 재능, 성취 등을 담은 목록을 작성해야만 한다. 가장 친한 친구들의 결점을 알고 있다 해도, 그것이 그들에 대한 사랑을 감소시키지는 않는다. 우리가 스스로를 평가하는 데 있어서도 마찬가지여야 한다. 다른 사람들과 친구가 되기 전에 우리 자신과 친구가 되어야만 한다. 자신의 결점들을 부정하지 말고, 여러분이 도움을 주었던 사람들과 아무도 알아차리지 못했지만 자신이 베풀었던 친절들 그리고 가정과 직장에서 이루었던 성공들을 기억해야 한다. 또한 유머 감각도 중요하다. 친구에게 장난을 치는 것과 똑같은 방식으로 자신의 실패에도 씁쓸하지만 관대한 미소를 지을 수 있어야만 한다.

자신의 잘못된 행위를 인식하고 그것에 대해 책임지는 것은 반드시 필요하다. 하지만 그처럼 잘못된 행위를 하도록 만들었던 분노, 공포, 증오, 탐욕이 우리의 파충류 조상에게서 물려받은 뇌에서 시작된 것이라는 사실 또한 인식해야만 한다. 누구나 어느 정도는 원초적인 본능을 가지고 있으며, 우리의 과제는 그것들이 친절에 대한 우리의 잠재력을 압도하지 못하도록 정신을 훈련하는 것이다. 질투, 분노, 경멸을 느낀다고 과도하게 자책하는 것은 그저 자기혐오로 이어질 뿐이므로 전혀 쓸모가 없다. 그 대신 붓다가 그랬듯이 "이것은 나의 것이 아니다. 이것은 진정한 내가 아니다. 이것은 나의 자아가 아니다."라고 말하며 그러한 감정들과 동일시되는 것을 차분하지만 단호하게 거부해야만 한다.4 오래된 뇌에서 비롯된 일부 감정들은 강력하고 반사적이기 때문에 쉽지는 않겠지만, 깨어 있는 마음을 유지하는 연습을 통해 그런 감정들을 멀리하는 법을 배울 수 있다. 이 연습은 다섯 번째 단계에서 더욱 자세히 다루게 될 것이다.

두려움은 파충류 뇌의 핵심으로, 네 가지 F 중에서도 위협으로부터 도망치거나 싸우게 하는 두 가지 감정을 불러일으킨다. 두려움은 우리가 위험하다고 여기는 것들을 미워하도록 만든다. 닥쳐온 위협을 피하기 위해 다른 사람들에게 다가가는 대신 자기 안으로 움츠러들어 경계하고 의심하도록 만드는 것이다. 궁지에 몰렸다고 느낄 때면 맹렬하게 폭력적으로 반격할 수도 있다. 누구나 무언가를 두려워한다. 인간을 두려움으로 가득 차게 만드는 것은 무엇일까? 거미? 외로움? 암? 죽음? 치매? 실패? 혹은 가난일까? 이러한 근심들로 자신을 경멸하거나 비겁함에 대해 자책하는 대신 스스로에게 자비로워지도록 하고, 두려움은 인간적인 특성이라는 것을 기억해야 한다.

두려움이야말로 우리와 다른 사람들을 연결해 주는 것이다. 만약 자신이 느끼는 두려움이라는 실체를 받아들이지 못한다면 다른 사람이 느끼는 두려움을 무시하거나 심지어 조롱하게 될 수도 있다. 이후의 단계들에서 우리는 적대적이고 두렵게 느껴지는 사람들에게 마음과 생각을 열기 위해 노력할 것이다. 이것은 용기가 필요한 일이지만, 병적인 공포를 극복하는 최선의 방법이기도 하다. 자비로운 생활 방식과 정신을 다스리는 엄격한 훈련의 결과로 두려움에서 벗어나게 되었음을 알게 된 우파니샤드 현자들을 기억하자.

우리의 성격적 특성 중에는 우리가 통제할 수 없는 환경의 결과도 있다. 삶의 많은 부분은 이미 '주어진' 것들이다. 우리는 부모나 물려받을 유전자를 선택할 수 없으며 양육 방식이나 교육도 선택할 수 없다. 우리가 태어날 사회나 경제 환경을 선택할 수는 없다. 우리의 성격에 영향을 끼친 환경적 요인들로 인한 잘못된 결과를 완화하기 위해 열심히 노력해야 하지만, 그것들로 인해 자비로울 수 없게 되었다고 생각해서는 안 된다. 만약 그렇게 생각한다면, 다른 사람들 역시 환경이나 부모 혹은 유전적 요소를 선택할 수 없었다는 것을 이해하는 대신 그들이 보여주는 불완전함을 무시해버리기 쉽다.

하지만 우리 모두에게 어두운 면이 있음을 인정하는 것이 중요하다. 융을 따르는 심리학자들은 '그림자'라는 표현을 사용한다. 이것은 우리의 생각과 행동에 영향을 끼치며 때로는 꿈에서도 드러나는 그다지 건전하지 않은 동기와 욕망, 그리고 성향을 우리의 의식적이고 깨어있는 자아로부터 숨길 수 있도록 하는 메커니즘을 설명한다. 우리는 영혼의 이 어두운 공간을 받아들일 필요가 있다. 그렇게 함으로써 우리는 잔인함에 빠져들거나, 기괴한 성적 환상을 품게 되거나, 갑작스럽게 폭력적인 보복의 열망에 사로잡혀 있다는 것을 알게 되었을 때 공포에 압도되지 않을 수 있을 것이다. 만약 우리 자신의 그림자를 받아들일 수 없다면, 다른 사람들의 어두운 면에 대해 가혹한 견해를 가지게 될 것이다. 성적 타락이나 폭력 혹은 잔혹함에 대해 통렬히 비난하는 사람이 있다면, 그것은 자기 자신의 성향을 인정하지 못한 채 오직 **다른** 사람들만이 사악하고 혐오스럽다고 믿고 있다는 징후일 수도 있다.

우리가 다른 이들을 공격하는 이유가 되는 특성은 종종 자신이 가진 가장 싫어하는 특성이기도 하다. 이러한 태도는 자신의 훌륭하지 못한 특성을 다른 사람들에게 투사하도록 만들 수 있다. 이것이 과거에 잔학 행위와 박해로 이어진 고정 관념의 원인이 된 메커니즘이다. 부분적으로는 중세를 거치면서 자신들의 종교가 유대인들의 종교와 연결되어 있다는 것을 도저히 받아들일 수 없었던 기독교인들이 유대인들을 대상으로 만들어낸 환상의 원인이기도 했다.5 십자군은 무슬림을 살육하면서 이슬람교가 폭력적인 칼의 종교라고 주장했다. 이것은 실제적인 근거가 없는 주장이었으며, 그들 자신의 행위에 대한 숨겨진 불안과 죄책감을 반영한 환상이었다.

예수는 제자들에게 원수를 사랑하라고 했지 몰살하라고 말하지 않았다. 그리고 교황의 권한을 앞세워 내키지 않아 하는 성직자들에게 독신의 의무를 지우려던 그 시기에, 중세의 기독교인들은 무슬림으로 하여금 가장 비열한 본능에 영합하도록 만드는 종교라며 이슬람교를 비난했다.6 당시 서유럽보다 훨씬 강력하고 더욱 세련되었던 이슬람 세계에 대한 십자군의 태도는 많은 면에서 현대의 제3세계 국가들이 강대국에 보이는 반응과 공통점이 있다. 무슬림을 향한 왜곡된 시각은 자신들이 느끼는 열등감을 보상받으려는 심리였다. 공포와 분노, 그리고 질투에 뒤섞인 중세 기독교인들은 그들 자신의 정체성에 대한 의구심을 경쟁자인 무슬림에게 투사했다. 이슬람은 유럽의 '그림자 자아', 십자군이 자신들은 그렇지 **않다**고 믿었지만 실제로는 **그럴까 봐** 두려워하던 모든 것의 혼란스러운 이미지가 되었다.

고통은 인생의 법칙이며 이 단계를 거치는 동안 우리의 고통을 인정하는 것이 필수적이다. 불교에서 자비(카루나 $karuna$)는 다른 사람들을 슬픔에서 벗어나도록 하겠다는 결의로 정의되어 있으며, 이것은 자기 자신의 불행과 고통을 인정하지 않는다면 불가능한 일이다. 오늘날 서구에서는 종종 긍정적으로 생각하고, 기운을 내고, 마음을 단단히 먹고, 단호하게 인생의 밝은 면을 바라보기를 장려한다. 당연하게도 긍정적인 면을 권장하는 것은 중요하지만, 때로는 스스로가 슬퍼할 수 있도록 허용하는 것 또한 매우 중요한 일이다. 고대 그리스인들은 눈물 흘리는 것을 별다르게 생각하지 않았다. 그들은 함께 눈물을 흘리게 되면 사람들 간에 유대감이 형성된다고 믿었다. 셰익스피어 시대에도 남자가 우는 것을 지극히 당연하게 생각했다. 지금은 더 이상 그렇지 않다. 오늘날 우리들의 확고한 격려 속에는 종종 냉정함이 드러난다. 자신의 슬픔을 이야기하는 사람에게 단순히 '긍정적으로 생각하라'고 말하는 것은 제대로 이해받지 못한 채 자신만의 슬픔 속에서 고독감을 느끼게 만드는 것일 수도 있다. 언젠가 암에 걸렸을 때의 이야기를 들려준 사람이 있었다. 그녀는 당시에 무엇보다 가장 자신을 힘들게 한 것은 긍정적인 태도를 가져야 한다고 딱 잘라 말하던 친구들이었다고 했다. 자신의 두려움을 이야기조차 못 하게 하더라는 것이었다. 어쩌면 그녀의 병 소식에 깜짝 놀라 자신들 역시 죽음을 피할 수 없다는 불편한 사실을 친구들이 기억해냈기 때문이었을지도 모른다.

지구 곳곳의 고통에 대해 생각해본다면, 우리 자신이 겪는 고통의 평범함에 깜짝 놀랄 수도 있을 것이다. 그럼에도 불구하고 우리에게 그 고통은 현실이다. 이번 단계를 거치면서 과거에 자신에게 고통을 불러일으켰던 사건들(사랑하던 사람의 죽음, 외로움과 절망적인 공포를 느낀 순간들, 거부와 배신과 실패, 마음에 상처를 입힌 매정한 이야기들)을 의식적으로 되돌아보기 위해 노력해 보자. 그 순간들 속에 완전히 빠져들어 보기 위해 세심하게 노력하고, 그 당시의 자신에게 격려와 공감의 메시지를 보내 보는 것이다. 이 연습의 목표는 자기 연민에 빠지게 하려는 것이 아니다. 과거의 고통스러웠던 시간에 대한 생생한 기억은 여러분이 황금률에 따라 살려고 노력할 때 사용할 수 있는 저장고이다. 자신의 슬픔을 생생하게 기억함으로써, 다른 사람들의 슬픔에 공감할 수 있게 될 것이다.

종종 매력적인 삶을 살고 있는 사람들을 질투하게 된다. 그러나 세상에서 가장 운이 좋은 사람일지라도 언젠가는 죽음과 질병, 점점 쇠약해지고 굴욕적인 노년기를 직면하게 된다. 우리는 영원한 것은 없다는 사실을, 그리고 모든 것이 덧없으며 심지어는 가장 강렬했던 기쁨의 순간조차도 잠시뿐이라는 것을 알고 있다. 이것이 불교도들이 '존재는 고통(두카*dukkha*)이다'라고 주장하는 이유이다. 어쩌면 '존재는 엉망진창이다'라고 번역하는 것이 더 정확할 것이다. 거의 모든 상황 속에는 잘못되고 불완전하거나 불만족스러운 어떤 것이 존재한다. 만약 내가 훌륭한 직장에 채용된다면, 다른 지원자들은 낙담하게 된다. 내가 이제 막 구매한 아름다운 셔츠는 노동 착취의 열악한 환경에 처해 있는 노동자들이 만들어낸 것일 수도 있다. 단 하루를 보내는 동안에도 소소한 실망, 거절, 좌절, 실패를 무수하게 겪으며 순간적으로 낙담에 빠져들 수 있다. 우리는 심각하지 않은 육체적인 고통과 건강에 대한 근심 그리고 피로의 영향을 받는다. 붓다는 "고통, 슬픔, 절망이 두카이다."라고 설명했다. "억지로 우리가 싫어하는 것 가까이에 있어야 하는 것이 고통이며, 원하는 것을 얻지 못하는 것이 고통이다."7 이러한 작은 불편들과 우리 자신이 처해 있는 두카의 실체를 스스로 인식하는 것이 깨달음과 자비를 향한 필수적인 단계이다.

우리는 너무나도 자주 자신이 겪는 불행의 원인이 된다. 비록 마음속 깊은 곳에서는 물질과 사람이 우리를 행복하게 해줄 수 없다는 것을 알면서도 우리는 그것들을 추구한다. 특별한 직업을 갖게 되거나 일정한 성공을 거두게 된다면 모든 문제가 해결될 것이라고 상상하지만, 그토록 간절하게 욕망했던 일들이 결국 그다지 멋진 것이 아니라는 사실을 알게 될 뿐이다. 무언가를 얻게 되는 그 순간, 우리는 그것을 잃게 될 것을 걱정하기 시작한다. 우리가 겪는 고통은 대부분 자아의 좌절감에서 비롯된다.

이른 아침에 깨어난 우리는 침대에서 뒤척거리며 이렇게 묻는다. '왜 나를 인정해 주는 사람이 아무도 없는 거지? 그가 가지고 있는 것이 왜 내게는 없는 걸까?' 누군가를 사랑할 때 우리는 소유욕이 강해지며, 만약 그들이 우리로부터 독립하겠다고 선언하면 화를 낸다. 다른 누군가가 성공했다는 소식을 듣게 되면, 우리의 첫 번째 반응은 종종 질투나 분노가 되곤 한다. 어떤 동료의 매력이나 똑똑함에 자신이 손상된 것처럼 느끼며, 이미지나 지위에 대한 걱정으로 터무니없는 에너지를 낭비하고, 무엇이든 우리의 평판과 자존감을 위협하게 될 수도 있는 것들을 끊임없이 경계한다. 우리는 우리의 견해와 너무나도 밀접하게 동일시하여, 논쟁에서 지거나 하면 균형을 잡지 못하고 화를 내게 된다. 너무나도 간절하게 자신의 좋은 면만을 보려 하기 때문에 진심으로 사과하기를 어려워하며, 종종 다른 사람들에게도 잘못이 있다는 것을 강조한다. 이 모든 자기 집착은 우리 자신을 괴롭게 만들 뿐만 아니라 다른 사람에게도 고통을 주는 결과를 낳는다.

고질적인 소심함과 이기심으로 자신을 나무라는 대신, 그러한 행동들의 원인이 오래된 뇌라는 사실을 담담하게 받아들이는 것이 더 현명하다. 생존을 위해 조정된 파충류 뇌는 '전적으로 자신만'을 위한 것이다. 이처럼 무자비한 자기 집착이 없었다면 우리 인류는 살아남지 못했을 것이다. 하지만 이것이 삶을 지배하도록 방치한다면 우리는 비참해질 것이며, 다른 사람들을 불행하게 만들 것이다. 자기 중심주의는 우리의 세계관을 심각하게 제한하며, 개인의 욕망과 필요라는 왜곡된 영상을 통해 세상을 바라보게 한다. 어떤 뉴스를 듣게 되면 우리는 즉각적으로 그것이 우리의 계획과 전망에 어떤 영향을 끼치게 될지 궁금해한다. 새로운 사람을 만나게 되면, 그 사람의 첫 인상은 종종 다음과 같은 추측들의 영향을 받게 된다. 나는 그녀에게 매력을 느끼나? 그는 내게 위협이 될까? 내가 그녀를 이용할 수 있을까? 그 결과로 우리는 사람이나 사물을 있는 그대로 보지 못하게 된다. 우리는 두려워하고 불안정하며 침착하지 못한 존재로서 자신의 실패와 결점에 의해 끊임없이 고통받고, 언제나 공격에 맞설 자세를 취하고 있다. 이것은 우리를 타인들에게 적대적이고 불친절하게 만들 수 있다.

이번 단계에서는 이 프로그램의 중심적인 부분이라 할, '헤아릴 수 없는 네 가지 사랑의 정신'에 대한 붓다의 명상 수련을 시작할 것이다. 도움이 되지 않는다면 굳이 요가 자세로 앉아 명상할 필요는 없다. 이 명상은 평소의 일상생활에 쉽게 적용할 수 있으며, 개를 산책시키거나, 운동을 하거나, 차를 몰거나, 통근 기차의 창밖을 응시하면서도 할 수 있다. 명상의 목적은 신이나 초자연적인 존재와 만나려는 것이 아니다. 이것은 자신의 정신을 더욱 확실하게 통제하고, 파괴적 충동을 창의적으로 해소할 수 있도록 도와주는 수련 방법이다.

우리는 붓다가 깨달음을 얻기 위해 정진하면서 자신의 마음속에 잠들어 있는 호의(마이트리), 자비(카루나), 기쁨(무디타), 평정심(우펙샤)이라는 긍정적인 감정들을 인식하게 하는 명상법을 만들어냈다는 것을 알고 있다. 그러고 나서 그는 이러한 사랑을 세상 전역으로 도달하게 했다. 나중에 그는 수도자들에게 이렇게 말했다.

> 너희의 마음이 사랑으로 채워졌을 때, 그것을 한 방향으로 보내고, 그리고 두 번째, 세 번째, 네 번째 방향으로 보내라. 그다

음에는 위로, 그다음에는 아래로 보내라. 증오와 억울함과 분노 혹은 적대감 없이 모든 것과 공감하라. 사랑의 마음은 매우 광대하다. 그것은 헤아릴 수 없을 만큼 자라나 결국에는 온 세상을 포용할 수 있을 것이다.**8**

세월이 흐르면서 붓다는 이러한 네 가지 긍정적인 심리 상태를 끊임없이 활성화시키면 적대감과 두려움의 제약에서 벗어나게 되며, 자신의 마음이 '헤아릴 수 없는' 사랑의 힘과 함께 확장된다는 것을 알게 되었다.

    그러나 '온 세상을 포용할' 준비를 갖추기 전에, 자기 자신에게 집중해야만 한다. 자신의 마음에 잠재적으로 존재하고 있는 따뜻한 호의(마이트리)를 불러일으키고 그것을 자신에게 향하도록 하는 것부터 시작한다. 자신이 이미 얼마나 많은 평화와 행복과 자애를 가지고 있는지 알아보자. 자기 자신에게 사랑이 넘치는 호의가 얼마나 많이 필요하며, 또 원하고 있는지를 스스로 인식하도록 만드는 것이다. 그런 다음 자신이 가지고 있는 분노와 공포, 근심을 인식한다. 내 안에 있는 분노의 씨앗을 깊이 관찰한다. 과거에 겪었던 고통을 마음속으로 불러낸다. 이러한 고통에서 벗어나기를 원한다면 현재 느끼고 있는 초조함과 좌절, 걱정들을 조심스럽게 내려놓고서 갈등하고 발버둥 치는 자아를 위해 자비(카루나)를 느끼도록 노력한다. 그리고 나서 기뻐할 수 있는 능력(무디타)을 겉으로 드러내고, 건강한 신체, 가정, 친구, 직장, 그리고 인생의 소소한 기쁨 등과 같이 그동안 당연하게 여겨왔던 모든 것들을 의식적으로 즐거워해 보는 것이다. 마지막으로 자기 자신을 우펙샤(평정심, 무집착)로 바라본다. 당신은 유일무이한 존재가 아니다. 당신에겐 단점이 있지만, 다른 사람들도 모두 마찬가지다. 당신에겐 또한 재능이 있으며, 이 지구상의 다른 모든 존재처럼 자비와 기쁨, 그리고 우정을 누릴 자격이 있다.

자기 자신에게 더욱 상냥한 태도를 가진 뒤에만 자아를 초월하는 것의 중요성을 생각해볼 수 있다. 종교는 종종 자아를 죽이는 것에 대해 언급한다. 불교도들은 '자아'는 환영이라고 믿으며, '무자아(anatta)'의 신조를 가르친다. 복잡한 두뇌 활동에서 '자아' 혹은 '영혼'이라고 꼭 짚어 부를 만한 것을 전혀 찾을 수 없었던 현대의 신경과학자들도 이것에 동의한다. 그러나 '무자아'는 주로 불교도들의 행동을 요구하는 가치관이다. 즉 너무나도 많은 고통을 야기하는 자기 강박을 잘라내는 것을 통해, 마치 자아가 존재하지 않는 **것처럼** 살아야만 한다는 것이다. 영적인 삶의 스승들이 우리에게 자아를 초월하라고 요구할 때, 그들은 자기 자신의 생존과 번영, 그리고 성공을 확실하게 하기 위해 종종 남들을 파괴하려고 드는 욕심 많고, 두려움에 떨며, 화가 나 있는 자아를 넘어서기를 원하는 것이다. 이것은 깨달음을 얻기 위해서는 필수적이다. 1999년 12월 31일, 새로운 천년을 맞이하기 전날 밤에 달라이 라마는 영적인 혁명을 요청하면서 이것은 종교의 신조를 받아들이라는 의미가 아니라고 설명했다. 오히려 영적인 혁명은 "자아에 대한 우리의 습관적인 집착으로부터 급진적으로 방향을 전환"하는 것에 기반을 둔 것이라고 했다.9

이것은 우리가 혐오감으로 자신에게서 벗어나야만 한다거나, 언제든 자신을 깎아내려야 하고, 자신의 결점을 과도하게 의식해야만 한다는 의미는 아니다. 그러다간 우리가 초월하기 위해 노력하는 불안정한 자아에 빠져들어, 단순히 과도하게 자아를 의식하게 될 위험성이 있다. 종교전통들은 자비가 자아를 알맞은 자리에 위치하게 할 가장 믿음직한 방법이라는 데 동의한다. 그것은 '온종일 그리고 매일' 우리 자신을 세계의 중심에서 물러나게 하고, 타인을 그 자리에 놓아둘 것을 요구하기 때문이다. 달라이 라마가 이해하기 쉽게 말했던 것처럼, 자아로부터 벗어나는 방향 전환은 필연적으로 "우리가 연결되어 있는 존재들의 더 넓은 공동체를 지향하라는 요청이며, 우리 자신의 이익과 함께 다른 사람들의 이익도 인정하는 행동의 요청"이다.10 그는 자기 절제가 없는 자비는 불가능하다고 했다. 이는 "우리 자신의 해로운 충동과 욕망을 동시에 억제하지 않고서는 사랑이 넘치고 자비로울 수 없기" 때문이다.11 사도 바울도 자비심의 실천은 다른 사람을 해치고 자아를 우쭐거리게 만드는 해로운 술책과 양립할 수 없다며 똑같은 의견을 밝혔다.

> 사랑은 오래 참고, 친절합니다. 사랑은 시기하지 않으며, 뽐내지 않으며, 교만하지 않습니다. 사랑은 무례하지 않으며, 자기의 이익을 구하지 않으며, 성을 내지 않으며, 원한을 품지 않습니다. 사랑은 불의를 기뻐하지 않으며 진리와 함께 기뻐합니다. 사랑은 모든 것을 덮어 주며, 모든 것을 믿으며, 모든 것을 바라며, 모든 것을 견딥니다.12

자아를 한편으로 제쳐두기 위해서는 용기가 필요하다. 붓다는 처음으로 무자아에 대해 듣게 되는 사람은 겁에 질려 다음과 같이 생각하게 된다는 것을 알고 있었다. '나는 절멸되고 파괴되어 버릴 거야. 나는 더 이상 존재하지 않겠지.'13 하지만 경전은 이 교리를 받아들였던 제자들의 마음이 기쁨으로 가득 채워졌다고 전하고 있다.14 자아가 존재하지 않는 것처럼 살기 시작하자 제자들은 더 행복해졌고, 과도한 자기 집착에서 생기는 고통으로부터 자유로워졌다.

우리가 탐욕스럽고 궁핍한 이기심에 줄곧 갇혀 있는다면, 불행하고 좌절하는 삶을 지속하게 될 것이다. 하지만 자신에 대한 보다 더 현실적인 평가를 배웠듯이, 우리는 질투, 분노, 공포, 증오(종종 뒤틀린 자기중심주의에서 비롯되는)가 우리와는 아무런 관계가 없다는 것을 알게 되었다. 그것은 초기의 조상들로부터 물려받은 오래된 감정들일 뿐이다. 붓다는 "이것은 진정한 내가 아니다"라고 말했다. "이것은 나의 자아가 아니다." 우리는 서서히 이러한 부정적인 감정들에서 더욱더 멀리 떨어질 것이며, 자신과 동일시하지 않게 될 것이다. 또한 우리는 다른 사람들에 대한 자신의 감정이 종종 상대적이고 주관적이며, 실체와는 거의 관련이 없다는 것도 인식하게 될 것이다. 그러한 감정들은 단순히 '오직 나에 대한 것'일 뿐, 타인에 대한 객관적이고 이성적인 평가가 아니다.

이러한 부정적인 감정이 우리를 지배하도록 허용하는 한, 그것들은 우리를 방어적이고 자기 집착적인 세계관에 가두어둘 것이며, 그로 인해 우리는 자신의 완전한 잠재력을 절대 인식하지 못하게 될 것이다. 타인에 대한 적대적인 감정을 다루는 보다 더 생산적인 방법은 우리가 싫어하는 사람들도 그러한 감정 때문에 똑같은 고통을 받고 있다는 사실을 깨닫는 것이다. 사람들이 우리를 공격할 때, 어쩌면 그들도 우리와 비슷하게 자아를 몰아붙이는 근심과 좌절을 겪고 있는 것일 수도 있다. 그들 역시 고통 속에 있는 것이다. 만약 인내하며 기다린다면, 머지않아 우리가 두려워하거나 질투하는 사람들이 그다지 위협적이지 않게 될 것이다. 우리가 그들을 희생시키며 그토록 지키고 높이려고 애쓰는 '자아'는 우리를 필요 이상으로 시시하고 작아지게 만드는 일종의 환상인 것이다.

그러므로 '나 우선'의 정신 상태를 버리고, 정도를 지키고 만족하기 위해 의식적으로 노력할 때, 우리는 스스로를 파괴하거나 파멸시키지 않게 된다. 그 대신 우리의 지평이 확장되고, 자기중심적으로 몰아가던 두려움이 사라진다는 것을 알게 되기 시작하며 보다 큰 '헤아릴 수 없는' 자아를 경험한다. 자기 파괴적인 감정에서 벗어난다면, 우리 역시 성취감을 느끼는 성숙한 인간인 군자君子가 될 수 있을 것이다. 랍비들은 개인적인 이득보다 토라 '자체를 위해' 공부하는 유대인이 더 높은 차원의 존재로 향상시키는 사랑으로 충만해진다는 것을 발견했다. 탈무드의 현자 랍비 마이어의 말에 따르면 "그는 '사랑받는 친구(Beloved Companion)'라고 불렸다." "그는 성스러운 존재(Divine Presence)를 사랑하며 모든 생명체를 사랑한다. … 그리고 이것은 그를 위대하게 만들며 모든 창조물 위로 올려준다."15

초기 기독교인들은 그들이 신의 자녀가 되었을 때 갖게 된 새로운 자유에 대해 말했다. 예수가 그랬던 것처럼 스스로 자기중심주의를 비워냄으로써 고귀해진 지위에 대한 암시를 얻은 것이다.16 세례를 받는 물웅덩이, 즉 상징적인 죽음으로부터 빠져나온 후 그들 역시 '그리스도(크리스토이christoi)'가 되었다는 말을 듣게 된다.17 그리스 정교회는 이 삶에서도 우리가 예수라는 사람처럼 '신격화'될 수 있다고 주장한다.18 유학자들은 인을 실천하는 삶이 우리의 인간성을 확장시킨다고 주장했다. 순자는 "넓고 광대하다 — 누가 이러한 사람의 한계를 알 수 있겠는가?"라고 물었다. "현명하고 이해심이 깊다 — 누가 그의 미덕을 알고 있을까? 잘 알려져 있지 않으며 언제나 변화한다 — 누가 그의 형태를 알 수 있을까? 그의 밝음은 해와 달에 필적한다. 그의 위대함은 팔방을 채운다. 그러한 사람이 성인聖人이다."19

붓다와 동시대를 살았던 사람들은 그가 바로 그런 사람이라고 생각했다. 어느 날 브라만 사제가 나무 밑에 앉아 명상 중인 붓다를 발견하고, 그에게서 느껴지는 힘과 고요함 그리고 평온함에 놀랐다. "선생님은 신이십니까?" 사제가 물었다. "선생님은 천사이십니까? … 아니면 영혼이십니까?" 붓다는 아니라고 대답했다. 자비의 수련을 통해 그를 속박하던 자기중심주의가 '소멸되었고', 평소에는 잠들어 있던 자기 존재의 일부분을 활동시켜 인간 본성의 새로운 잠재력을 드러낼 수 있었다. 붓다는 사제에게 "나를 깨어 있는 사람으로 기억해 주시오."라고 대답했다.20

회의론자는 이러한 주장들을 망상이라고 치부해버릴 것이다. 하지만 그것들을 증명하거나 반박할 수 있는 유일한 방법은 직접 시험해 보는 것이다. 열두 단계를 밟아가는 동안 우리는 자비와 현명함, 그리고 불성에 대한 잠재력을 깨우기 위해 노력해야 한다. 자신의 자아에 대한 건강하고 실질적인 평가를 위한 기초를 쌓고, 사랑에 대한 명상을 삶의 일상적인 한 부분으로 만들기 전까지는 이번 단계를 통과해서는 안 된다. 일단 자기 자신에 대해 진정한 자비를 느끼기 시작한다면, 그것을 다른 사람들에게도 확장할 수 있을 것이다.

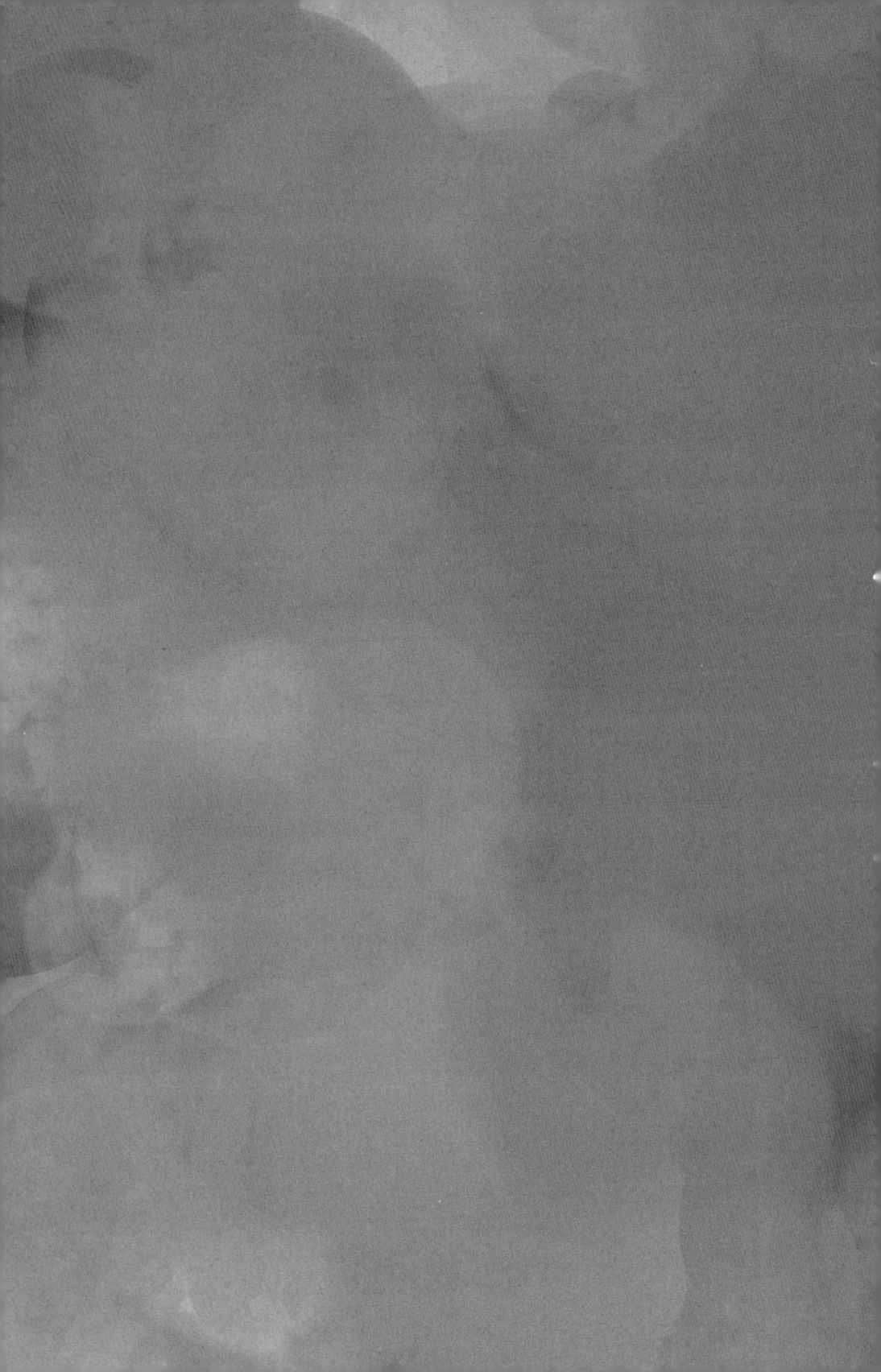

네 번째 단계

타인의 입장에 서 보기

붓다가 태어났을 때, 그의 아버지는 아들의 운명을 알아보기 위해 지역의 성직자들을 초청했다. 그중 한 명이 아이는 앞으로 세 가지의 충격적인 광경들을 보게 될 것이며, 그로 인해 속세를 등지고 수도승이 될 것이라고 예언했다. 아들에게 세속적인 야망을 더 많이 기대했던 붓다의 아버지는 그를 호화로운 궁전에 가두어 놓고 사방에 경비병들을 배치해 모든 고통스러운 현실을 접하지 못하도록 했다. 이것은 부정에 빠진 정신이 뚜렷하게 드러나는 이미지이다. 사방에서 닥쳐오는 고통에 마음을 닫아 놓고 있는 한, 우리는 환상에 갇혀 있을 뿐이다. 그런 인위적인 존재는 실체와 아무런 관계도 없기 때문이다. 고통은 피할 수 없는 것이며, 우리가 정성 들여 구축해놓은 방어막을 언제든 부수고 들어올 수 있기에 쓸모없는 짓이기도 하다. 붓다가 스물아홉 살이 되었을 때, 신들은 그가 이 거짓된 천국에서 충분히 오래 살았다고 결정했다. 그리고 병자와 노인, 죽은 사람과 수도승으로 변장한 네 명의 신을 파견하여 경비병을 따돌리고 궁정으로 들어가도록 했다. 아무런 준비도 없이 이러한 고통스러운 광경과 맞닥뜨린 붓다는 엄청난 충격을 받고 바로 그날 밤에 집을 떠나 자기 자신과 다른 사람들이 인생의 슬픔을 견딜 수 있도록 도와줄 방법을 찾기로 결심한다.

이 이야기는 깨달음을 얻기 위해 무엇을 해야만 하는지를 불교도들에게 보여주기 위해 만들어진 신화이다. 어디에나 존재하는 삶의 고통(두카)이 우리의 마음과 정신 속에 퍼지도록 받아들이기 전까지 탐구는 시작조차 할 수 없다. 이것이 바로 거의 모든 종교전통들이 고통을 최우선적인 의제로 삼고 있는 이유다. 고통이라는 문제를 제쳐 두고 마치 이 세상의 도처에 존재하는 슬픔은 우리와 아무런 관계가 없는 듯 가장할 수는 있겠지만, 그렇게 행동한다면 우리는 줄곧 열등한 수준에 갇혀 있게 될 것이다.

서구 기독교의 결정적인 아이콘은 극한의 고통 속에서 십자가에 매달린 한 남성의 이미지이다. 이것은 아득한 옛날부터 인류가 서로에게 가해온 잔인성의 상징이다. 그러나 세상을 구해낸 고통이기도 하다. 서구 기독교의 속죄라는 교의는 ─그리스 정교회는 받아들이지 않고 있지만─ 가끔은 이해하기 어렵다. 어떻게 자비로운 하느님이 구원의 대가로 그와 같은 고통을 요구할 수 있는 것인지 잘 상상이 가지 않는다. 그러나 프랑스 철학자 피에르 아벨라르Pierre Abélard(1079~1142)는 다른 해석을 제시했다. 십자가에 못 박힌 예수상을 바라볼 때 우리의 마음은 동정심과 공감으로 가득 차게 되고, 이것이 바로 우리를 구원하는 자비와 본능적 공감의 내면적인 움직임이라는 것이다.

서양의 이성적 전통의 창시자인 고대 그리스인들은 독특하게 비극적인 인생관을 가지고 있었다. 해마다 열리는 변화의 신 디오니소스의 축제에서 아테네의 주요 극작가들은 모든 시민이 반드시 참가해야 하는 연극 경연 대회에 비극 3부작을 출품했다. 무대에 올려지는 연극들은 보통 그 해에 도시에서 발생했던 문제와 상황을 반영하는 오래된 신화 중의 한 가지를 각색한 것이었다. 이 행사는 불가능한 결정 때문에 고군분투하고, 그에 따른 행동의 비참한 결과에 적극적으로 맞서는 사람들에게 관객이 공감하도록 만드는 영적인 수련인 동시에 도시 모두가 참여하는 명상이었다. 그리스인들은 함께 슬퍼하기 위해 연극을 관람했으며, 슬픔의 공유가 시민 사이의 유대감을 강화하고, 관객 개개인에게 개인적인 슬픔 속에 홀로 있는 것이 아니라는 사실을 상기시켜준다고 확신했다.

아이스킬로스Aeschylus(기원전 525~456)는 《오레스테이아Oresteia》 3부작에서 고통은 인간적인 경험의 일부로 자리 잡고 있을 뿐만 아니라 지혜의 탐구에도 필수적이라는 것을 보여주었다. 세 편의 비극은 멈출 수 없어 보이는 보복 살인의 연쇄를 묘사한다. 첫 번째 극에서 클리타임네스트라는 딸의 죽음을 복수하기 위해 자신의 남편인 아가멤논 왕을 살해한다. 그 후 사건은 아가멤논과 클리타임네스트라의 아들인 오레스테스의 이야기로 이어진다. 오레스테스는 아버지의 복수를 위해 어머니를 살해한다. 이 3부작의 비극은 에리니에스(복수와 징벌의 여신들Furies이라고도 알려진)를 피해 황급히 도망치는 오레스테스로 결론을 맺는다. 에리니에스는 지하세계의 무시무시한 신들로, 끔찍한 죽음으로 속죄할 때까지 한 무리의 들개처럼 죄인을 추적한다. 합창은 관객들에게 고통은 삶의 법칙이지만 또한 지혜로 이끌어주는 통로라는 사실을 상기시켜준다.

> 제우스께서 우리가 알고 있도록 이끄셨다.
> 키잡이처럼 그것을 법으로 이렇게 정하셨다.
> 우리는 고통을 받아야만, 진실로 들어선다.
> 우리는 잠들 수 없다. 그리고 가슴에 한 방울씩
> 잊을 수 없는 고통 중의 고통이 다시 살아난다.
> 우리는 저항하지만, 원숙함 또한 일어난다.
> 무시무시한 노 젓는 자리에 오르신 신들로부터
> 폭력적인 사랑이 밀려온다.[1]

제우스는 인간들에게 곤경에 대해 생각하라고 가르쳤다. 우리는 고통을 잊을 수가 없다. 잠들어 있을 때마저도 과거의 슬펐던 기억은 마음속으로 끊임없이 밀려온다. 인간은 고통의 법칙에 저항하려 하지만, 신들은 고통을 이해하려는 사색의 힘이 인간을 지혜와 원숙함 그리고 축복의 길 위로 들어서게 할 것이라는 운명을 정해놓았다.

아이스킬로스는 3부작의 마지막인 〈에우메니데스 The Eumenides〉에서 인류가 냉혹하고 자기 파괴적인 복수의 윤리로 무장한 혈연 기반 부족 사회의 무자비한 폭력에서 벗어나 이성적인 법의 절차에 따라 범죄를 심판하는 문명화된 도시(폴리스 polis)의 삶으로 나아가는 과정을 보여준다. 복수의 여신들을 피해 도주하던 오레스테스는 아테네에 도착하게 되고, 그의 운명을 결정하기 위해 시의회를 소집한 도시의 수호신 아테나의 발밑에 몸을 던진다. 복수의 여신들은 오레스테스가 죄의 대가를 치러야만 한다고 주장했지만, 배심원들의 의견은 갈라지고 아테나가 결정권을 갖게 되었다. 아테나는 오레스테스에게 무죄를 선고하되 복수의 여신들에게는 도시의 성지를 제공하여 화를 달래주면서, 이후로는 그들이 '자비로운 사람들'을 의미하는 에우메니데스로 널리 알려지게 될 것이라고 공표한다. 폴리스는 오래된 뇌의 본능적인 충동들로부터 멀리 떨어져 머물면서 그것들에 대해 책임을 지는 이성적인 새로운 뇌의 상징으로 볼 수 있다. 오랫동안 영향을 끼쳐 온 과거의 악행들은 여전히 폴리스에 남아 있으므로, 아테네 시민들은 그것들을 인정하고 자신의 정신과 마음속에 그것들을 위한 공간을 만든 것이다. 그리고 나서야 그들은 이러한 원시적인 격정들을 자비를 향한 원동력으로 변형시킬 수 있었다.2

하지만 오래된 뇌가 새로운 뇌에 흡수될 때, 그 결과는 재앙이 될 수도 있다. 역사를 통해 확인해왔듯이, 이성은 인간성을 모독하는 행위들을 정당화하기 위한 이론적 근거를 찾는 데 활용될 수도 있는 모호한 도구이기 때문이다. 에우리피데스Euripides(기원전 484~406)는 비극 《메데이아Medea》에서 아르고호의 영웅 이아손과 결혼한 콜키스 왕녀 메데이아의 이야기를 전한다. 황금 양모를 찾도록 도와주었음에도 이아손은 그녀를 냉담하게 버렸고, 그에 대한 복수로 메데이아는 이아손과 그의 새 아내뿐만 아니라 자기가 낳은 아이들까지 죽이고 만다. 자기 자식을 죽이는 동물은 거의 없지만, 메데이아는 특출나게 인간적인 추론 능력에 기대어 그런 행위를 저지르게 된다. 아테네 사람들이 민주주의적 의회에서 발달시켜 온 세련된 논리로 주장을 펼치면서 그녀는 자신의 섬뜩한 계획에 조목조목 반론을 제기해 가며 결국 끔찍한 결론에 도달한다. 즉 두 사람 사이에서 태어난 아들들도 죽이지 않고서는 이아손이 받아 마땅한 벌을 줄 수 없다는 것이었다. 메데이아는 가장 효과적인 복수의 수단을 찾지 못하기에는 지나치게 똑똑했으며, 그것을 실행에 옮기지 않기에는 너무나 집요했다.3 만약 자비와 공감으로 조절되지 않는다면, 이성은 인간을 도덕적 공동空洞 상태에 빠뜨릴 수 있다.

하지만 훗날 아리스토텔레스Aristoteles(기원전 384~322)가 주장했던 것처럼, 비극 작품에 공감하기 위해서는 이성적인 능력의 발휘가 필수적이라는 것 역시 진실이다. 파충류의 '나 우선' 사고방식에서 물러설 수 있도록 해 주는 초연하고 비판적인 엄격함이 없다면, 자기 집착에서 벗어나 다른 사람들의 곤경을 이해할 수 없을 것이다. 아리스토텔레스는 비극이 인간의 여러 가지 감정을 훈련시키며, 적절하게 경험해볼 수 있도록 가르친다고 믿었다. 연극이 전개되는 것을 보면서 도량이 좁은 사람은 자신의 문제를 올바르게 보게 되고, 오만한 사람은 불행을 겪는 사람을 자비롭게 대하는 법을 배우게 된다. 정화되어 위험한 가능성에서 빠져나오면 비로소 공동체에 이로운 감정들을 갖게 되는 것이다.4

우리는 두 개의 뇌가 갈등에 휩싸여 내분을 일으키고 있는 비극적인 존재이다. 고통받는 영웅과 동일시하는 법을 배우게 되자, 그리스 관객들은 그 전이라면 관심을 갖지 않았을 사람들을 위해 ―메데이아, 또는 거룩한 광기의 발작으로 인해 아내와 자식들을 죽이게 된

헤라클레스를 위해— 눈물을 흘리고 있는 자신들을 발견했다. 에우리피데스의 작품《헤라클레스Heracles》의 마지막 장면은 아테네의 전설적인 왕 테세우스가 만신창이가 된 헤라클레스를 끌어안고 조심스럽게 무대 밖으로 사라지는 것으로 끝이 난다. 그 두 사람은 '우정의 인연'으로 한데 이어진 것이다. 합창은 헤라클레스에게 작별을 고하며 그의 운명을 "비탄과 한없는 눈물로" 애도한다. "오늘 우리는 가장 고귀한 친구를 잃었기 때문이다."5 극작가의 솜씨는 관객들로 하여금 공감의 확장을 이룰 수 있도록 했고, 그로 인해 그들은 '헤아릴 수 없는' 자비의 힘을 맛보게 되었다. 헤라클레스와 같은 영웅적인 행위를 하는 사람과 친구가 될 수 있는 관객은 디오니소스적인 엑스타시스를 성취하게 된다. 연극을 보기 전까지는 어쩌면 불가능하다고 생각했을 공감을 통해 뿌리 깊은 편견에서 '빠져나오게 되는 것'이다.

무자비하고 파괴적인 펠로폰네소스 전쟁(기원전 431년부터 404년까지 아테네 중심의 델로스 동맹과 스파르타 중심의 펠로폰네소스 동맹이 벌인 싸움-편집자)에서 가장 암울한 순간이었던 기원전 430년에 소포클레스Sophocles(기원전496~405)는 아테네 사람들에게 자신의 비극《폭군 오이디푸스Oedipus the Tyrant》를 선보였다. 인간들은 이성이 무너진 순간에도 여전히 그들의 고통으로부터 교훈을 얻을 수 있었다. 명민한 지혜로 명성을 얻은 오이디푸스는 숙명적이고 비극적인 자신의 운명을 모르고 있었다. 끔찍하게도 그는 뜻하지 않게 자신의 아버지를 죽였을 뿐만 아니라, 명확한 신원도 모르는 채 자신의 어머니와 결혼했다는 것을 알게 되었다. 하지만 그의 비극은 그에게 전혀 새로운 약점을 안겨주었고, 그 결과로 오이디푸스는 다른 사람들의 고통에 공감할 능력을 얻는다.6 지금까지는 이성적이고 잘 통제되어 있던 그의 말들은 이제 '어… 어! 아… 아!'와 같은 산발적인 탄식으로 흩어진다. 슬피 울고 있는 딸들과 만났을 때 그는 딸들이 처해 있는 곤경을 걱정하느라 자기 자신의 고통을 잊어버린다.

한편 합창의 구성원들은 자비를 향한 그들 나름대로의 여정을 떠난다. 처음에 그들은 오이디푸스의 곤경에 경악해 그를 제대로 쳐다보지도 못하고 공포에 휩싸여 움츠렸지만, 그가 겪고 있는 슬픔의 깊이를 헤아릴 수 있게 되면서 극도로 불쾌했던 감정은 애정으로 변하게 된다. 그들은 오이디푸스에게 다가서며 그를 "사랑스러운 사람" 그리고 "사랑하는 그대"라고 부르는 것으로 그의 비극에 반응하는 방법을 관객들에게 보여준다.7 소포클레스가 인생의 말년에 선보였던 《콜로누스의 오이디푸스*Oedipus at Colonus*》에서 아테네의 시민들은 비록 의도는 없었으나 입에 담기도 싫은 범죄를 저질렀다는 이유로 오이디푸스를 피하기만 한다. 그러다 마침내 자비심으로 받아들이고 피난처를 제공하게 되자 오이디푸스는 아테네 시민들에게 축복의 원천이 된다.8

비극은 우리의 공감을 확장시키는 데 있어 예술이 수행할 수 있는 역할을 상기시켜 준다. 연극과 영화, 그리고 소설은 모두 상상을 통해 타인의 삶에 들어가 우리와는 전혀 다른 경험을 한 사람들과 공감적인 동질감을 느낄 수 있게 해준다. 예술은 자비로운 엑스타시스의 순간을 제공해줄 수 있다. 이번 단계를 거치면서 예술이 우리의 마음을 어지럽히고, 뿌리 깊은 편견에 의문을 품게 만드는 것을 허용하겠다고 결심해야만 한다. 커다란 스크린은 우리가 주인공에게 더욱 가까이 다가설 수 있도록 한다. 비록 우리의 이성적인 정신은 주인공의 고통이 완전한 허구라고 말하지만, 그들의 고통을 목격하면서 거울 신경 세포가 자극받아 눈물을 흘리는 자신을 발견할 수 있다. 이런 방식으로 영향을 받았을 때, 영화관을 빠져나오거나 소설책을 책장에 다시 꽂아두며 너무 성급하게 그 경험을 잊어서는 안 된다. 아테네 사람들이 오이디푸스는 물론 에우메니데스에게도 안식처를 제공해 주었듯, 그러한 파토스pathos가 우리의 마음속에 영원히 머물 수 있도록 해야만 한다.

상상력은 자비로운 삶의 결정적인 요소이자 인간의 고유한 특성이다. 예술가들로 하여금 완전히 새로운 세상을 만들어내게 하고, 전혀 일어나지 않았던 사건들이나 한순간도 존재하지 않았던 사람들에게 강력한 현실성을 부여해준다. 자아의 포기와 자비는 모두 예술에 필수적인 요소이다. 영화 때문에 눈물을 흘렸다면, 그것은 종종 잊고 있던 기억이나 인정받지 못했던 우리 자신의 열망을 일깨웠기 때문이다. 예술은 우리의 고통과 열망을 인정하고 타인에게 마음을 열어줄 것을 요구한다. 그리스인들에게 그랬듯이, 예술은 우리가 외롭지 않다는 사실을 깨닫도록 도와준다. 다른 사람들 역시 고통을 겪고 있다.

그리스 극작가들은 관객들이 고통에 민감해지도록 만들기 위해 노력했다. 고통을 막기 위해 의식적으로 무심한 상태를 유지하는 대신, 마치 우리의 슬픔인 것처럼 다른 사람들의 슬픔에 마음을 열어야만 한다. 티베트인들은 이러한 특성을 '쉔 둑 느갈 와 라 미 소 파shen dug ngal wa la mi so pa'라고 부르는데, '다른 이가 슬퍼하는 모습을 견딜 수 없다'는 의미이다. 이것이 바로 달라이 라마가 "다른 사람의 고통을 무시하고 싶을 때일지라도 우리가 눈을 감지 못하도록 만드는 것"이라고 설명했던 그것이다.9

신학자이며 의사이자 선교사였던 알베르트 슈바이처Albert Schweitzer(1875~1965)는 어린 시절부터 주변에서 보게 된 불행, 특히 동물들의 고통에 슬픔을 느꼈다. "절뚝거리는 늙은 말 한 마리를, 한 사람은 앞에서 끌고 다른 사람은 뒤에서 계속 막대기로 내려치면서 콜마르의 도살장으로 몰아넣던 모습이 몇 주 동안이나 뇌리를 떠나지 않았다."10 그는 이 기억을 정신의 이면으로 밀어 넣거나 억누르려 하지 않았으며 오히려 습관적으로 떠올리곤 했다. 이러한 공감적인 태도는 그런 곤경을 완화시켜주는 일에 자신의 일생을 헌신하겠다는 생각을 갖도록 만들었다. 1905년에 그는 아프리카에서 의사로 활동하기 위해 비록 마음에 들지 않는 분야였지만 의학을 공부하기로 결심했다. "대학에 다니면서 공부를 하고 과학과 예술에서 일정한 성과를 거두는 행복을 누리면서도, 나는 늘 물질적인 환경이나 건강 때문에 그런 행복을 누릴 수 없었던 다른 사람들을 떠올릴 수밖에 없었다."11

우리 자신의 삶에서 경험했던 고통은 다른 사람들이 겪는 불행의 깊이를 제대로 이해하도록 도와주기도 한다. 세 번째 단계에서 확인했듯이, 과거에 겪었던 자신의 고통을 되새겨보는 것이 중요한 이유이다. 황금률의 원동력은 코란의 앞부분에 아름답게 표현되어 있다. 여기에서 신(스스로를 3인칭 '너의 주'로 부르는)은 무함마드에게 어린 시절의 슬픔 —그는 어린 나이에 고아가 되어 친척들에게 입양되었으며, 상당 기간 가족과 부족으로부터 무시당하던 구성원이었다—
을 기억하고 공동체 내에서 그와 같은 박탈감을 경험하는 사람이 없
도록 할 것을 요구했다.

나중에 오는 것이
이전에 왔던 것보다 더 좋을 것이다
너의 주께서 너에게 줄 것이니
너는 만족하게 될 것이다

고아인 너를 찾으시고
보금자리를 주시고
길을 잃은 너를 찾으시고
이끌어주시고
굶주린 너를 찾으시고
먹을 것을 주시지 않았느냐

고아를 생각해 보라 —
그를 억압하지 마라
그리고 도움을 요청하는 사람을 —
외면하지 마라
그리고 너의 주님의 은혜를 — 선포하라!12

이번 단계에서 우리는 이러한 원동력을 삶의 일부로 만들기 시작할

것이다.

고통과 굴욕의 경험은 사람들에게 영웅적인 자비심을 불러일으켰다. 특권이 있는 삶을 누리던 인도의 젊은 변호사 간디는 남아프리카 공화국에서 열차 밖으로 폭력적으로 쫓겨났을 때, 그 나라에서 인도인들이 겪고 있던 곤경을 인식하게 되었다. 그는 '유색' 인종에게는 금지되어 있던 일등석에 앉아 그 자리에서 떠나기를 거부했으며, 일주일 내에 수도 프레토리아의 모든 인도 사람들을 불러모아 회의를 소집했다. 그가 평생을 바쳐 억압에 저항했던 비폭력 운동은 이렇게 시작되었다. 위스콘신주 어린이건강연합의 의장인 패티 앵글린은 부모에게 버림받은 아이들을 돌보는 데 일생을 바쳤는데, 대부분 장애가 있는 특수 아동이었다. 학습 장애가 있던 그녀는 자신이 가혹한 기숙 학교에서 경험했던 끔찍한 불행의 기억이 필생의 사업을 준비하게 만들었다고 말했다. "나는 버려지고, 외롭고, 두렵고, 소속된 곳이 없다는 느낌을 이해할 필요가 있었다. 그것은 폭력적이고, 제 기능을 못 하는, 망가진 가정에서 자란 아이들이 느끼는 것과 똑같은 감정이다."13

우리의 고통은 자비에 대한 교육이 될 수 있다. 의도적으로 마음을 냉정하게 먹고 다른 사람들의 고통에 관여하지 않으려는 사람들도 있다. 은행의 지점장은 지급 불능 상태에 빠진 차용인의 간청에 귀를 막아야만 하고, 사업가는 효율적이지 못한 고용인을 해고할 수밖에 없으며, 의사는 환자가 죽을 때마다 감정적으로 동요할 여유가 없다. 불필요한 슬픔을 피하려 애쓰는 것은 자연스러운 일이다.

이번 단계에서는 연계되지 않으려는 최초의 머뭇거림에 주목해야 한다. 우리는 동료의 슬픈 이야기를 듣고 싶어 하지 않는다. 내 일만으로도 충분히 벅차다고 생각하며 타인의 걱정거리를 머릿속에서 몰아내는 것이다. 어떤 사람이 우울해하는 것을 보고 그 이유를 궁금해하는 대신 짜증을 낼 수도 있다. 우리는 슈퍼마켓 인근에 있는 노숙자를 급히 지나치며, 그 사람이 겪고 있는 곤궁이 우리의 안정된 상태를 방해하지 못하도록 한다. 하지만 만약 이 같은 일들이 주변에서 발생한다면, 이제는 지난 단계에서 배운 모든 것을 동원하여 **자신**이 겪었던 고통들을 회상해 보아야 한다. **내가** 힘든 날을 보내고 있을 때 도움이 되었던 다정한 말, 미소, 농담 등을 기억해내고, 어려움을 겪고 있는 동료에게 그러한 것들을 베풀어야 한다. 슬픔에 빠져 외로움을 느끼던 때를 기억하고, 고통을 겪고 있는 친구의 이야기를 들어주어야 한다. "도움을 요청하는 사람을— 외면하지 마라."

이제부터는 '헤아릴 수 없는 사랑의 정신'에 대한 명상에 세 단계를 더 추가하게 될 것이다. 다시 한번, 자신이 연속된 동심원의 중심에 있다고 상상해 본다. 우선 우정과 자비와 기쁨, 그리고 평온함이 자신을 향하도록 한 다음, 당신이 알고 있는 세 사람에게로 그 방향을 돌린다. 특정한 누군가를 떠올리는 것이 중요하다. 그렇게 하지 않는다면 이 연습은 의미 없는 일반론으로 변질되어 버릴 것이다. 좋든 싫든 별다른 감정이 없던 사람 한 명, 가족이나 친구처럼 좋아하는 사람 한 명, 마지막으로 좋아하지 않는 사람도 한 명 떠올린다. 그들의 이름을 불러 본다. 모두 당신의 곁에 앉아 있다고 상상하며 그들이 생생하게 느껴지도록 한다.

네 가지 헤아릴 수 없는 사랑이 그들을 향하도록 하면서, 그들의 장점과 그들이 당신의 삶에 끼친 영향(그들의 관용이나 용기, 유머 감각까지)에 대해 생각해 본다. 최대한 그들의 마음 깊은 곳까지 들여다보고 그들의 고통을 (당신이 알고 있는 고통은 물론 앞으로도 절대 알지 못할 개인적인 모든 슬픔까지) 살펴본다. 그러고 나서 그들이 고통에서 벗어나기를 바라고, 당신이 할 수 있는 어떤 방법으로든 그들을 돕겠다고 결심한다. 당신이 선택한 세 사람 모두가 당신이 스스로에게 원하는 것과 같은 기쁨을 누릴 수 있게 되기를 기원한다. 그리고 마지막으로, 당신 자신과 당신이 특별한 관심이 없는 사람 그리고 당신이 싫어하는 사람만큼이나 당신이 좋아하는 사람까지, 누구에게나 결점이 있다는 것을 인정한다. 그렇게 하여 다른 사람들과 편견 없이 연결해 주는 우펙샤(평정심)를 얻기 위해 노력하게 되는 것이다.

싫어하는 사람에게 이런 생각들을 향하려 할 때, 분명 명상은 한층 더 어려워진다. 이것은 자신의 자비가 얼마나 제한적인 것인가를 보여주는 것이므로, 어려움을 견디면서 완벽하게 인식하도록 한다. 스스로를 자비로운 사람이라고 생각할 수 있지만, 우리의 호의는 주관적인 호불호에 의존한다. 어떤 사람에 대해 생각할 때 마음속에서 일어나는 불쾌한 생각들에 주목하고 그 생각들이 또 얼마나 매력적이지 못한가를 생각해 보자. 만약 그녀를 좋아하는 사람들이 있다면 당신의 반감은 전적으로 당신에 대한 그녀의 태도에서 비롯된 것일 수도 있다. 그녀가 당신을 방해하면서 당신의 이득을 위협했거나, 당신 자신에 대해 좋지 않게 생각하도록 만드는 방식으로 행동했을 수도 있다. 만약 그렇다면 당신의 반감은 어쩌면 지난 단계에서 살펴보았던 자아 착각에 근거한 것일 수도 있다.

우정이나 적대감은 불변하지도, 객관적이지도 않다. 친구나 원수로 태어나는 사람은 없다. 작년에 친구였던 사람이 내년에는 원수가 될 수도 있다. 당신처럼 그녀에게도 장점과 단점이 있다. 이 세상의 다른 모든 사람처럼, 그녀 역시 행복을 갈망하고 고통에서 자유롭기를 바란다. 그녀는 당신이 결코 알지 못할 방식으로 고통을 받고 있다. 그런데 어떻게 반감의 대상으로 그녀를 지목해 우정과 자비와 기쁨, 평정심이라는 감정들을 베푸는 것을 거부할 수 있겠는가?

이 명상을 하는 동안에는 스스로를 인내해야 한다. 주의가 산만해졌다고 짜증을 내거나, 아무런 진척도 없는 것 같다고 낙담해서는 안 된다. 적대적인 감정을 극복할 수 없다고 죄책감을 느낄 필요도 없다. 거듭해서 수행하게 되면 이 명상은 마음속에 자비로운 리듬을 만들어낼 수 있다. 이 명상은 나머지 단계들에서도 일상적인 수행의 일부가 되어야만 한다. 편안하고 반추하는 과정이 되어야만 한다. 아주 많은 시간이 필요하지도 않으며, 실제로 그래서도 안 된다. 그러나 충실히 수행한다면 새로운 두 가지 도구, 즉 자기성찰의 능력 그리고 스스로가 자신을 생각하는 것과 똑같은 방식으로 타인을 생각하는 능력을 계발하도록 도와줄 것이다. 발레리나가 완벽하게 발끝으로 도는 데까지 수년의 시간이 필요하듯 오직 연습만이 완벽함을 만들 수 있다.

명상을 마무리할 때, 이러한 좋은 생각들을 당신이 선택한 세 사람 중의 한 명에게 작지만 확고한 우정 혹은 자비의 실질적인 행동으로 오늘 당장 실천하겠다고 결심하자. 그들을 만날 수 없다면, 도움의 손길이나 따뜻한 말 한마디가 필요한 누군가에게 다가서도록 하자.

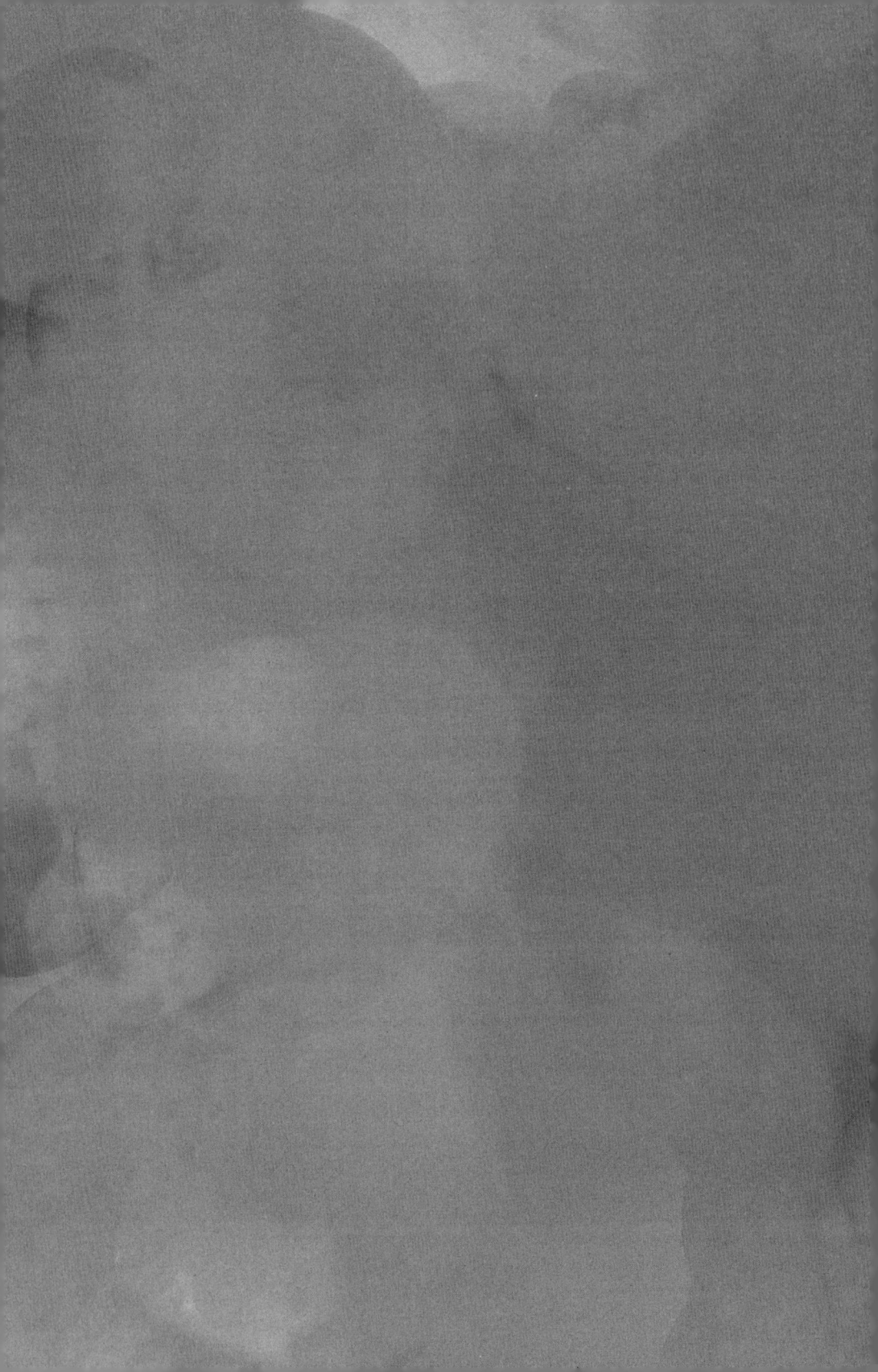

다섯 번째 단계

내 마음 사용법 익히기

'헤아릴 수 없는 사랑의 마음'을 수련하면서 우리는 자비로운 활동을 방해하는 이기심이 있다는 것을 알게 되었다. 이기심은 적에게도 호의를 베풀겠다는 생각을 가로막으며, '나'는 유일하지 않을 뿐만 아니라 인간의 불행에서 면제된 것도 아니라는 생각에 저항하게 만든다. 붓다를 깨달음에 이르게 한 훈련 중의 한 가지인 '마음챙김'은 마음이 작동하는 방식을 관찰하여 우리 자신을 자아로부터 분리시킬 수 있도록 도와준다. 뇌의 신경학적 성질, 그리고 평온한 감정과 내적인 행복을 향상시키는 명상법을 더 많이 알게 된다면 도움이 될 것이다. 그래서 부록의 〈더 읽어볼 책들〉에 관련 서적들을 소개해 두었지만 꼭 읽어야만 하는 것은 아니다. 이론보다 실천이 더 중요하다. 육체적인 건강을 위해 체육관에서 운동하는 것처럼 정신 작용도 훈련시킬 수 있다.

마음챙김은 일상생활을 하면서 수행할 수 있는 명상의 한 형태이며, 우리의 마음을 더욱 잘 통제하여 뿌리 깊은 습관을 버리고 새롭게 계발할 수 있도록 고안된 것이다. 붓다는 몸소 이것을 실천하며 인간에게 '도움이 되지 않는' 감정(탐욕, 색욕, 질투 같은)을 보다 긍정적인 방향으로 신중하게 이끌어갔다.

음악가들은 악기 연주법을 배워야 하고, 기수들은 조련 중인 말에 대해 철저하게 알아야 하는 것처럼, 우리도 정신적 에너지를 더욱 온화하고 생산적으로 사용하는 법을 배워야 한다. 이것은 일상생활에서 벗어나 외롭게 수행해야 하는 명상법이 아니다. 마음챙김을 하면서 우리는 평범한 일상생활을 해나가면서 사람들과 어떻게 교류하고 있는지, 무엇이 우리를 화나고 불행하게 만드는지, 경험한 일들을 어떻게 분석할 것인지, 어떻게 현재의 순간에 집중해야 하는지를 더욱 잘 알기 위해 정신적으로 한 걸음 물러나 우리의 행동을 관찰해야 한다. 마음챙김은 병적으로 남의 시선을 의식하거나, 양심적이어야 한다거나, 죄책감을 느끼도록 하려는 것이 아니다. 우리의 마음속에 흐르고 있는 부정적인 감정에 공격적으로 덤벼들려고 하는 것이 아니다. 이것의 목적은 단순히 부정적인 감정들을 더 창의적으로 이끌어가도록 도와주려는 데 있다.

마음챙김을 통해 우리는 한 걸음 물러서 본능적이고 반사적인 오래된 뇌의 정신적 과정을 인식하고자 분석적인 새로운 뇌를 활용하게 된다. 명상에 해당하는 티베트 단어는 '익숙하게 한다'는 의미의 '곰*gom*'으로, 마음챙김은 너무나도 큰 고통의 원인인 네 가지 F에 더 익숙해지도록 한다. 우리는 불합리하게 분노하고, 적의를 보이고, 욕심을 부리고, 맹렬하게 소유하려 하고, 음탕하게 혹은 겁에 질리도록 만드는 자극에 반응해 이러한 충동들이 얼마나 갑작스럽게 발생하며, 그것들이 얼마나 빠르게 평화롭고 긍정적인 감정들을 뒤집어 엎는지를 인식하게 될 것이다. 하지만 너무 심하게 고통스러워하는 대신 이것은 자연스러운 반응이며 이처럼 강력한 본능적 격정들은 단순히 스치고 지나갈 뿐이라는 사실을 기억해야 한다. 거듭되는 수련을 통해 우리는 그런 감정들로부터 좀 더 초연해지고 공감하지 않는 방법을 배울 수 있을 것이다.

'이것은 내가 아니다. 이것은 진정한 내가 아니다. 이것은 나의 자아가 아니다.' 이러한 상태는 하룻밤에 얻어지지 않는다. 잘 견디어야만 하며 빠른 해결책은 없다는 것을 알고 있어야만 한다.

하지만 본능적인 감정들이 우리를 얼마나 불행하게 만드는지에 대해서도 세심하게 주목해야 한다. 분노, 증오, 질투, 억울함 혹은 혐오의 감정에 몰두해 있을 때, 시야가 좁아지고 창의력이 떨어지는 방식에 주의를 기울여 보자. 나는 억울하다는 생각에 빠져 있을 때 글을 잘 쓰지 못하게 된다는 것을 알게 되었다. 이러한 적대적인 선입견에 사로잡혀 있을 때 우리는 자신에게만 집중하게 되고, 다른 것을 생각할 수 없게 되며, 보다 넓은 견해를 모두 잃게 된다. 다른 사람들을 우리가 겪는 고통의 원인으로 생각하게 되는 것이다. 마음챙김을 통해 우리는 자신이 겪고 있는 고통의 진짜 원인은 대부분 우리 안에 자리한 분노라는 것을 알게 된다. 화가 나게 되면 우리는 다른 사람의 결점을 과장하려는 경향이 있다. 이것은 누군가의 매력을 강조하려는 욕망에 사로잡혀 있을 때, 일종의 망상이라는 것을 알고 있으면서도 그 사람의 결점을 무시하는 것과 같은 일이다.

이와 비슷하게, 원래는 먹이를 찾아다니던 것에서 시작된 소유욕은 절대로 채워지지 않는다는 사실도 알게 된다. 수련을 해나가면서, 어느 한 가지 욕망이 채워지면 거의 즉각적으로 다른 무언가를 원하기 시작한다는 것을 알게 될 것이다. 만약 욕망의 대상이 실망스러운 것으로 밝혀지면 좌절하고 동요하게 되지만 곧이어 오랫동안 지속되는 것은 전혀 없다는 것을 깨닫게 된다.

방금 전까지 온통 마음을 사로잡았던 짜증, 생각 혹은 환상은 순식간에 지나가 버리고, 머지않아 곧 깜짝 놀라게 하는 소음이나 갑자기 떨어진 기온 같은 것에 집중력이 흐트러지고 마음을 빼앗기게 된다. 인간은 완벽하게 정지된 상태로 앉아 있을 수가 없어서, 잠을 잘 때조차 끊임없이 자세를 바꾸게 된다. 우리는 갑작스럽게 다른 방으로 옮겨 가 차를 한 잔 마시거나 이야기를 나눌 상대를 찾아야겠다는 생각을 한다. 어느 순간에는 동료의 무능함에 속을 끓이다가도, 다음 순간에는 여름휴가에 대한 공상에 잠기기도 한다.

자신이 불안정하다는 것을 서서히 인식하게 되면 자신의 의견과 욕망에 대해 조금은 홀가분한 태도를 가질 수 있다. 아주 짧은 순간 안에 또 다른 어떤 일에 집착하게 될 것이 거의 분명하기에 지금 당장 당신을 사로잡고 있는 것은 진정한 '당신'이 아닌 것이다.

우리의 습성을 차분하고 냉정하게 평가해 보면, 우리의 판단은 종종 편견에 사로잡혀 있으며 순간적인 분위기에 좌우됨을 알게 된다. 그리고 끝없는 자기 집착이 우리를 방해하는 것처럼 보이는 사람들과 갈등을 겪도록 만든다는 사실을 완벽하게 인식할 수 있다. 사소한 불편에 성급하게 한숨을 내쉬거나, 계산대의 점원이 느릿느릿 계산한다고 얼굴을 구기거나, 멍청한 언사라고 여기며 조롱의 의미를 담아 눈살을 찌푸리는 등, 남들에게 얼마나 쉽사리 경솔하게 고통을 주었는지 알게 될 것이다. 하지만 누군가가 그 같은 행동을 **자신**에게 한다면 얼마나 기분이 상하는지도 알게 될 것이고, 그와는 반대로 예상치 못했던 친절이나 도움을 주는 행위가 하루를 밝게 해 주고, 기분을 즉시 바꿔 준다는 것도 알게 된다.

일단 살면서 겪는 수많은 인간적 고통의 원인이 자기 내부에 있다는 것을 알게 되면, 우리는 변화를 위한 동기를 부여받은 것이다. 또한 화를 내거나 불안정한 상태에 있을 때보다 마음이 평화로울 때 더 행복하다는 것을 알게 될 것이다. 예를 들어 다른 사람들에게 선행을 베풀 때 자기 자신이 더 행복해진다는 사실에 주목했던 붓다처럼, 긍정적인 감정들을 계발하려고 노력할 수 있다. 마음챙김은 우리를 불안해하지 않도록 해줄 것이다. 내일 일어날 일을 두려워하거나 지금이 지난주처럼 즐겁기를 바라는 대신, 현재에 좀 더 충실하게 사는 법을 배울 수 있다. 과거의 기억이 현재의 기분을 우울하게 만들게 하는 대신, 석양이나 한 알의 사과 그리고 농담과 같은 단순한 즐거움을 즐기는 법을 배울 수도 있다. 마음챙김은 습관적인 것이 되어야만 하겠지만, 그것 자체가 목적은 아니다. 마음챙김은 자연스럽게 행동으로 이행되어야만 하며, 며칠이 흐른 뒤에는 다음 단계와 유익하게 결합될 수 있을 것이다.

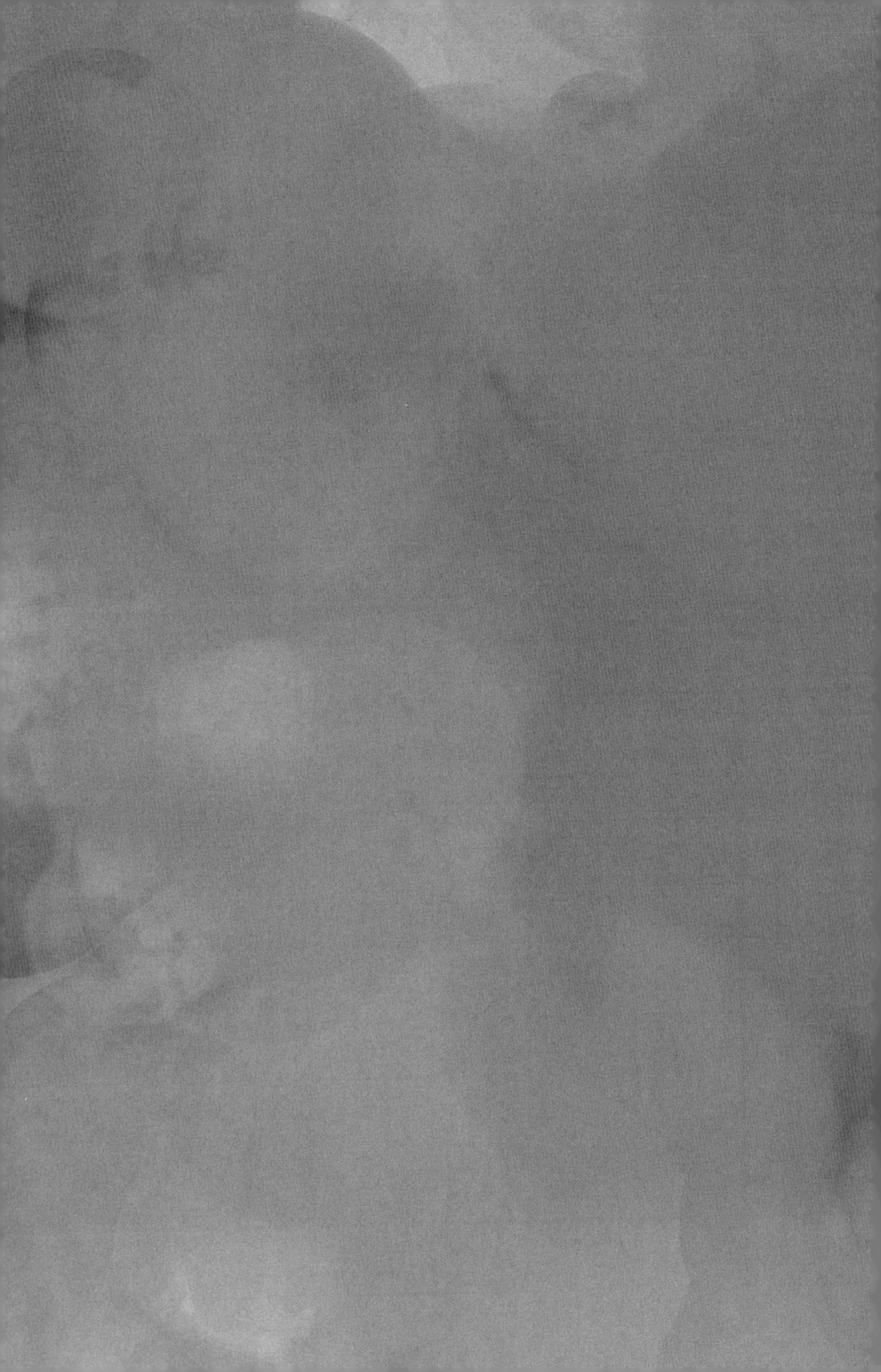

여섯 번째 단계

일상의 작은 행동부터

이제 갓 서약을 한 수녀로서 성직자 연수원에 도착했을 때 나는 수녀원장님이 암으로 죽어가고 있다는 사실을 알게 되었다. 당시 나는 수습 기간 동안의 호된 훈련에 상처를 입은 스무 살이었고, 새로운 국면이 시작되기를 간절히 바라고 있었지만 여러 가지 일들이 나빠져만 가고 있었다. 수녀원장님의 병세는 매우 위중했지만, 어려웠던 그 시기를 그분과 함께 보냈던 것은 행운이었다. 그분은 아주 고된 삶을 살아오신 분이었다. 한때는 전도유망한 교장 선생님이었지만, 서른 살에 갑작스럽게 청력을 잃어 교직을 포기해야만 했고, 세탁소에서 수십 년 동안 수건을 개키고 침구를 꿰매는 일을 했다. 대다수는 그런 상황을 견디기 어려워했겠지만, 그분은 그 상황을 불쾌하게 여기지 않았다. 그분은 내가 만났던 사람들 중에서 가장 친절한 사람 중의 한 명이었다. 하지만 정에 약한 사람은 아니었다. 실제로 그분은 종종 우리를 매우 모질게 대하곤 했다. 또 어느 정도는 괴짜이기도

해서 덕망 높은 분으로 우러러 모시기는 힘들었다. 어느 날 오후에 정원이 엉망진창이라고 생각한 그분은 우리를 모두 밖으로 내쫓았다. 쏟아지는 빗속에서 화단의 잡초를 뽑으라고 창문을 두들겨대며 기다란 검정 수녀복과 베일에 치렁치렁한 묵주를 걸친 우리를 몰아붙였다. 하지만 비록 자기 자신도 계속되는 고통에 시달리고 있었지만, 내가 점점 더 자주 발작적으로 구토를 하고 코피를 흘린다는 이야기를 듣고는 걱정에 휩싸이셨다. 그분은 진심 어린 걱정 속에 "왜 내게 말하지 않았어요?"라며 물으셨다. 점점 더 쇠약해져 가던 중에도 일부러 시간을 내어 내게 특별히 논리학을 가르쳐주셨고, 옥스퍼드 대학 입학시험을 위해 나를 가르치던 선생님들로부터 좋은 성적을 받았을 때는 진심으로 기뻐해 주셨다.

하지만 결국 그분은 죽음을 맞이하기 위해 모원母院으로 거처를 옮기셨다. 우리 젊은 수녀들은 모두 그분이 계신 방으로 들어가 작별 인사를 고하기 위해 침대 주변에 둘러섰다. 고별인사를 하시던 그분은 죽음이 임박한 상태에서도 평소와 다름없는 말씀을 하셨다. "새로운 수녀원장님이 지명되었지만, 8월은 되어야 오실 거예요." 뚜렷이 쇠약해지고 고통이 몰려오는 와중에도 웃으려고 애쓰면서 그렇게 말씀하셨다. "그때쯤이면 나는 죽어 있겠죠!" 다들 물러 나올 때, 그분은 나를 불렀고, 나는 침대 곁에 무릎을 꿇고 앉았다. "자매님, 처음 왔을 때 당신이 문제가 될 수도 있다는 이야기를 들었어요. 하지만 자매님이 내게는 전혀 골칫거리가 아니었다는 걸 알아줬으면 해요. **자매님, 당신은 아주 선한 사람이랍니다.** 내가 이렇게 말했다는 걸 기억하세요." 나는 그 말을 잊어 본 적이 없다. '당신에게서 아주 큰 가능성을 보았어요' 같은 뻔한 말이 아니었다. 그분이 보았던 사람은 분명 우왕좌왕하고, 미숙하며 조금은 성가시게 하는 젊은 여성이었을 것이다. 우리가 방을 떠날 때 편안하게 두 눈을 감고 베개에 머리를 파묻는 것이 훨씬 더 편했겠지만, 내가 무척 힘들어하고 있다는 것을 알고 있었던 그분은 용기를 주기 위해 엄청난 노력을 하셨다.

이 이야기는 친절한 작은 행동 하나가 인생을 완전히 변화시킬 수도 있다는 사실을 보여주기 위한 것이다. 그분은 분명 몇 시간 뒤엔 그 일을 잊어버리셨겠지만, 나로서는 평생 기억하는 사건이 되었다. 그 후로 이어진 힘든 몇 해 동안, 특별히 암담했던 순간마다 나는 종종 그분의 말씀을 기억해내곤 했다. 사실, 지금도 기분이 좋지 않을 때면 그분의 말씀을 떠올린다.

시인 윌리엄 워즈워스William Wordsworth(1770~1850)는 이와 같은 상징적인 순간을 잘 표현해냈으며, 이 시는 오랫동안 우리를 위로해주었다.

우리의 삶에는 시간의 점들이 있다.
이 선명하고 두드러진 점들은
회복의 힘을 지니고 있어
거짓 의견과 다투려고만 하는 생각
혹은 소소한 일들과 반복되는 일상의
견디기 힘들고 지독한 중압감에
낙담할 때, 우리의 마음은 그것들로부터
자양분을 받아 모르는 사이에 회복된다.1

우리는 모두 다른 사람을 위한 소중한 "시간의 점들"을 만들 수 있다. 그 시점들 중 다수는 워즈워스가 다른 시에서 표현했듯 "작고, 이름 없고, 기억되지 않는 친절함과 사랑의 행동"일 것이며, "선한 사람의 인생에서 가장 훌륭한 부분"을 형성할 것이다.2

이번 단계를 시작하면서 자신의 삶에서 소중한 "시간의 점들", 누군가 일부러 당신을 돕기 위해 애썼던 순간들을 떠올려 보도록 하자. 또 오래도록 여러분의 마음속에 쓰라리게 남아 있는 불쾌하고 매정한 언사들의 영향에 대해서도 생각해 보아야 한다. 어쩌면 그런 언사들 모두가 '별 의미 없고 기억되지 않을' 것들이며 그 말을 내뱉은 사람에게는 중요하지도 않았을 것이다. 하지만 그런 말에는 남을 괴롭히는 힘이 있으며 그 사람이 전혀 의도하지 않았던 중요한 의미까지 생겨나기도 한다. 우리의 충동적인 말과 행동이 전혀 예측하지 못한 결과를 낳을 수도 있다는 것을 인식해야 할 필요가 있다. 그러므로 만약 이 세상의 선을 위한 힘이 되고 싶다면, 마음챙김의 수련을 통해 얻게 된 통찰력을 사람들과의 관계에 매일 적용하고, 당신의 파괴적인 성향으로부터 그들을 보호하고, 우호적인 행동으로 그들의 삶을 밝게 만들기 위해 노력해야 한다.

우리는 이기적인 존재가 될 운명을 타고나지 않았다. 훈련과 반복적인 행동으로 새로운 사고와 느낌과 행동 습관을 쌓을 수 있는 능력을 가지고 있기 때문이다. 만약 성가시게 하는 형제자매나 동료, 전남편 혹은 전쟁을 치르고 있는 상대국에 대한 험담을 하고 싶어질 때마다, '나와 내 행동에 대해 그런 험담을 듣게 된다면 과연 나는 어떨까'라며 스스로에게 자문하자. 이렇게 절제한다면 이기적으로 갈혀 있는 자아에서 일시적으로 '한 발짝 빠져나오는' 엑스타시스를 성취할 수 있게 될 것이다. 만약 공자가 권하는 대로 이것을 '온종일 그리고 매일' 수행한다면 지속적인 엑스타시스의 상태에 머물 수 있을 것이다. 이것은 낯설고 색다른 황홀경이 아니라 붓다와 현자들이 속해 있던 영원한 무욕의 상태이다.

회의주의자들은 황금률이 그저 '효과가 없다'고 주장하지만, 그들은 온 마음을 다해 지속적인 방법으로 시종일관 실행해 보려고 노력하지 않았을 것이다. 이것은 동의해야 하거나 스스로 믿게 만들어야 하는 관념적인 교의가 아니다. 이것은 하나의 **방법론**이며, 어떤 방법론이든 그것에 대한 적절한 실험은 오직 실행해 보는 것뿐이다. 수세기를 지나오면서 사람들은 황금률에 따라 행동했을 때 더 깊고 충만한 존재의 수준을 경험하게 된다는 것을 알게 되었으며, 마음을 기울이기만 하면 누구든 이러한 상태에 이를 수 있다고 주장해왔다.

하지만 이것은 느리고 점진적이며 감지하기 어려운 과정이 될 것이다.

첫째로, 황금률의 **긍정문**을 따라 매일 한 번씩 행동하겠다고 결심해야 한다. 즉 '자신이 대접받고자 하는 대로 남들을 대접'하는 것이다. 굳이 성대하고 극적인 행동일 필요는 없다. 여러분에게는 중요해 보이지 않을 수 있는 '사소하고, 빛나지 않는, 기억되지도 않을 행동'이 될 수도 있다. 어쩌면 나이 드신 친척 어른께 전화를 건다거나, 아내의 집안일을 돕거나 혹은 근심에 싸여 있는 동료의 이야기를 들어줄 시간을 갖겠다고 마음먹을 수도 있다. 누군가의 인생에 '소중한 시점'을 만들어주기 위한 기회를 찾으려 한다면, 마음챙김에 더욱 능숙해지면서 이러한 의식이 더욱 성장하게 될 것이다.

　　두 번째로, 매일 황금률의 **부정문**을 실천하겠다고 결심해야 한다. 즉, '남들이 당신에게 하지 않기를 바라는 방식으로 남들을 대하지 말라.'는 것이다. 깊은 상처가 되는 말을 하기 전에 나 자신이 그런 빈정거리는 말을 듣게 된다면 어떨 것인가를 자문해 보고 삼가도록 노력한다. 그렇게 할 때마다 자아를 초월하는 엑스타시스에 도달하게 될 것이다.

　　세 번째로, 하루에 한 번씩 자신의 사고 체계를 변화시키도록 노력한다. 만약 스스로가 분노 혹은 자기 연민에 빠져 있다는 것을 알게 된다면 그런 모든 부정적인 에너지를 한층 온화한 방향으로 돌리도록 노력한다. 만약 언제나 분노에 빠져 있다면, 비록 그 순간에는 그렇게 느껴지지 않더라도 감사해야만 하는 소중한 일을 생각하도록 노력한다. 불쾌한 언사로 인해 상처를 받았다면, 자신의 분노가 종종 고통에서 발생한 것이며, 불쾌하게 말했던 사람 또한 고통받고 있을지도 모른다는 것을 기억한다.

　　하루를 마무리하면서 이 세 가지 행동들을 잘 수행했는지 확인해 보자. 때로는 제대로 실천하지 못했다는 것을 알게 될 수도 있고, 오히려 정반대로 불친절하고 경솔하게 행동했다는 것을 알게 될 수도 있다. 이 시점에서는 세 번째 단계에서 배웠던 것들을 다시 기억해내 자신에게 자비심을 갖고, 오늘 소홀했던 행동은 내일 더 잘하기로 결심한다. 이 세 가지 행동이 습관이 되고 일상생활의 일부가 되면 수준을 한 단계 끌어올려 매일 두 번 친절하게 행동하고, 불필요한 고통을 주지 않도록 시도해보자. 그런 다음에는 세 번으로 늘려가는 식으로 진행해 간다. 쉽지는 않을 것이다. 이런 식으로 '온종일 그리고 매일' 행동하는 것이 목표이다. 그렇게 될 때쯤이면 당연히 여러분은 현자가 되어 있을 것이다.

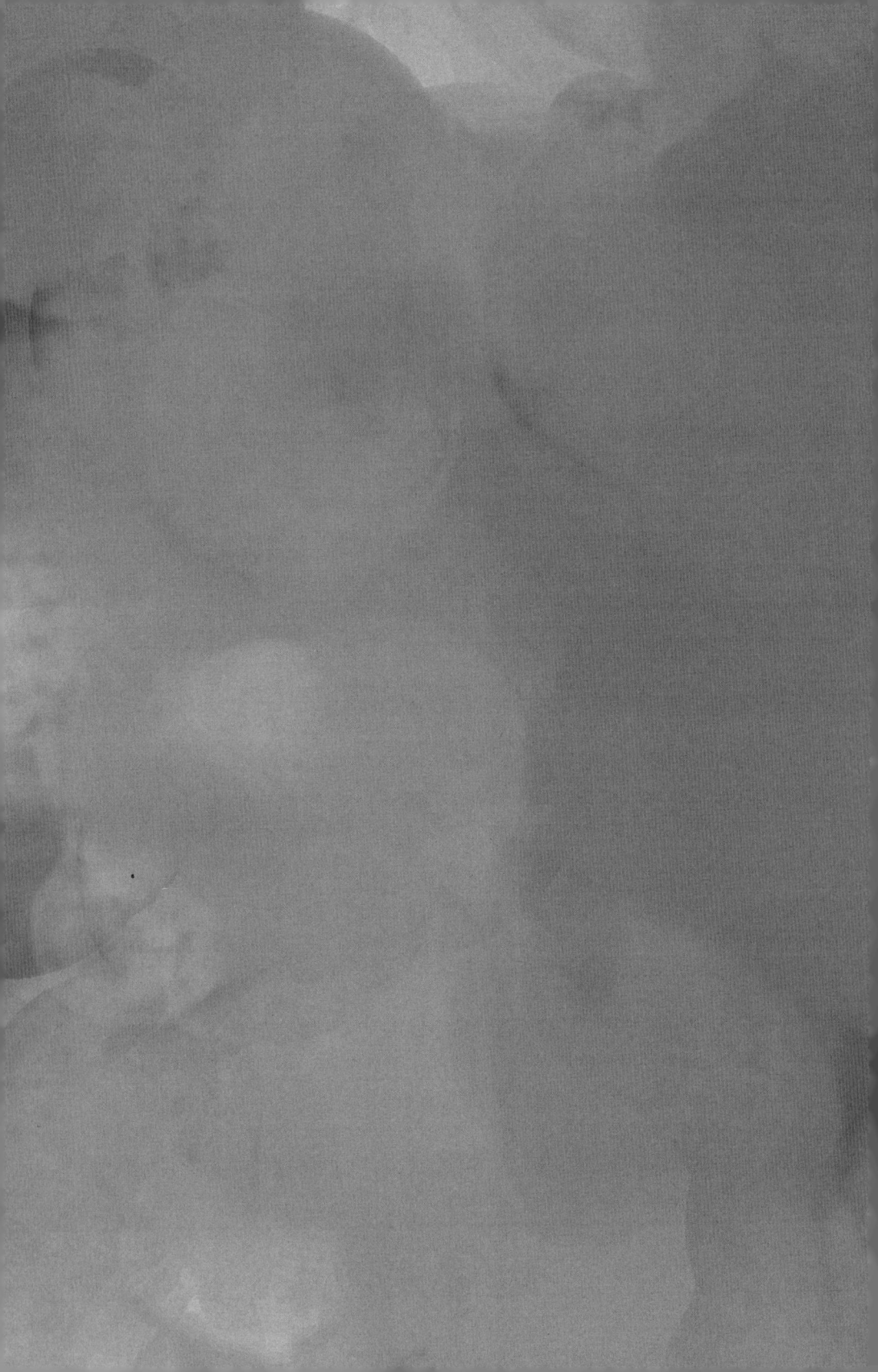

일곱 번째 단계

우리는 얼마나 무지한가

이제 막 학자의 길로 들어섰을 무렵 나는 종교 역사학자가 수행하는 연구는 '자비의 과학(science of compassion)'으로 특징지어져야 한다는 어느 책의 한 구절을 읽고 깊은 감명을 받았다. 이는 물리학이나 화학과 같은 의미의 과학이 아니라, 연구 중인 역사적 시기를 깊이 파고들어 학문적으로 공감하는 방식으로 '지식(라틴어로는 *scientia*)'을 습득해야 한다는 방법론이었다. 과거의 종교 의식 중에는 현대인에게 별스럽게 여겨지는 것들도 있겠지만, 역사학자는 그 자신이 가진 문명화 이후의 전제前提들을 스스로 "비워야만" 하며, 21세기의 자아를 벗어나 전혀 다른 세계관 속으로 들어서야 한다. 저자의 말에 따르면 종교 역사학자는 "원래의 관례를 자기 자신 혹은 자기 독자들의 관례로 대체하려고 해서는 안 된다." 오히려 "자신의 시각을 넓혀 다른 사람을 위한 공간을 만들어낼 수 있도록 해야만 한다." 그리고 "주어진 역사적 상황의 의미를 즉시 파악할 정도까지 이해할 수 있게 되고, 그 상황에 대한 공감적인 이해를 통해 자신이 '그들과 똑같이 행동한다고 느낄 수 있을 때까지'" 자료의 탐구를 멈춰서는 안 된다.1

나는 '다른 사람을 위한 공간을 마련한다'는 구절에 깊은 인상을 받았다. 이러한 지침을 나의 연구에 적용하려 시도하면서, 그것이 종교에 대한 나의 생각을 완전히 변화시켰다는 것을 알게 되었다. 그때까지는 내가 알고 있던 21세기적 가설들을 과거의 영성에 투사하려는 경향이 있었으며, 그로 인해 당연하게도 많은 것이 터무니없어 보였다. 그러나 이처럼 절제되고 공감적인 방식으로 나의 시각을 '넓히려' 시도하자, 그것들이 서서히 이해되기 시작했다.2 이러한 태도를 몸에 익히게 되자(나는 매일 책상 앞에 앉아 몇 시간씩 그것을 실천했다), 나는 사회적인 상호 작용에서 우리가 얼마나 '다른 사람을 위한 공간을 마련하지' 않고 있는지 알게 되었다. 그리고 사람들이 얼마나 자주 자신만의 경험과 믿음을 주변인과 상황에 강요하는지, 또 얼마나 성급하게 개인뿐만이 아니라 문화 전반에마저 상처를 주는 부정확하고 경멸적인 판단을 내리는지도 알게 되었다. 종종 좀 더 자세하게 물어보면, 논의 중인 주제에 대한 그들의 실질적인 지식은 작은 엽서에 겨우 담을 수 있을 정도로 부실하다는 사실이 명백하게 드러나곤 했다. 서구 사회는 자기주장이 대단히 강하다. 방송 채널들은 매우 다양한 주제에 대한 각자의 견해를 표현하도록 부추기는 토크쇼와 시청자 전화 참여 프로그램, 토론 등으로 넘쳐난다. 당연하게도 이런 언론의 자유는 소중하다. 그러나 과연 우리는 자신이 말하고 있는 주제에 대해 언제나 잘 알고 있는 것일까?

현대 과학이 이루어낸 엄청난 성과들은 우리가 무지의 경계를 지속적으로 밀어내고 있으며 머지않아 우주의 마지막 비밀들도 낱낱이 밝혀낼 수 있으리라 믿게 만든다. 과학은 본질적으로 끊임없이 진보한다. 줄곧 새로운 분야를 개척하며 일단 어느 한 가지 이론의 오류가 입증되거나 그것을 능가하는 이론이 등장하면, 그것은 단지 골동품 애호가의 관심사가 될 뿐이다. 그러나 인문학과 예술을 통해 얻게 되는 지식은 그런 식으로 전개되지 않는다. 우리는 줄곧 같은 질문을 던져왔다. 행복은 무엇인가? 진실은 무엇인가? 죽을 수밖에 없는 운명을 떠안고 어떻게 살아야 할 것인가? 그러면서도 명확한 대답에 도달하는 경우는 거의 없었다. 이와 같은 근원적인 문제들에는 명확한 답이 **없기** 때문이다. 각각의 세대들은 언제나 새롭게 다시 시작해 그들의 고유한 환경에 직접적으로 적용할 해결책을 찾아야만 한다. 그래서 오늘날의 철학자들은 여전히 플라톤을 사로잡았던 문제들을 논의하고 있다.

지식 추구는 무척 신나는 일이다. 과학과 의학, 그리고 기술은 사람들의 삶을 극적으로 향상시켰다. 하지만 무지는 여전히 인간적인 조건의 필수적인 부분으로 남아 있다. 종교는 인간이 질문을 던지고 경이로운 상태에 머물도록 도울 때 최선의 역할을 한다. 그리고 그러한 질문들에 권위적이고 독단적인 대답을 내놓으려 할 때, 종교는 분명 최악이라 할 수 있을 것이다. 우리가 신, 열반, 브라만 혹은 도라고 부르는 초월은 감각의 범위를 넘어선 초월적인 것이기에 결코 이해할 수 없고 그렇기에 명확한 증거를 제시할 수 없다. 따라서 그러한 문제들에 대한 확신은 다른 사람의 견해를 부적절하다고 무시해버리는 공격적이고 잘못된 독단에 불과하다. 만약 우리가 '신'이 무엇인지 정확하게 안다고 말한다면, 우리는 단지 자신의 형상대로 만들어낸 신성인 우상에 대해 말하고 있는 것일 뿐이다.

지식의 한계에 대한 이와 같은 인식은 서구 이성주의 전통의 중심을 차지하고 있으며, 그 선각자들 중 한 명은 소크라테스Socrates(기원전 470~399)였다. 소크라테스는 지혜가 지식을 축적하여 확고하고 성급한 결론에 도달하는 것이 아니라고 믿었다. 그는 자신이 지혜롭다고 여겨질 수 있는 유일한 이유는 자신이 '아무것도 모른다'는 사실을 알고 있기 때문이라고 주장했다. 아테네의 유력한 정치인에게 공격받았을 때 그는 자신에게 이렇게 말했다.

> 나는 이 사람보다 현명하다. 우리 두 사람 모두 가치 있는 것은 전혀 알지 못하고 있을 것이다. 하지만 그는 알지도 못하면서 뭔가 알고 있다고 생각하는 반면, 나는 모를 뿐만 아니라 안다는 생각도 하지 않는다. 그러므로 내가 모르는 것에 대해서는 생각하지 않는다는 이 작은 범위 내에서는 내가 그보다 현명할 수도 있을 것이다.3

그를 찾아온 사람들은 대부분 스스로 말하고 있는 것에 대해 잘 알고 있다고 생각했다. 그러나 소크라테스로부터 30분가량 쉴 새 없는 질문을 받고 나면 비로소 자신들이 정의나 용기 같은 기본적인 문제에 대해서도 아는 바가 전혀 없다는 사실을 알게 되었다. 그들은 당황한 아이처럼 혼란스러워했다. 그들이 쌓아온 인생의 지적이고 도덕적인 토대는 급격히 무너져 내렸으며, 놀랍고도 어지러운 회의(아포리아

aporia)를 경험했다. 소크라테스는 그때가 바로 '지혜를 사랑하는 자'인 철학자가 되는 순간이라고 생각했다. 자신이 더 위대한 통찰력을 열망한다는 것을 인식했고 자신에게는 그런 통찰력이 없다는 것을 알게 되었기에, 그 후로는 사랑에 빠진 사람이 연인을 쫓듯 그것을 열렬히 추구할 것이기 때문이었다.

그러므로 그들의 대화는 확신이 아니라 인간의 무지가 얼마나 심원한가를 충격적으로 인식하는 방향으로 나아갔다. 소크라테스와 그의 친구들이 제아무리 신중하게, 논리적으로, 그리고 이성적으로 주제를 분석한다 해도 언제나 파악할 수 없는 무엇인가가 있었다. 하지만 많은 사람이 그 아포리아로 인한 최초의 충격이 엑스타시스로 이어진다는 것을 알게 되었다. 그 이전의 자아로부터 '벗어났기' 때문이다. 소크라테스의 가장 유명한 제자인 플라톤Plato(기원전 428~347)은 엘레우시스의 밀의密儀와 관련된 어법을 활용해 인식할 수 있는 최후의 한계까지 밀고 나아가 정신이 초월 상태로 넘어가는 그 순간을 설명했다.

> 오직 명칭과 정의들, 시각을 비롯한 그 외의 감각들이 모두 함께 사라지고 악의 없는 선한 믿음으로 질문과 답변이 교환되는 시험들을 거쳐 마침내 인간의 능력이 인간적인 한계로까지 확장될 때, 이해와 지성의 불꽃이 번뜩이며 토론 중인 주제를 선명하게 드러낸다.4

인도의 현자들에게 있어 이러한 통찰력은 헌신적인 삶의 방식에서 얻어지는 결과였다. 플라톤은 "이것은 다른 학문처럼 말로 설명될 수 있는 것이 아니며, 오랫동안 오직 여기에만 전념해온 공동생활을 거친 후에야 비로소 진리가 마치 튀어 오르는 불꽃처럼 영혼을 밝게 비추게 되며, 일단 그렇게 태어나면 그 이후로는 스스로 성장하게 된다."라고 설명했다.5

소크라테스는 사람들이 스스로에 대해 좀 더 정확한 인식을 갖추며 깨어날 수 있도록 그들이 가지고 있는 모든 생각 하나하나에 대해, 특히 확신하고 있는 것에 의문을 품게끔 독하게 쏘아대는 쇠파리에 빗대어 자신을 설명했다.6 비록 소크라테스나 그 밖의 사람들과 대화를 나누는 중이라 해도, 대화에 참여한 사람들은 저마다 자기 자신과의 대화에도 참여하고 있는 것이다. 우선 그 자신이 굳건히 지키고 있던 견해를 철저히 검토하게 되고, 마침내 소크라테스의 질문에서 비롯된 가차 없는 논리의 결과로써 그것들을 버리게 된다. 변화하기 위해 소크라테스식 대화에 참여하는 것이며, 이 훈련의 목표는 새롭고도 더욱 확실한 자아를 만들어내는 것이다. 소크라테스의 제자들은 자신의 굳건한 확신 중 일부가 잘못된 토대에 기초하고 있다는 것을 인식한 후에서야 철학적인 태도로 살아갈 수 있었다. 그러나 만약 가장 기본적인 자신들의 믿음에 대해 깊이 있게 탐문하지 않았다면 그들은 피상적이고 편의주의적인 삶을 살았을 것이다. "성찰하지 않는 삶은 살아갈 가치가 없기" 때문이다.7

축의 시대를 살았던 대표적인 현자들 중 한 명인 중국의 철학자이자 신비주의자인 장자莊子(기원전 369~286)는 말할 만한 가치가 있는 유일한 것은 '듣는 사람을 의문과 신비한 불확실성으로 빠뜨리는 질문'이라는 것에 동의했다. 도가 철학자로서 장자는 자신의 삶이 도 道와 조화를 이룰 수 있도록 노력했다. 그가 추구한 도는 자연을 있는 그대로 존재하도록 만드는 무수한 방식과 형태, 그리고 잠재성을 의미했다. 그러나 자연은 끊임없이 변화하는 데 반해 인간은 언제나 순리를 거스르려 하고, 애써 생각과 경험을 고정시켜 절대적인 것으로 만들려 한다. 이것은 다른 의견보다 어느 한 가지 의견만을 고집하게 만드는 자기중심주의이다. 그로 인해 논쟁적이고 몰인정하게 되며, **이것**이 **저것**을 의미할 수는 없다고 말하고, 다른 사람들을 우리에게 맞춰 변화시킬 의무가 있다고 생각하는 것이다.

　장자는 보다 자비로운 정책을 펼치도록 통치자를 설득하려 애쓰던 유학자들을 간섭하기 좋아하는 호사가로 여겼다. 하지만 가끔은 장난스럽게도 공자와 그의 제자들의 입을 빌려 그런 문제에 대한 자신의 생각을 설명하는 이야기들을 만들어내기도 했다.

　그런 이야기들 중 하나에서, 공자의 가장 뛰어난 제자인 안회가 스승을 찾아가 이렇게 말한다. '저는 점점 나아지고 있습니다!' 공자가 '무슨 말인가?'라고 묻자, 안회는 자신이 '인'과 도덕에 대한 스승의 모든 가르침을 완벽하게 잊게 되었다고 자랑스럽게 설명한다. 그러자 공자는 '그건 아닐세'라고 대답한다. 며칠 후, 안회는 스승에게 이제는 '예'에 관한 모든 것을 잊어버렸다고 기쁘게 말한다. 공자는 '나쁘지 않군.'이라고 인정하면서도 '여전히 그건 아닐세.'라고 답한다. 마침내 안회는 공자를 놀라게 한다. 그는 밝게 미소지으며 '저는 조용히 앉아서 잊어버립니다(좌망坐忘).'라고 말한다. 그러자 공자는 불편한 표정을 지으며 '그건 무슨 뜻인가?'라고 묻는다. 안회는 '저는 육신을 벗어나 지성을 사라지도록 했습니다'라고 대답한다. '저는 형식을 내던져 버리고, 이해를 포기했습니다 — 그러고나서 자유롭게 움직이면서 위대한 변화 속으로 섞여 들어갔습니다. 그것이 바로 **조용히 앉아 잊어버린다**는 뜻입니다.' 제자가 자신을 능가했음을 알아차린 공자는 얼굴이 창백해진다. '자네가 그렇게 분별하지 않는다면, 호불호에서 자유로워진 것일세.' 공자는 말한다. '그래서 결국에는 자네가 진정한 현자로군! 이제부터는 내가 자네를 따라도 괜찮겠지?'**8**

　　우리가 품고 있는 확신과 호불호에 집착하면서 그것들이 자신의 의식에 필수적이라고 여긴다면, 스스로를 도의 '위대한 변화'로부터 멀어지게 만드는 것이다. 우리 모두가 하나의 상태에서 다른 상태로 이동하는 지속적인 흐름 속에 있다는 것이 실체이기 때문이다. 장자는 깨닫지 못한 사람은 자신이 볼 수 있는 하늘의 작은 조각을 전체로 오해하고 있는 우물 안의 개구리와 같다고 설명했다. 그러나 일단 광대무변한 하늘을 보게 된다면, 그의 시각은 영원히 바뀌게 된다.**9** 만약 우리가 현재의 시각 속에 계속 갇혀 있기로 결심한다면, 우리의 오성悟性은 "보잘것없고 … 답답하고 복잡한" 상태로 남아 있을 것이다. 하지만 자아를 버리고 나아가는 현자는 장자가 "위대한 지식"이라고 부르는 "넓고 느긋한" 것을 성취하게 된다.**10** 이러한 상태는 마침내 자기 자신에 대해 잊어버릴 때까지 한 가지씩 '조용히 앉아 잊어버리는' 것을 익히게 되었을 때만 도달할 수 있다. 그렇게 되면 마음은 번잡한 자존감을 "비우게 될" 것이고, 이기심이라는 왜곡된 렌즈 없이 거울처럼 다른 사물들과 사람들을 반영한다.**11** 이러한

'비움'은 자연스럽게 공감으로 이어진다. 장자는 "완벽한 사람은 자아가 없다."라고 설명했다.12 일단 자신이 특별하고 유일하다는 믿음을 버리게 되면, 다른 모든 사람을 '나'라고 여기게 되는 것이다. "사람들이 운다. 그래서 그도 운다. 그는 모든 것을 자기 자신의 존재로 여긴다."13 장자는 은둔자였으며 의도적으로 충격을 줌으로써 청자를 새로운 성찰로 이끌기 위해 때로는 극단적인 형태로 자신의 견해를 표현했다. 독선적인 자아로부터 스스로 멀리 떨어져 있어야 한다는 그의 주장은 소크라테스와 공통점이 있다. 그의 잊어버리는 기술은 '다른 사람을 위한 공간을 만들기' 위해 문화적으로 조건 지어진 선입견들로 채워진 마음을 비우는 훈련을 한다는 점에서 먼저 설명한 '자비의 과학'과 비슷하다. 만약 다른 사람들에 대한 견해가 우리의 편견과 소신과 욕구, 욕망에 영원히 가려진 채라면 우리는 그들을 이해하지도 못할뿐더러 진심으로 존경하지도 못하게 될 것이다.

오늘날 무지는 더 이상 반계몽적으로 보이지 않는다. 앞서 살펴보았듯이 한때 당연하다고 여겼던 너무나도 많은 것들이 신뢰할 수 없는 것으로 밝혀졌다. 그러므로 현재의 도전들에 맞서기 위해 오래된 사고방식을 '잊어버려야만' 할 수도 있다. 20세기 초의 물리학자들은 우주에 대한 지식을 완벽하게 만들어줄 뉴턴 체계 내의 미해결 문제들이 아주 조금만 남아 있을 뿐이라고 믿었다. 그러나 20년도 채 지나지 않아 양자 역학은 오래된 확신들을 논파해 버렸으며, 정확히 규정할 수 없고 알 수 없는 우주를 드러냈다. 미국의 물리학자인 퍼시 브리지먼Percy Bridgman(1882~1961)은 다음과 같이 설명했다.

자연의 구조는 결국 우리의 사고 과정으로는 충분히 파악할 수 없는 그런 것일 수도 있다. (…) 세계는 점점 어렴풋해지고 있으며 우리의 이해를 벗어나 있다. (…) 말로는 나타낼 수 없는 어떤 것과 마주하고 있는 것이다. 우리는 위대한 과학의 선구자들이 마주쳤던 한계에 도달했다. 다시 말해 우리는 우리의 정신으로 이해할 수 있는 공감적인 우주 속에 살고 있다는 상상력의 한계에 도달했다.14

하지만 물리학자들은 알 수 없는 것에 대한 탐구 때문에 좌절감을 느끼지는 않는다. 우주과학자인 폴 데이비스Paul Davies는 답변할 수 없는 의문에 깊이 파고들며 경험한 기쁨을 이렇게 표현했다. "우리는 왜 137억 년 전의 빅뱅으로부터 존재하게 되었을까? 전자기의 법칙이나 중력의 법칙은 왜 그렇게 작용하는 것일까? 이 법칙들은 왜 있는 것일까? 우리는 여기에서 무엇을 하고 있는 것일까? … 진정 놀라울 뿐이다."15 철학자 칼 포퍼Karl Popper(1902~1994)는 종종 "우리는 아무것도 모른다."라고 말하면서, 이것이야말로 현존하는 가장 중요한 철학적 진리라고 믿었다.16 하지만 지식의 부족으로 인해 전혀 의기소침하지 않았으며 사실 마음껏 그것을 즐겼다. "수많은 행복의 소중한 원천 중 하나는 우리가 살아가는 놀라운 세상과 그 안에서 우리가 맡은 놀라운 역할들을 여기저기에서 엿보게 된다는 점이다."17 알베르트 아인슈타인Albert Einstein(1879~1955)은 우주를 관찰하며 신비한 불가사의를 경험했다.

인간이 헤아릴 수 없는 것이 실제로 존재하며, 우리의 무딘 능력으로는 가장 원초적인 형태로만 이해할 수 있는 최고의 지혜이자 가장 빛나는 아름다움이 스스로를 드러내 보여주고 있음을 안다는 것 — 이런 지식과 이런 감정은 모든 진정한 종교성의 중심에 있다. 이런 의미에서, 그리고 오로지 이런 의미에서만, 나는 경건하게 종교적인 사람들의 계층에 속한다.18

그는 "이런 감정을 낯설게 느끼는 사람은 … 죽은 사람과 다름없다."라고 확신했다.19 슈바이처 박사도 같은 생각이었을 것이다. 그는 자신의 삶을 돌아보면서, 자신을 이끌어준 통찰력 중 하나는 "세계는 설명할 수 없을 만큼 신비롭다는 깨달음"이었다고 했다.20

    종교들은 개별적인 인간의 핵심은 우리의 이해를 벗어나 있는 초월적인 것이라고 가장 통찰력 있게 주장해왔다. 여기에서 우리는 열반, 브라만, 그리고 독일 출신의 개신교 신학자인 폴 틸리히Paul Tillich(1886~1965)가 '존재의 근원'이라고 부르던 것을 발견한다. 즉, 우리는 우리 내부에서 천국을 발견하게 되고, 목의 정맥보다 더 가까운 곳에 알라가 존재한다는 것을 알게 되는 것이다. 르네상스 시대의 인문학자들은 인간의 경이로움에 대한 깊은 존경심을 발전시켰고, 그러한 그들의 견해는 셰익스피어Shakespeare(1564~1616)에 의해 아름답게 표현되었다. 그의 비극적인 주인공 햄릿은 이렇게 외친다.

인간이란 얼마나 뛰어난 걸작인가! 이성은 얼마나 고귀한가! 재능은 또 얼마나 무한한가! 자태와 거동은 얼마나 특별하고 훌륭한가! 행동은 또 얼마나 천사 같은가! 흡사 신과 같은 이해력이 있지 않은가! 이 세상의 아름다움이다! 모든 동물들의 귀감이다!21

비록 인간이 '한 줌 먼지'에 불과하며, 필멸의 존재로써 여러 가지 면에서 비극적인 존재라 해도22 이들은 신과 같은 경이로움을 견지하며 절대적인 존중을 받아야만 한다.

힌두교인들은 그들이 마주한 신성한 불가사의에게 경의를 표하기 위해 두 손을 모으고 머리를 숙여 서로 인사를 나누며 이를 인정한다. 하지만 일상적인 삶에서 우리는 대부분 다른 사람들에게 이러한 경의를 표현하지 못하고 있다. 우리는 너무나도 자주 다른 나라와 문화, 심지어는 사랑한다고 공언하는 사람들에 대해서도 모든 것을 알고 있다고 말하지만, 그들에 대한 우리의 견해는 빈번히 우리 자신의 욕구, 두려움, 야망, 그리고 욕망에 영향을 받는다. 이것은 《햄릿 *Hamlet*》의 다른 구절에서도 아름답게 표현되어 있다. 왕자가 덴마크 왕실에 심각한 문제를 일으키자, 왕은 왕자의 오랜 친구인 로젠크란츠와 길덴스턴을 시켜 왕자를 감시하도록 한다. 자기 주변에서 벌어지고 있는 일을 금세 알아차린 햄릿은 어느 날 저녁 길덴스턴에게 피리를 건네주며 연주해 보라고 한다. 길덴스턴은 '왕자님, 저는 피리를 불지 못합니다!'라고 대답한다. 햄릿은 빈정거리듯 '거짓말만큼이나 쉽게 연주할 수 있다네.' 하고 부는 구멍에 바람을 불어넣으면서 손가락을 지공 위에 올리기만 하면 되는 간단한 일이라며 거듭 권한다. 길덴스턴은 '제겐 그럴 만한 재주가 없습니다'라고 거절한다. '지금의 자네를 좀 보게나,' 하면서 햄릿은 씁쓸하게 얘기한다.

> 자네는 나를 얼마나 보잘것없는 사람으로 만들고 있는가! 자네는 나를 가지고 놀려 하고 있지. 손가락으로 막을 나의 구멍들을 알고 있는 듯이 보이네그려. 내 비밀의 핵심을 뽑아내고, 내게서 가장 낮은 음에서 가장 높은 음까지 뽑아내려고 하는군. (…) 이 피리를 부는 것보다 나를 희롱하는 것이 더 쉽다고 생각하는가?**23**

다른 사람들의 동기나 의도, 그리고 욕망에 대해 독단적으로 말하는 대신 본질적인 '신비'를 되새겨 보아야만 한다. 또 자신의 의제에 맞춰 가장 중요한 것을 '뽑아내려' 하는 것은 어느 정도의 신성 모독이라는 것을 인식해야만 한다.

아이리스 머독Iris Murdoch(1919~1999)은 프랑스의 철학가 시몬 베유Simone Weil(1909~1943)의 말을 인용하면서 사랑은 다른 누군가가 절대적으로 존재함을 갑자기 깨닫는 것이라고 말했다. 이것은 머독의 소설 다수를 관통하는 주제이기도 하다. 그는 종종 거짓말처럼 분리되어 있다가 갑작스럽게 모습을 드러내는 어떤 물체나 사람의 '신비'를 인식하게 되면서 충격에 빠지는 한 인물을 묘사했다. 그의 소설 『종The Bell』에서는 한때 미술학도였으며 자기 생각에만 도취되어 있던 다소 천박한 여성이 개인적인 혼란을 겪던 시기에 런던의 내셔널 갤러리를 방문하여, 새로운 방식으로 그림에서 감동을 받게 된다.

여기에는 그녀의 의식이 불쌍하리만큼 열중할 수 없는 것이 있었고, 그것을 그녀의 변덕의 일부라고 생각하는 것은 가치 없는 일이었다. 그녀는 별거 중인 남편마저도 자신이 꿈에서 보았던 어떤 사람으로, 아니면 단 한 번도 실제로 마주쳤거나 알았던 적도 없는 모호한 외부의 골칫거리로 존재할 뿐이라고 생각했다. 그러나 그림들은 그녀의 외부에 실재하면서, 다정하지만 군림하는 듯한 목소리로 말을 걸어왔다. 그것은 예전의 그녀가 품고 있던 황량하고 무아지경과 같은 유아론唯我論을 부숴버리는, 뛰어나고 너그러운 어떤 것이었다. 세상이 주관적인 것처럼 보이던 때는 거기에 어떤 감흥이나 가치도 없는 듯이 보였다. 하지만 이제 그 세상에는 의미 있는 무엇인가가 존재하고 있었다.24

이러한 경험은 우리를 자기 위주의 프리즘에서 벗어나게 해 주는 엑스타시스이다.

이번 단계의 목표는 세 가지다. ① 알려지지 않은 것과 알 수 없는 것들을 인식하고 인정한다. ② 자신은 물론 다른 사람에 대한 확신을 지나치게 독단적으로 주장하는 것에 주의한다. ③ 날마다 마주치는 사람들이 지닌 저마다의 신비한 불가사의를 인식하도록 한다.

첫째, 자신을 깊이 감동시키거나, 순간적으로 자신을 뛰어넘을 수 있게 하여 인간다움을 평소보다 더 충만하게 느끼도록 만들어준 경험들을 떠올리자. 그것은 특정한 음악을 듣거나, 시를 읽거나, 아름다운 풍경을 바라보거나, 사랑하는 사람과 조용히 앉아 있을 때 경험한 것일 수도 있다. 매일 잠깐씩 이러한 엑스타시스를 즐기면서, 자신의 경험을 말로 표현하거나 자신을 감동시킨 것이 무엇인지 정확하게 말하는 것이 얼마나 어려운 일인지를 알아보도록 한다. 다른 사람들에게 이것이 자신에게 어떤 영향을 끼치는지 정확히 설명하기 위해 노력하고, 그러한 자신의 말들이 얼마나 부족한지를 확인해 본다. 인간의 경험을 통해 알 수 없는 것을 주제로 삼아 연구해 본다. 만약 과학적인 소질이 있다면, 양자 역학의 비정형적 우주나 정신의 신경학적 복잡성 혹은 심층 심리학을 탐구해보는 것도 좋다.

둘째, 잠시 한 걸음 물러나 오늘날 벌어지고 있는 논의들의 특징이라고 할 수 있는 공격적인 확신에 귀를 기울여본다. 자신의 직업 혹은 정말로 흥미를 느끼는 문학, 법, 경제학, 운동, 대중음악, 의학 혹은 역사 등에 대해 생각해본다. 이 특별한 분야를 더 많이 알게 될수록, 여전히 배워야만 하는 것들이 많다는 사실이 더 절실하게 인식되지 않던가? 그러고 나서 식사 자리나 라디오에서 여러분이 깊은 관심을 가진 주제에 대해 들어주기 괴로울 만큼 심각한 오류를 범하면서 잘못된 주장을 펼치는 누군가의 독단적인 말을 듣고 있기란 얼마나 곤혹스러운 일인가를 확인해 보자.

토크쇼나 시청자 전화 참여 프로그램 혹은 정치인들의 논쟁을 듣고 있을 때, 그 사람들이 자신이 말하고 있는 것들을 실제로 잘 알고 있다고 생각하는가? 그들은 논의 중인 문제의 양면을 모두 보고 있을까? 장자가 설파했듯이, 자신의 의견과 <u>스스로</u>를 지나치게 동일시한 나머지 사리사욕으로 판단이 흐려진 것은 아닐까? 진실을 추구하는 것보다 점수를 더 많이 따는 것에 더 관심이 있는 것은 아닐까?

누구든 '잘 모르겠습니다'라고 말하는 사람은 있었던가? 소크라테스였다면 이런 토론들을 어떻게 했을까?

열린 마음을 갖기 위한 훈련으로써 자신이 가장 굳게 고수하고 있는 의견들 —정치, 종교, 경제, 축구, 영화, 음악, 사업에 관한— 중의 한 가지를 선택하고 자신의 견해를 뒷받침하는 모든 것을 모아 목록을 작성한다. 그리고 나서 그것과 상충하는 주장들을 모아 목록을 작성한다. 만약 독서 토론 모임에 참여하고 있다면, 모두가 자신들이 믿고 있는 것과 반대되는 입장을 지지해 보는 토론을 제안해 보자. 그리고 나서 각자가 느낀 것에 대해 논의해보자. 다른 관점을 가져보는 것은 어떤 느낌이었나? 전에는 몰랐던 것을 배웠는가? '성찰하지 않는 삶은 살아갈 가치가 없다'는 소크라테스의 말은 어떤 의미라고 생각하는가?

셋째, 자신과 다른 사람들을 구별해 주는 것이 정확히 무엇인가를 명확하게 규정해보는 시간을 가져본다. 자신의 일상적인 의식을 깊이 파고들어 꼼꼼히 살펴본다. 『우파니샤드』에서 아트만이라 부르는 자신의 진정한 자아를 찾았는가? 아니면 그 자아가 지속적으로 자신을 피해가는가? 그리고 나서 자신이 다른 사람들의 자아에 대해 어떻게 그처럼 잘 알고 있는 듯이 말할 수 있는지에 대해 생각해 본다. 마음챙김을 실천하는 한 과정으로서, 자신이 얼마나 자주 모순된 말을 하며 스스로도 놀랄 정도의 태도로 행동하거나 말을 해서 결국은 '내가 왜 그랬던 거지?'라고 자문하게 되는지 확인한다. 자기 성격의 핵심을 다른 누군가에게 설명해 보자. 자신의 성격적인 특징 중 장점과 단점을 목록으로 만들어 보고, 그것이 실제로 자신을 요약해서 보여주는지 확인한다.

　진지한 태도로 자신의 동료나 가까운 친구에 대해 자신이 사랑하는 것이 정확히 무엇인지를 명확하게 설명해 보자. 그들의 성격적인 특징을 나열하고 이것이 사랑의 이유인지, 아니면 설명할 수 없는 무엇이 있는지를 확인해 본다. 마음챙김을 실천하는 동안 가족과 동료, 그리고 친구들과 같은 가까운 사람들을 두루 살펴본다. 그들 각자와 모두에 대해 실제로 어떤 것을 알고 있는가? 그들이 마음속에 담고 있는 가장 커다란 두려움과 희망은 무엇인가? 그들의 가장 내밀한 꿈과 환상은 무엇인가? 그리고 그들이 당신을 얼마나 잘 알고 있다고 생각하는가?

　햄릿이 길덴스턴에게 건넨 말을 되새겨 보자. 당신에게 '내 마음속의 비밀을 뽑아냈다'고 말할 수 있는 사람은 얼마나 있을까? 마음챙김을 수련하면서, 스스로가 얼마나 자주, 생각도 없이 —때로는 아주 사소하고 분명히 별로 중요하지 않은 방식으로— 다른 사람들을 이용하고 통제하거나 착취하려 하는지를 확인해본다. **자신의** 세계관에 맞추기 위해 얼마나 자주 마음속으로 다른 사람을 과소평가하고 있는 것일까? 누군가가 나를 이용하고 통제하려 하거나, 나의 생각과 행동을 주제넘게 설명하면서 **내** 비밀의 핵심을 뽑아내려 한다는 것을 의식하게 되었을 때, 그것이 얼마나 속상한 일일지를 인식하자.

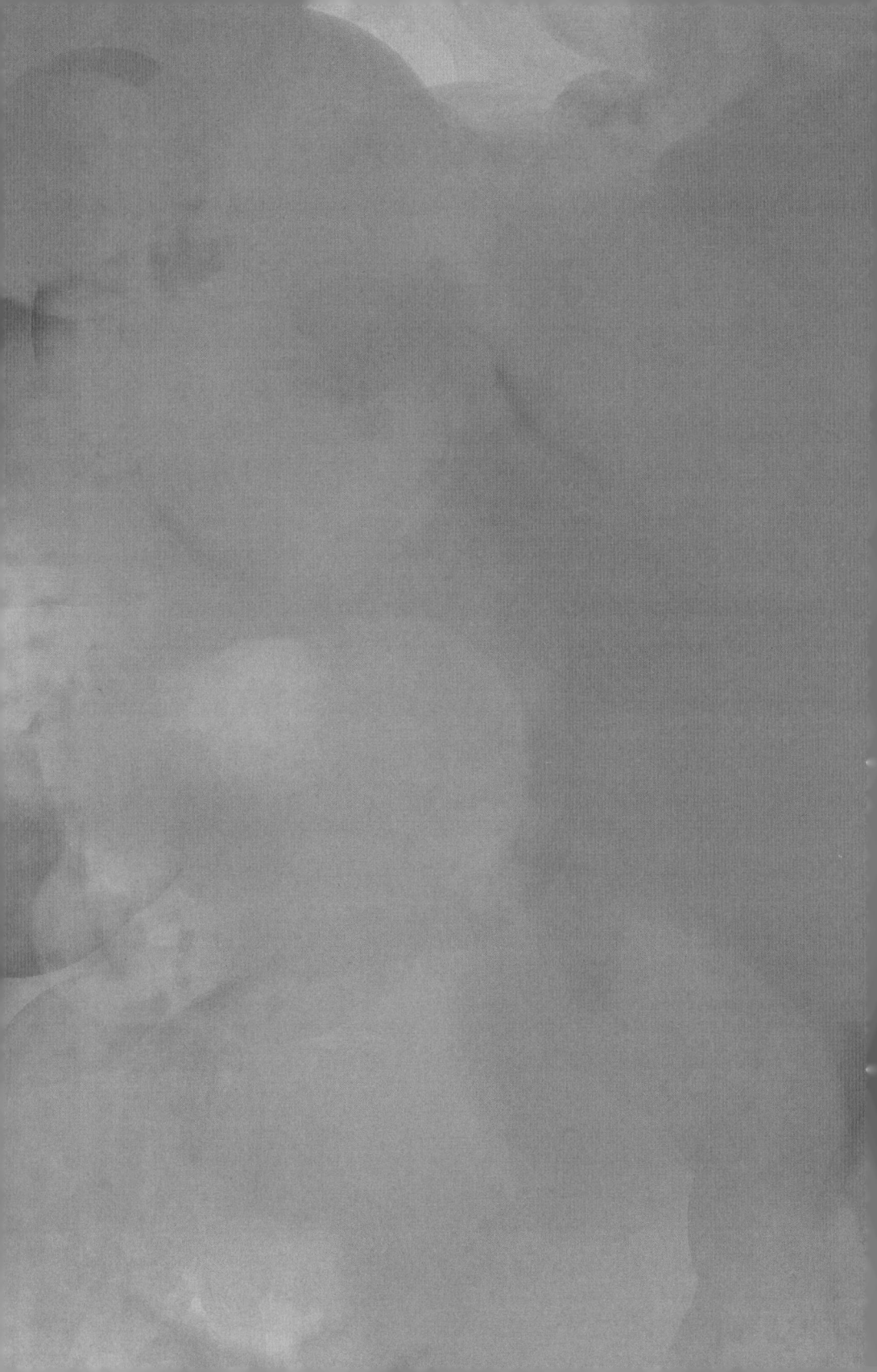

여덟 번째 단계

우리는 서로
어떻게 대화해야 할까

대화는 우리 시대의 유행어 중의 한 가지이다. 이 세상에는 사람들이 만약 대화에 참여하기만 한다면 평화가 이루어질 것이라는 신념이 널리 퍼져 있다. 하지만 오늘날의 세계에서 소크라테스식의 대화는 거의 찾아볼 수 없다. 공격적으로 흐르는 경향이 있는 우리의 담론은 고대 그리스로부터 물려받은 전통이다. 아테네의 민주주의 총회에서 시민들은 자신의 주장을 논리적이고 효과적으로 늘어놓으며 논거를 입증하여 이기기 위해 경쟁적으로 토론하는 법을 배웠다. 상대의 입지를 손상시키기 위해 수사적인 책략을 연습했으며, 상대의 정책을 몰아내고자 그들의 명예와 대의를 훼손하는 것에 양심의 가책을 전혀 느끼지 않았다. 그들의 목적은 상대방을 무찌르는 것이었으므로 아무도 마음을 바꾸려 하지 않았고, 다른 입장을 취해 보거나 상대방의 견해에 공감조차 하지 않았다.

앞서 살펴보았듯이 소크라테스가 만들어낸 대화 형식은 전혀 다른 것이었다. 모든 아테네 사람처럼 소크라테스도 이러한 토론에 참여는 했지만, 좋아하지는 않았다.1 만약 그 역시 '똑똑하고 논쟁적인 토론자들' 중의 한 명이었다면, 야심만만한 젊은 귀족인 메논Meno에게 단순히 자신의 의견을 설명하고 그것을 논박해 보라고 말했을 것이다. 하지만 그것은 "당신과 나처럼 친구로서 서로 대화하기를 원하는" 사람들 사이의 대화로는 부적절한 것이었다. 진정한 대화에서는 참여한 사람들이 "보다 적절한 토론을 위해, 보다 온화한 태도로 답변해야만 한다."2 소크라테스의 대화법은 참여자들 사이에 심원한 정신적 변화를 만들어내도록 계획된 정신적인 훈련이었다. 모든 사람이 스스로 무지의 깊이를 이해해야 한다는 목적이 있었기 때문에 누구도 이 대화에서 이길 수 없었다.

플라톤은 그러한 대화법이 상호간의 명상으로서 '엄청난 시간과 고민'이 필요한 고된 작업이라고 설명했지만, 그의 스승과 마찬가지로 친절하고 자비로운 태도로 이루어져야 한다고 주장했다. "악의 없이 선의로 질문과 답변이 교환되지" 않는다면 초월적인 통찰력을 얻지 못할 것이다.3 불편함을 느끼는 상황에 몰리는 사람이 있어서는 안 된다. 각각의 참가자는 마음속에 '다른 사람을 위한 공간을 마련'해야만 하며, 대화 상대의 생각을 주의 깊게 공감적으로 경청하고 자신의 확신이 흔들릴 수 있도록 허용해야 한다. 그에 대한 보답으로 상대방 또한 자신의 생각이 정보를 얻고 변화하도록 허용할 것이다.

붓다와 공자 모두 이와 비슷한 방식으로 대화를 나눴던 것으로 보인다. 공자는 항상 대화를 통해 자신의 통찰력을 발전시켰다. 그의 견해에 따르자면 원숙한 사람이 되기 위해서는 이러한 호의적인 상호작용이 필요하기 때문이다. 한자에서 '인仁'은 사람을 나타내는 단순한 표의 문자(人)와 사람 간의 관계를 의미하는 두 개의 평행한 획(二)이라는 두 가지 요소로 구성되어 있다. 그러므로 인은 '공동체적 인간성'이라고 번역할 수 있다.4 협력에는 '인'의 '부드러움'과 '유연함'이 필요하다. 어쩌면 공자는 대화에 참여한 사람들이 자신의 의견을 강하게 주장하는 대신 서로에게 '양보하기'를 요구했던 소크라테스식 대화의 격식을 이미 터득하고 있었을 것이다. 『논어論語』에서 그가 제자들이 지닌 능력의 한계까지 몰고 나가면서 부드럽게 꾸짖기는 하지만, 결코 괴롭히지 않는다는 것을 알 수 있다. 공자는 느긋한 태도로 친절하고 차분하게 제자들의 말을 조심스럽게 경청했으며 언제나 그들의 견해에 양보할 준비가 되어 있었다. 현자가 아니었다면 그는 이의를 제기하며 반박했을 것이다. 그가 지닌 유일한 재능이라면 "배우기 위해 끊임없이 노력하며, 다른 사람들을 가르치는 데 있어 지치지 않고 인내한다는 것이다."5

　　붓다 역시 자신의 제자들에게 서로 친절하고 정중하게 대화하도록 가르쳤다. 속세의 제자였던 코살라 왕국의 파세나디왕은 붓다의 공동체가 보여주는 친밀함에 매우 깊은 감명을 받았다. 모두가 서로를 경계하며 만성적인 논쟁만을 일삼던 왕실과는 전혀 달랐기 때문이었다. 왕은 자신이 궁정에서 회의를 주재할 때 지속적으로 제지당하고 가끔은 조롱당하기도 한다며 한탄했다. 하지만 붓다를 만나러 갔을 때, 그는 수도승들이 "마치 우유와 물처럼 서로 부딪치지 않고 함께 지내면서 서로에게 친절한 눈길을 주고받았으며 … 미소를 짓고, 정중하게, 진심으로 행복해하며 … 야생의 사슴만큼이나 온화한 마음을 지닌" 것을 보았다.6 어느 날 그는 붓다에게 왕비와 대화를 나누던 중 그들에게 이 세상에서 자신들보다 더 중요한 것은 없다는 데 공감하게 되었다는 이야기를 했다. 붓다는 왕에게 졸렬한 이기심의 본질에 대해 강의하거나 무아無我(anatta)에 대한 토론을 시도하는 대신, 왕의 입장이 되어 자신이 당연하다고 생각하는 것보다 자신의 제자가 실제로 처한 상황에서부터 대화를 시작했다. 붓다는 만약 왕이 이 세상에 자기 자신보다 더 귀한 존재가 없다는 것을 알게 되었다면, 다른 모든 사람도 그와 똑같이 생각한다는 것을 고려해야만 한다고 했다. 그러므로 결론짓기를, "자신을 사랑하는 사람은 다른 사람의 자아도 해쳐서는 안 된다."7

소크라테스와 마찬가지로 붓다 역시 지식은 자아를 발견해가는 과정이라고 믿었다. 통찰력은 다른 사람들의 의견을 받아들이는 것이 아닌 자기 내부의 진리를 발견함으로 얻어지는 것이다. 평범한 사람일지라도 그것을 성취할 수 있다. 갠지스강 유역의 최북단 지역에 살면서 새로운 도시 문명 속에 자리를 잡기 위해 애쓰던 칼라만스 부족은 붓다에게 사절단을 파견했다. 그들은 걷잡을 수 없는 혼돈 상태에 빠져 있었다. 대대로 부족의 스승을 모셔왔지만, 저마다 자신의 가르침만을 강조했을 뿐 다른 스승의 가르침은 모두 경멸했기 때문이었다. 그들은 누구의 가르침이 옳은지 알 수가 없었다. 붓다는 이렇게 말했다. "칼라만스의 사람들이여! 풍문 같은 남의 말에 만족하거나 믿음으로부터 진실을 취해선 안 된다." 그는 자신만의 다르마 dharma를 거침없이 들려주거나, 혼란을 더할 또 다른 가르침을 제시하지 않았다. 그 대신 자신의 마음속을 들여다보기만 하면 그 답을 이미 알고 있음을 알아차릴 수 있는데, 다른 사람이 답을 가르쳐주기를 기대하고 있는 것이라고 했다. 붓다는 그들의 경험으로부터 문제를 해결해 나아가도록 도와주었다. 탐욕은 좋은 것일까 아니면 나쁜 것일까? 누군가가 탐욕에 사로잡히게 되면 공격적인 태도를 보이거나 심지어 도둑질이나 거짓말을 하게 된다는 것을 그들이 몰랐을까? 증오심은 단순히 그것을 품게 된 사람을 불행하게 만든다는 사실을 과연 알아차리지 못했을까? 칼라만스의 사람들은 이 모든 것을 이미 알고 있었다. 그러므로 붓다는 그들에게 자신이 전혀 필요하지 않다는 결론을 내렸다. 그들은 붓다의 다르마를 이미 알고 있다. 증오와 탐욕을 제멋대로 놓아두는 대신 조금 더 친절하고 너그럽게 살려고 노력한다면 그들은 더욱 행복해질 것이다.[8]

오늘날 우리는 이런 대화를 자주 나누지 않는다. 입법 기관, 미디어, 학계, 법정에서 벌어지는 토론은 본질적으로 경쟁적이다. 이것은 진리를 추구하기에는 미흡한 방법으로, 우리는 반대자들을 물리치기를 원하며 심지어는 굴욕감까지 주려 한다. 소크라테스가 비난했던 악의와 괴롭힘을 가하려는 책략은 오히려 재미의 일부분으로 열광적인 환영을 받는다. 이와 같은 유형의 담론은 대부분 자아를 과시하는 것이다. 자신도 해답을 모르고 있다거나 자기 논거의 유효성에 미심쩍은 부분이 있음을 인정하는 사람은 아무도 없다. 심지어는 쉽게 대답할 수 없는 복잡한 문제에서도 마찬가지다. 반대자의 견해가 타당할 수도 있다고는 생각조차 할 수 없는 것처럼 보인다. 누구도 의견을 바꾸려 하지 않는다. 하지만 정치에서는 공격적인 논쟁이 유용할 수 있겠지만, 마음과 정신을 변화시킬 가능성은 없어 보인다.

특히 이미 격렬하고 고착화된 감정을 불러일으키는 문제의 경우에는 더더욱 그러하다.

지극히 경쟁적인 현재의 세계 속에서 우리는 소크라테스의 자비로운 대화법을 21세기식으로 개발할 필요가 있다. 최근 몇 년간 나는 수백 년 동안 서구 사회에 존재해 온 이슬람에 대한 고정 관념을 반박하기 위해 노력했다. 하지만 2001년의 9·11 테러 이후 이 고정 관념은 오히려 더 만연해졌고, 다른 사회적인 통념이 그렇듯 정확한 지식이나 이해보다는 오히려 붓다가 언급했던 '풍문'에 기초를 둔 것이었다. 그러므로 정치가나 전문가들이 이슬람교는 본질적으로 폭력적이고 불관용적인 신앙이라고 주장하거나 히잡 착용을 신랄하게 비난할 때, 나는 그러한 견해를 반박하기 위해 이슬람 역사의 연구에 근거한 글들을 써왔다. 그러나 최근에 나는 이것이 오히려 역효과를 초래했다는 결론을 내렸다. 내가 쓴 글들은 적개심 가득한 공격을 받았으며, 나를 공격하는 사람들은 더욱 악의에 찬 독설로 오래된 생각을 되풀이할 뿐이었다. 그 결과로 지적 풍조는 한층 더 혼탁해졌으며, 사람들은 분노에 찬 부정적인 생각에 사로잡혔다.

도가의 현인들이 지적했듯이 우리는 종종 스스로를 자신의 생각과 너무 강하게 동일시하기 때문에, 생각을 비판받거나 수정할 것을 요구받으면 인격적인 공격을 당했다고 느낀다. 어쩌면 붓다의 예를 따라, 우리가 당연하다고 생각하는 곳보다는 상대방이 현실적으로 속해 있는 곳에서 시작하는 것이 더 나은 방법일 수도 있다. 공적인 토론에서 다른 사람들에게 우리의 견해를 받아들이라고 강요하는 대신, 단순히 보이는 사실을 반복하기보다 개인적인 통찰에 이르게 하는 소크라테스식 질문을 제기할 방법을 찾을 필요가 있다.

우리는 스스로에게 논쟁에서의 승리를 원하는지 아니면 진리를 추구할 것인지를 물어보아야만 한다. 만약 상대방의 증거가 충분히 설득력 있다면 견해를 바꿀 준비가 되어 있는지, 소크라테스적인 태도로 마음속에 '상대방을 위한 공간'을 마련해두고 있는지를 물어보아야만 하는 것이다. 무엇보다 우리는 남의 말을 경청할 필요가 있다. 토론이나 논쟁에서 우리는 너무나도 자주 단순히 왜곡하거나, 자기 명분에 이롭게 활용하려는 목적으로 상대방의 말을 듣는다. 진정한 경청은 단순히 남의 말을 듣는 것 이상의 의미가 있다. 겉으로 드러나지 않은 근본적인 메시지에도 귀를 기울여야만 하며 강하게 표현되지 **않은** 말도 들어야만 한다. 분노에 찬 말은 특히 신중한 해석이 필요하다. 몸짓과 목소리의 높낮이, 비유적인 표현에서 드러나는 고통이나 공포를 파악하기 위해 노력을 기울여야 한다.

한 가지 예를 들어보기로 하자. 내가 연구해 온 유대교와 기독교, 그리고 이슬람교의 근본주의 운동은 한결같이 절멸絶滅에 대한 뿌리 깊은 공포에 근원을 두고 있다. 그리고 모두 진보적이거나 세속적인 기득권층에 의한 공격으로 여겨지는 문제와 함께 시작되었다.9 역사는 근본주의 운동에 대한 군사적·정치적 혹은 미디어를 통한 공격이 모두 역효과를 일으킨다는 사실을 보여주었다. 그러한 공격이 근본주의 신봉자에게 실제로 적들이 그들을 파괴하기 위해 몰두하고 있다는 확신을 심어주기 때문이다.

한 편의 시 혹은 중요한 정치 연설문 속에서 시인이나 연설자의 가장 근원적인 정서와 의도를 탐색하듯이 근본주의자의 담화를 세심하게 분석하면 그러한 공포나 굴욕감이 뚜렷하게 드러난다. 근본주의자들의 믿음을 조롱하기보단, 그 믿음이 종종 어떤 사회도 안심하고 무시할 수 없는 두려움을 표현하고 있다는 사실을 진지하게 생각해 보아야만 한다. 근본주의자들의 주장은 그들의 진보적인 적들이 신성하게 여기는 언론의 자유 혹은 여성의 권리와 같은 원칙과 이 상理想에 심각한 도전이 되기 때문에 이러한 평정심을 갖추기는 어렵다. 하지만 공격이나 독선적인 비난과 모욕은 문제를 더욱 악화시킬 뿐이다. 갈수록 격해지는 공격과 반격의 순환 고리를 어떻게든 끊어야만 한다. 근본주의자들의 두려움이 분노로 변해 굳어졌을 때 어떤 일들이 벌어지는가를 우리는 이미 알고 있다.

언어는 신뢰에 기반을 두고 있다. 적어도 처음에는 대화의 상대방이 당연히 진실을 말하고 있으며, 가치 있는 이야기를 하고 있다고 생각해야만 한다. 논리학자들은 개별적인 문장의 진실성은 오직 전체적인 맥락에서만 평가될 수 있는 것이라고 주장한다. 서로 얽혀 있는 문장들로 구축된 '개념 체계'의 일부분이므로 별개로 분리시켜 파악할 수는 없다는 것이다. 이 '개념 체계'를 완전히 파악하지 못한다면 겉으로 표현된 생각들을 이해할 수 없다.10 그러므로 '법은 당나귀다.'라는 문장은 오직 특정한 상황에서만 납득될 수 있다(찰스 디킨스의 소설 『올리버 트위스트*Oliver Twist*』에 등장하는 구절로, 법은 당나귀처럼 고집스럽고 멍청하다는 의미-옮긴이).

언어학자들은 우리가 일상적인 대화에서 일단 이상하거나 잘못된 듯한 말을 듣게 되었을 때 반사적으로 그 말을 이해하기 위한 맥락을 찾으려 노력하는 것에 주목한다. 우리에게 건네진 말을 이해하고 **싶기** 때문이다. 외국어로 작성된 문장을 번역할 때에도 이와 똑같은 방식이 적용된다. 언어학자들은 이러한 인식론적인 법칙을 '자비의 원칙(the principle of charity)'이라고 부른다. 익숙하지 않은 이야기를 듣게 되면 우리는 "알고 있는 사실들에 비추어, 집적되어 있는 문장들 사이에서 진실을 극대화할 해석"을 찾게 된다는 것이다.11

달리 말하자면, 자신에게 이상하고 낯설게 느껴지는 말을 이해하려고 노력할 때 화자話者와 자신이 똑같은 인간 본성을 공유하고 있으며, 비록 **신념 체계**는 서로 다르다 할지라도 두 사람 모두 **진실**의 구성 요소에 대해 똑같은 생각을 갖고 있다고 추정하는 것이 중요하다. 캘리포니아대학교 버클리 캠퍼스의 철학과 교수인 도널드 데이비슨은 "다른 사람의 말과 행동을, 심지어 지극히 비정상적인 행동이라 할지라도 이해하기 위해선 그 안에서 많은 진실과 동기를 찾아야 한다."라고 설명한다.12 만약 그렇게 하지 못한다면, 우리는 그 화자를 불합리하고 부조리하며 근본적으로 비인간적인 사람이라며 멀리하게 될 것이다. 데이비슨은 더 나아가 "좋든 싫든 '자비(charity)'는 우리가 반드시 구현해야 하는 것이며, 다른 사람들을 이해하고 싶다면 대부분의 문제에서 그들이 옳다고 생각해야만 한다."라고 말한다.13 이것이 바로 그리스 철학을 공부했던 알렉산드리아의 필로Philo of Alexandria(기원전 30~기원후 45)와 같은 유대인들이 토라에 접근했던 방식이었다. 그들은 이러한 고대 히브리어 문서들을 미개한 것이라고 멀리하는 대신, 자신들이 배워 익힌 그리스의 역사적 기준에 따라 그 문서들이 적절하게 이해될 수 있는 비유적인 해석법을 고안해 보다 익숙한 표현 방식으로 번역해냈다. 그들이 이 경전들을 연구할 때 자비로운 가정을 하지 않았다면, 그래서 그 안의 상당한 진리와 동기를 찾아내지 못했다면 이러한 성과를 얻지 못했을 것이다.14

처음에는 이해되지 않고 당혹스러우며, 낯설게만 여겨지는 이야기와 생각들을 이해하기 위한 그 어떤 시도에도 '자비의 원리'와 '공감의 과학'은 모두 중요하다. 우리는 그러한 말들에 담겨 있는 (역사적, 문화적, 정치적, 학문적) 맥락을 재현해 깊이 질문하고 '공감의 과학'에 대한 글이 조언했듯이 '주어진 상황의 의미를 즉시 파악할' 수 있는 지점까지 우리의 이해를 이끌어가야만 한다. 이처럼 맥락에 대한 새로운 공감적 이해를 통해 우리는 비슷한 상황 속에서 '똑같은 것을 느끼는' 스스로를 상상할 수 있게 된다. 달리 말하자면, 다른 사람들의 입장을 헤아려야만 한다. 이런 방식으로 우리는 안목을 넓힐 수 있으며, 다른 사람을 위한 공간을 마련할 수 있게 된다. 오로지 우리가 다른 사람들을 전혀 이해하고 싶지 **않을** 때만 이러한 자비로운 의무를 무시할 수 있으며, 이것은 윤리적으로 문제가 있는 태도이다.

물론 단호하게 자기주장을 펼쳐야만 하는 경우도 있다. 비록 이러한 과정들을 다 거치고 나서 어느 테러리스트가 품고 있는 생각의 맥락을 이해하게 되었다 해도, 황금률을 우리의 기준으로 삼는다면 그가 선택한 행동 방침을 용서할 수는 없다. 하지만 우리는 그가 처해 있는 상황에서 느낄 수 있는 좌절과 수치심, 그리고 절망에 대한 폭넓은 이해로 시야를 넓혔고, 이제는 비슷한 감정을 느끼되 범죄적 복수를 시도하지 않은 그의 무고한 동포들 대다수 혹은 같은 종교를 믿는 사람들의 곤경에 공감할 수 있게 되었다. 그러나 우리는 여전히 그의 잔학 행위를 그대로 용납해서는 안 된다. 또한 불의와 잔악함,

그리고 차별을 마주하게 되었을 때 '자비의 원리'를 이유로 수동적이거나 무기력한 입장을 취해서도 안 된다. 자비로운 마음을 계발하면서 타인의 고통에 대한 책임감이 점점 더 강해지는 것을 느껴야만 하며, 그들이 겪고 있는 고통에서 벗어나도록 우리가 할 수 있는 모든 일을 하겠다고 결심해야 한다. 하지만 불의에 증오와 멸시로 대응하는 것은 아무런 도움도 되지 않는다. 다시 말하지만, 이와 같은 행위는 단순히 더욱 심한 반목을 불러일으키며 사태를 더욱 악화시킨다. 소중한 가치들을 방어하기 위해 발언할 때 우리는 맥락을 완전히 이해한 상태여야 하며, 단순히 낯설다는 이유로 적들의 가치관을 야만적이라고 매도해서는 안 된다는 것을 분명히 해야 한다. 우리와 그들이 똑같은 가치관을 지녔지만, 전혀 다른 방식으로 표현하고 있을 뿐이라는 사실을 알아차리게 될 수도 있다.

　어떻게 자비로운 태도로 강한 신념을 주장할 수 있을까? 사도 바울은 앞서 인용했던 사랑에 관한 유명한 구절을 통해 유용한 점검 목록을 제공한다. 자비는 "오래 참고 온유하다. 결코 자랑하거나 속이지 않고 무례하지도 않다." 자비는 결코 시기하거나 "잘못을 헤아리지 않으며, 다른 사람의 잘못에 기뻐하지 않는다."15 만약 쉽사리 공격할 준비가 되어 있거나 다른 사람들의 잘못에 독선적인 기쁨을 느껴 입맛을 다신다면 우리는 이 시험을 통과할 수 없다. 만약 성급하고 버릇없이 혹은 불친절하게 말을 내뱉는다면, 우리는 스스로가 비난하는 편협한 수준으로 자신을 끌어내릴 위험을 앞둔 것이다. 어느 오래된 번역은 '결코 자랑하거나 속이지 않는다'라는 구절을 '자비는 … 우쭐대지 않는다'라는 의미로 표현했다. 우리의 비평이 자아를 우쭐거리게 해서는 안 된다. 이따금 학대 행위나 범죄를 통렬히 비난할 때 사람들은 통쾌한 자축으로 거의 의기양양해 보이기도 한다.

간디는 우리에게 자비롭게 자기주장하는 방법의 훌륭한 예를 제시해 주었다. 그는 비폭력적 저항을 옹호하면서, 싸우는 이유가 변화시키기 위해서인지 아니면 응징하기 위해서인지 생각해볼 것을 사람들에게 거듭 요구했다. 간디는 제자들에게 반대편 뺨을 대라고 한 예수의 말이 적개심에 맞서 용기를 보이라는 요구라고 믿었다. 이것이야말로 증오와 경멸을 존중으로 변화시키는 방법이다. 하지만 비폭력이 불의와 타협한다는 의미는 아니었다. 간디는 적들이 비록 자신의 시신을 가질 수는 있어도, 복종은 얻을 수 없다고 단언했다.

이번 단계를 거치면서 우리는 다른 사람들과 사려 깊게 대화하는 방법을 모색해 보았다. 어떤 주장을 할 때, 자신의 영리함에 빠져 의도적으로 상대방에게 고통을 주려고 하지는 않는가? 빈정대는 투로 말하는가? 당신의 주장은 이해의 폭을 더 넓히는가 아니면 이미 격앙되어 있던 상황을 더욱 악화시키는가? 진심 어린 열린 마음으로 상대방의 의견을 경청하는가? 심각한 결과를 전혀 초래하지 않을 사소한 문제를 논의할 때 그 논쟁에서 스스로 양보한다면 어떻게 될까? 격렬한 논쟁을 마친 뒤에 스스로 사후 평가를 실행하자. 논쟁이 격해진 순간에 자신이 한 모든 말을 실제로 뒷받침할 수 있을까? 자신이 무슨 말을 하는지 진짜 정확히 알고 있었는가, 아니면 그저 '풍문'에 의존하고 있었나? 토론이나 논쟁에 참여하기 전에, 마음을 바꿀 준비가 되어 있는지 스스로에게 정직하게 물어보도록 하자.

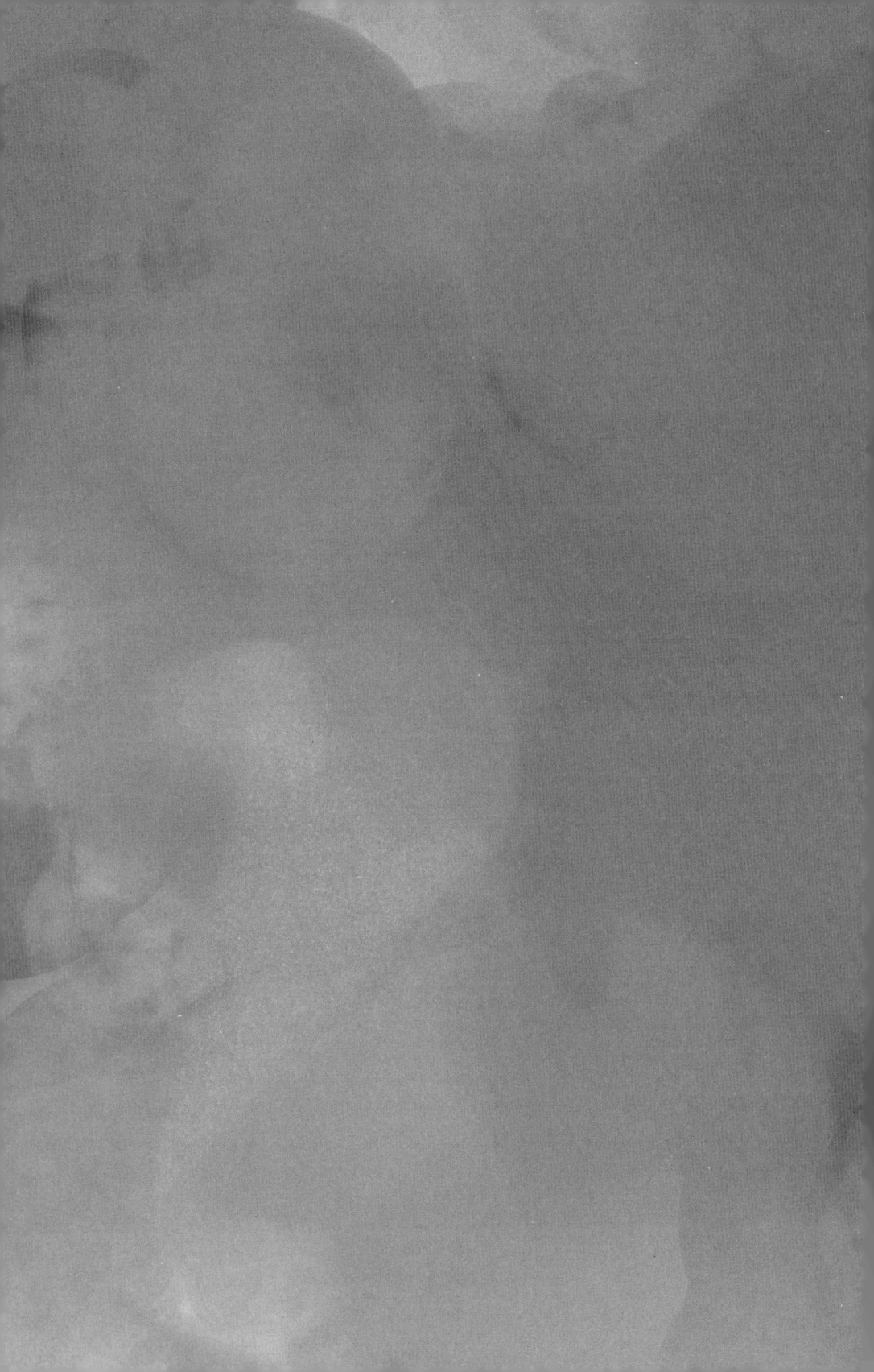

아홉 번째 단계

누구든 낯선 곳에서는
이방인이 된다

지금까지 우리는 가까운 공동체로 관심을 한정시켜왔다. 하지만 앞에서 살펴보았듯이 그것만으로는 충분하지 않다. 몇몇 종교전통들은 다른 전통들에 비해 좀 더 다원주의적이긴 하지만, 모두 다 적어도 한 가지 주장만은 공동으로 펼치고 있다. 자비를 자신들만의 집단에만 한정할 수 없으며, 또한 어떤 방식으로든 낯선 사람과 이방인, 심지어는 적에게까지도 자비를 펼칠 수 있어야 한다는 것이다. 묵자는 인류의 안녕은 '모든 사람에 대한 관심'인 겸애, 즉 인간의 절대 평등에 대한 원리적이고 실용적인 인정에 좌우된다고 주장하며 이를 명확히 설명했다. 이제 우리는 그동안 배워온 것을 지구촌 공동체에 적용해야 한다.

    발달의 초기 단계에서 부족 중심주의는 가혹하고 견뎌내기 힘든 환경 속에서 인류가 생존할 수 있도록 했다. 그러나 맹목적인 부족주의는 극단적으로 위험해질 수 있다. 예언자 무함마드의 가장 위대한 정치적 업적은 아라비아를 분열시키고 있었던 공격적인 자힐리야를 뛰어넘도록 아랍인들을 도울 방법을 찾아낸 것이었다. 코란에서 신은 인류에게 이렇게 말한다. "보라, 우리는 너희 모두를 남자와 여자로 창조했으며, 부족과 국가를 이루게 하여 너희가 서로를 알 수 있도록 했다."[1] 다원주의와 다양성은 신의 뜻이다. 인간을 국가와 부족의 무리로 진화시켰다는 것은 전체 인류의 본질적인 통일성과 평등성을 인식하고 이해할 수 있도록 하겠다는 의미였다. 그러나 다른 모든 무리보다 자신들만이 본래부터 우수하다고 여기는 국가나 부족의 맹목적 애국주의[아사비야asabiyyah(공동체적 결속과 내집단 의식을 강조하는 사회적 연대를 뜻하는 아랍어 -편집자)]는 불화를 일으키는 오만한 태도로 비난받는다. 이런 의미의 부족주의는 오늘날에도 여전히 활개를 치고 있다.

만약 자국의 이익을 절대적인 가치로 삼고, 우리의 문화유산과 생활 양식이 최고라고 여기며 외부인과 이방인을 의심의 눈초리로 바라보고 그들의 이익을 소홀히 한다면 지금까지 만들어온 상호 연결된 세계화 사회는 발전하지 못할 것이다. 20세기의 세계 대전들과 인종 학살, 그리고 테러리즘을 겪은 부족과 국가의 목적은 더 이상 경쟁 집단을 상대로 한 전쟁, 지배, 착취, 정복, 식민지화, 점령, 살해, 개종 혹은 탄압하는 것일 수 없다. 우리에게는 서로를 알아야 할 의무가 있으며, 지구촌에 있는 **모든** 이웃에 관심과 책임을 가질 것을 장려해야 할 의무가 있다.

이번 단계에서는 좀 더 멀리 떨어져 있는 다른 사람들을 위한 공간을 마련할 수 있도록 우리의 시야를 넓히기 시작할 것이다. 서로 다른 국가적, 문화적, 종교적 전통을 이해하는 것은 더 이상 사치가 아니라 이제는 오히려 필연적이며 우선적인 일이 되어야만 한다. 달라이 라마는 적을 파괴하는 것이 '우리'에게 이로울 수도 있었던 것은 국가와 대륙, 심지어는 부락들 간 교류가 거의 없고 경제적으로나 사회적으로 독립되어 있었을 시절이라는 점을 지적했다.

> 하지만 우리는 이제 서로에게 의존하고 있으므로 전쟁이라는 개념은 시대에 뒤떨어진 것이 되었다. (..) 일방적인 승리는 더 이상 아무런 의미도 없다. 우리는 화해를 위해 노력해야 하며 언제나 다른 사람들의 이익을 기억하고 있어야만 한다. 우리의 이웃을 해치거나 그들의 이익을 무시할 수는 없다! 그것은 결국 자기 자신의 고통으로 이어지게 될 것이기 때문이다.2

세계 경제와 전자 시대에 국가 간 경계는 점점 더 의미 없는 것이 되어가고 있으며, 우리는 더 이상 모래 위에 '우리'와 '그들'을 구분하는 선을 그을 수 없다.3 전쟁은 금융 시장에 역효과를 불러온다. 수많은 민간인이 죽을 것이고, 그들이 고통을 겪는 광경은 더 많은 테러리스트의 잔학 행위를 불러일으키게 될 것이다. 그러므로 우리가 이웃을 해치는 것은 우리 자신에게도 해를 끼치는 일이 된다.

다른 국가의 문제에 대한 진지한 개입을 망설이는 경우가 종종 있다. 기실 최근에는 민족주의와 국수주의가 한층 더 기승을 부려왔다. 현재 영국에는 스코틀랜드, 웨일스, 북아일랜드 의회가 있다. 유럽에서는 경제에 꼭 필요하게 된 외국 노동자들의 유입이 국민 정서를 약화시킬 것이라는 두려움이 고조되고 있다. 미국 연방 정부는 멕시코 불법 이주자들의 입국을 막기 위해 국경에 담을 쌓았다. 종교 세계에서도 다른 종교들과의 교류를 활발히 펼치는 많은 사람들이 있는 한편, 종파적 고립 지대로 물러나 '다른' 종교에 맞서 정교 신봉이라는 새로운 장벽을 세우는 사람들도 있다. '근본주의'라고 널리 알려진 신앙심의 긴장 상태는 국수주의 혹은 민족주의의 종교적 형태로 볼 수 있으며, 신앙의 배타주의적 요소들을 한층 더 강조한다.

이방인은 많은 사람을 불안하게 만든다. 하지만 석유가 바닥나지 않는 한 세계화의 과정은 돌이킬 수 없을 것으로 보이며, 그것은 좋든 싫든 우리의 사회가 한층 더 다문화적인 사회가 되어갈 것임을 의미한다. 주요한 정치적, 사회적 변화가 그랬던 것처럼 이 과정도 고통스러울 것이다. 19세기와 20세기 유럽에 식민 지배를 당했던 국가의 사람들은 오랫동안 지켜온 생활 양식이 사라지고, 막강하고 오만한 외국인들에 의해 소중한 전통이 훼손되는 것을 지켜보는 일이 얼마나 비참한지 잘 알고 있다. 지금 우리는 서로 다른 현대화 단계에 도달한 사람들과 더불어 살고 있으며, 서로 적응하는 과정에서 불가피한 긴장 상태를 겪을 것이다. 예를 들어 살만 루슈디Ahmed Salman Rushdie(인도계 영국 작가, 1988년 발표한 소설 『악마의 시』로 이슬람 신성 모독 논란이 일어났다 -편집자)와 관련된 사건은 무엇이 성스러운가에 대한 서로 다른 두 개념 간의 충돌이었다. 자유주의자들의 입장에서 (부분적으로 현대 경제의 산물이라 할) 표현의 자유는 침해될 수 없는 가치였다. 하지만 신의 통치권이 가장 중요한 일부 무슬림 공동체 구성원들에게 완벽한 표현의 자유는 낯선 개념이었다. 이것은 그 어느 쪽도 상

대방의 견해를 이해할 수 없었던 정설正說들의 충돌이다.4

우리는 이러한 대립들을 잘 해결하기 위해 한층 성숙하고 자비로운 방법을 찾아야만 한다. 양쪽 모두 그러한 충돌이 상대방을 심각하고 거의 근본적인 수준까지 위협하는 것임을 인식할 필요가 있다. 구약 성경 중 레위기에서 제사장이었던 저자들은 초기의 법령을 인용하여 이렇게 말한다. "만약 너희들의 땅에 이방인이 함께 살고 있다면 그를 괴롭히지 마라. 그를 너희 중의 한 명으로 여기고 너 자신처럼 사랑하라. 너희도 한때는 애굽(이집트)에서 이방인이었느니라."5 이스라엘 사람들은 이집트에서 경멸당하던 이방인으로서 겪었던 그들의 고통을 기억해야만 하며, 현재 그들과 함께 살아가는 이방인들이 그러한 고통을 당하지 않도록 해야 한다.

서구로 이민 가는 많은 사람이 과거에 유럽의 식민지였거나 보호령이었던 국가 출신들이다. 이들의 존재를 불쾌하게 생각하는 사람은 식민주의자들이 몰려와 이들의 나라를 영구히 변화시켰을 때 발생한 엄청난 혼란과 비교하면 자신의 불편은 지극히 미미하다는 점을 생각해 보아야 한다. 마찬가지로 이민자들도 이러한 고통을 기억해야만 하며, 소중하게 여기는 것이 사라질까 두려워하는 사람들과 공감할 수 있도록 노력해야 한다.

이와 같은 포괄적인 상황을 기억하면서, 이익을 얻는 사람이 아무도 없다는 점을 지적하며 전쟁에 반대했던 묵자의 주장들을 검토해 보자. 어떻게 하면 그의 주장들을 21세기에 적용할 수 있을까? 쉽게 대답할 수 없는 어려운 질문들을 우리 스스로에게 던져볼 필요가 있다. 여러분이 활동하고 있는 다양한 모임에서 토론을 (물론 자비롭고 소크라테스와 같은 방식으로!) 벌여볼 수도 있다. 정당한 전쟁이라는 개념에 대해 신중하게 생각해 보자. 과거에 있었던 정당한 전쟁의 예들을 찾아본 다음 스스로에게 이렇게 물어보자. 현재 벌어지고 있는 분쟁 중에서 과연 '정당한 전쟁'의 기준에 적합한 것은 몇 가지나 될까? 그 안의 부족주의적 풍조를 간파할 수 있는가? 군사 행위가 그 상황을 개선하고 있는가 아니면 적대감을 증폭시키고 있는가? 현대식 무기의 파괴적인 위력에 비추어볼 때, 과연 전쟁이 정당화되거나 이익을 가져올 수 있을까? 현대의 분쟁에 간디의 사상을 어느 정도까지 적용할 수 있을까? 비폭력 운동이 얼마나 효과가 있을 것이며, 그것에는 어떤 정신적·심리적 특성들이 요구될까?

이번 단계를 거치면서 마음챙김을 연습하는 과정으로서, 자신을 비롯한 친구들과 동료들이 외국인에 대해 말하는 방식을 주의 깊게 살펴본다. 그리고 여덟 번째 단계를 거치면서 얻게 된 통찰력을 이러한 논의에 적용해 보도록 하자. 자신이 속해 있는 사회에서 다른 민족과 종교, 그리고 문화적 전통에 대한 혐오나 경멸을 드러내는 목소리들을 비판적으로 들어보도록 한다. 그 목소리에 깜짝 놀랄 만큼 익숙한 것이 담겨 있지는 않던가? 그들의 주장에서 식민주의자들의 오만함이나 국수주의자들의 편견이 느껴지지는 않는가? 어떤 집단을 지배하려는 목적을 가진 비인간적인 담론은 종종 혐오와 경멸이 담긴 언어를 사용한다. 이런 종류의 생각이 아프리카인과 미국 원주민의 노예화와 탄압, 아르메니아인 대학살, 쇼아Shoah(홀로코스트), 남아프리카 공화국의 아파르트헤이트, 르완다의 부족 전쟁, 그리고 보스니아의 대량 학살로 이어진 것이다.

신문을 읽거나 뉴스를 시청할 때, 종종 고상한 애국적 혹은 종교적 수사로 위장되어 여전히 사회 문제나 인간의 행동을 지배하고 있는 네 가지 F의 행태에 주목하도록 한다. 그것들은 근본주의 혹은 보수 집단에만 국한된 것이 아니라, 이른바 자유주의적 담론 중에서도 찾아볼 수 있다. '자비의 원칙'이란 말을 과연 얼마나 자주 들어보았는가? 우리의 진보한 문명과 지적 교양에도 불구하고, 언제까지 오래된 뇌의 '나 먼저'라는 메커니즘에 사로잡혀 있어야 할까? 부족적이라고 생각하는 무엇인가를 방어할 때 위협 메커니즘이 작동하게 되고, 그로 인해 상대방을 공정하고 이성적으로 평가할 수 있는 능력과 평정심을 잃게 되는 방식에 주목해 보자. 상대방을 해치기 위한 정당한 공격과 혐오, 그리고 욕망으로 '득의만만해지는' 자신의 태도를 눈여겨보자. 정치적 혹은 사회적 위기를 겪는 동안 '옳건 그르건 내 나라잖아?'라며 맹목적으로 지도자들을 따르려는 경향이 자신이나 친구들, 그리고 동포들에게 있다는 것을 느끼는가?

일곱 번째 단계, 즉 우리는 얼마나 무지한가를 다시 되새겨 보자. 주변에서 들려오는 다른 국가적·문화적·도덕적 혹은 종교적 집단의 후진성, 오만함 혹은 불관용에 대한 확신에 찬 이야기 중 얼마나 많은 부분이 순전히 떠도는 풍문에 근거하고 있는가? 만약 어떤 민족이나 종교가 공공연히 비난받는 것을 듣게 된다면, 그들의 역사와 문화, 현재 상황에 대해 자신이 확실하게 알고 있는 것을 목록으로 만들어 보자. 그 정보의 근원은 과연 얼마나 신뢰할 만한 것일까? 만약 당신의 문화적·종교적 가치를 공격받았을 때 분노하게 된다면, 같은 고통을 남들에게 가하는 것은 도덕적인 태도일까? 예수의 말을 음미해 보자. "어찌하여 형제의 눈 속에 있는 티는 보면서, 네 눈 속에 있는 들보는 깨닫지 못하느냐. 네 눈 속에 들보가 있는데 어떻게 형제에게 말하기를, '네 눈에서 티를 빼내 줄 테니 가만히 있거라' 할 수 있겠느냐? 위선자야, 먼저 네 눈에서 들보를 빼내어라. 그래야 네 눈이 잘 보여서, 네 형제의 눈 속에 있는 티를 빼줄 수 있을 것이다."6

우리는 미디어를 통해 충분한 국제 뉴스를 접하고 있는가? 다른 지역에서 벌어지는 분쟁들은 객관적으로 보도되고 있으며 또한 그 배경은 잘 설명되고 있는가? 분쟁 당사자들의 이야기를 모두 들을 수 있는가, 아니면 편협한 국가적 의제에 근거해 보도되고 있는가? 만약 미디어 업계에 종사하고 있는 사람이라면 어떻게 해야 우리 이웃 국가들의 곤경에 대해 알고 글로벌 사회의 현실에 맞출 수 있는지를 심사숙고해 보아야 한다. 교육자들은 다른 사람들에 대한 진실하고 공정하며 그들을 존중하는 정보를 아이들에게 제공할 책임이 있음을 인식해야 한다. 과거에 이러한 작업이 좀 더 신중하게 이루어졌다면, 우리는 지금처럼 많은 문제를 마주하지는 않았을 것이다.

지금까지 우리 자신의 고통이 우리의 행동 양식에 영향을 끼치는 방식에 대해 세심히 살펴보았다. 우리가 느끼는 분노의 원인은 종종 우리 마음속에 있으며, 다른 사람이 언제나 우리의 고통에 책임이 있다고 가정하는 것은 전혀 도움이 되지 않을뿐더러 정확한 사실도 아니라는 것을 알게 되었다. 저녁 뉴스를 통해 세계 곳곳에서 벌어지고 있는 폭력을 지켜보면서, 그 사람들의 얼굴에 드러나는 분노와 증오를 의심스러운 눈초리로 바라보는가, 아니면 그런 격분을 불러일으킨 고통에 대해 스스로 따져보게 되는가? 헤드라인의 이면, 위기에 영향을 받는 평범한 사람들을 살펴보는 습관을 갖도록 하자. 그들이 그 지역에서 태어나겠다고 선택하지 않았다는 사실을 기억해야 한다. 당신과 마찬가지로 그들 역시 자신의 의지와 관계없이 특정한 상황에 속하게 되었으며, 어쩔 수 없이 평생 동안 폭력과 착취, 절망 속에서 살게 된 것일 수도 있다.

우리는 행위의 결과가 오랫동안 지속된다는 것을 경험을 통해 알고 있다. 모두 의식적으로든 무의식적으로든 과거에 견뎌야 했던 불친절과 무시, 경멸, 폭력의 영향을 받는다. 국가 역시 마찬가지이다. 학살, 고질적인 내전, 나쁜 통치, 수탈, 소외, 점령, 굴욕, 노예화, 추방, 빈곤화, 명예 훼손 등은 전부 그 후에도 오랫동안 정신적인 상처로 남게 된다. 그러한 것들은 새로운 세대의 양육 방식에 영향을 끼치게 되며, 그 나라의 종교적·지적·윤리적·사회적 발전에 끼어들게 된다. 자신을 경멸하도록 교육받은 사람은 다른 사람을 존중할 수 없다. 증오와 학살 혹은 억압 등의 잔인한 처사에 시달린 사람은 다른 사람에게 다가설 수 있는 신뢰를 쉽게 쌓기 힘들다. 자신의 국가가 특정 지역의 문제에 일조했는지 묻고, 세계화된 세계에서 다른 사람의 고통을 외면한다면 언젠가는 그 무관심이 자신에게 돌아올 것이라는 사실을 인식해야 한다.

정치에 황금률을 어떻게 적용할 것인가에 대한 공자의 충고를 다시 생각해 보자. "너 자신이 높은 지위와 명성을 원한다면, 다른 사람들부터 지위와 명성을 얻을 수 있도록 도와야 한다. 네가 공적을 쌓고자 한다면, 다른 사람들부터 공적을 쌓을 수 있도록 도와야 한다."7 우리는 더 이상 타인의 희생을 바탕으로 번창할 수 없다. 상대방에 대한 실질적 존중은 평화로운 세계화 사회에 필수 불가결하다.

이번 단계에서는 새로운 불교 수행법을 마음챙김의 수련에 반영해 보기로 한다. 이 수행법은 자신이 한 번도 만난 적 없고, 아주 먼 곳에 살고 있는 사람들에게 얼마나 많이 의존하고 있는가를 알게 해 줄 것이다. 집 주변을 산책하면서 그 집을 짓고 목재를 다듬고 벽돌을 굽고 수도관을 설치했으며 식탁보를 만들었을 사람들을 마음속에 떠올려 보자. 아침에 일어나게 되면 당신의 침대보를 만들기 위해 목화를 심고, 수확하고, 실을 자아냈을 사람을 생각하고, 모닝커피를 위해 갈았던 커피콩을 따고 가공하고 수출한 사람을 생각해 보자. 그들의 산물을 즐기고 있다면, 특히 그들이 열악한 환경에서 일하고 있다면, 당신은 그들에 대한 책임감을 느껴야 한다. 당신의 아침 식사를 위한 빵은 누가 만들었을까? 그 빵 조각 하나하나를 생산하기 위해 투입된 노동력을 생각해 보자. 출근길에 당신이 이용하게 되는 도로와 자동차, 철도, 비행기, 기차, 지하철을 만들고 관리하는 수많은 노동자와 기술자를 곰곰이 생각해 보자. 하루를 보내는 내내 이러한 것들을 연습하자.

또한 우리의 문화적·윤리적·종교적·지적인 전통은 모두 다른 사람들로부터 깊은 영향을 받았다는 사실을 인식하고 있어야만 한다. 그러한 전통들을 우리의 것이라고 생각하고 있지만, 과거에 지금은 적이라고 생각하는 사람들의 조상들로부터 깊은 영향을 받았던 것일 수도 있다. 우리는 수없이 많은 타인의 고된 노동과 성찰과 성취 덕분에 현재의 우리가 된 것이다.

어떤 위협에 저항하기 위해 방어적으로 대비하다 보면 우리는 현명하게 혹은 창조적으로 생각하지 못한다. 분노나 모멸감을 품는다면, 그것은 우리의 정신과 지적 건강에 영향을 끼치게 될 것이다. 고마운 줄 모르는 태도와 증오는 정신적 지평을 움츠러들게 하기 때문이다. 장자는 우리의 문화적·국가적 혹은 종교적 전통을 현재의 방식으로 고정하려 하는 것은 비현실적이라고 말했다. 그러한 것들이 수 세기 동안, 심지어는 당신이 살아가는 동안에도 얼마나 급격하게 변화했으며 새로운 환경에 적응해 왔는지를 생각해 보자. 헤아릴 수 없는 것들에 대한 명상은 우리가 다른 사람들에 맞서 세웠던 장애물들을 허물어뜨리고 정신적 지평을 확장하기 위해 정밀히 설계된 것이다.

부족 이기주의를 벗어나는 것은 영적 과정이 될 수 있으며, 이것은 예언자 무함마드의 예루살렘을 향한 밤의 여행(이스라 Isrā')과 그의 승천(미라쥐 Mi'raj)을 다룬 신화에 아름답게 묘사되어 있다.8 코란에도 이 예언자의 신비로운 경험이 언급되어 있지만, 8세기에 처음으로 기록된 이야기와는 상세한 묘사에서 차이를 보인다.9 초기의 무함마드 전기 작가들은 메카를 떠날 수밖에 없었던 예언자가 자신의 부족을 버리고 다른 곳에 영구 거주지를 마련했던 시기에 이 이야기를 삽입하여 (여느 신화에서도 그러듯) 실제 일어났던 사건의 더 심오한 의미를 탐구하고 있다. 메카에서 북쪽으로 약 400km 떨어진 메디나로의 히즈라(이주)는 거주지를 옮기는 것 이상의 사건이었다. 부족은 가장 신성시되는 가치였으며 이를 버리는 것은 당시 아라비아반도에서 신성 모독에 해당하는 행위였다. '히즈라 hijrah'라는 단어 자체는 고통스러운 파열을 암시한다. 이 단어의 어근인 HJR은 "우호적인 혹은

사랑이 담긴 소통 혹은 교류를 스스로 끊어버리고 … 그들과의 관계를 중단한다."라는 의미이다.10

전통적인 아랍의 송시訟詩에서는 종종 자기 부족과의 기쁨에 찬 재회를 만끽하기 위해 한밤중에 사막을 가로질러 여행을 떠나는 시인을 묘사한다. 시인은 찬가를 통해 자기 부족만의 특별한 우수성, 전쟁에서의 용맹함, 그리고 부족의 생존을 위협하는 세력에 대한 영원한 증오를 세상에 널리 공표한다.11 하지만 무함마드가 떠났던 밤의 여행은 이러한 형식을 뒤엎는다. 부족과의 재회로 끝나는 대신, 그의 여행은 멀리 떨어져 있는 유대인과 그리스도인들의 성스러운 도시인 예루살렘에서 막을 내린다. 증오와 전쟁을 찬양하는 대신, 화합을 이야기하며 부족 단위를 초월한다. 전해지는 이야기는 어느 날 밤 카바Kaaba 옆에서 잠들어 있던 무함마드가 계시의 천사인 가브리엘에 의해 잠에서 깨어나 기적적으로 예루살렘의 성전산(Temple Mount)으로 이끌려갔다는 것이다. 그곳에서 그는 과거의 위대한 대예언자들의 환대를 받게 되는데, 대예언자들은 그가 일곱 개의 천국을 통과해 신의 왕좌로 승천하기 전에 설교를 듣고자 그를 초대한 것이다. 무함마드가 신의 영역으로 들어설 때 이야기는 경건한 침묵 속으로 빠져드는데, 그것은 신에 대한 자아의 복종(이슬람islam)에 근거한 것이다. "경외심에 빠진 그는 말을 잃었고 또 자기 자신을 잃었다. 무함마드는 그곳에 무함마드가 있는지도 몰랐으며, 자신을 보지도 못했다."12

이 신화는 아랍 사람들을 일신교 집단의 중심에 놓아두기 위한 예언자의 열망을 표현한 것이다. 다른 예언자들은 그를 거짓 예언자로 여겨 배척하지 않고 형제로서 반겨주었다. 일곱 개의 천국을 가로질러 가는 각 단계마다 무함마드는 아담, 예수, 세례 요한, 요셉, 에녹, 모세, 아론, 아브라함과 만나 대화를 나눈다. 이 이야기의 다른 버전에서 모세는 무슬림들이 매일 몇 번씩 기도를 드려야만 하는가에 대해 조언하기도 한다. 이것은 종교 다원주의에 대한 이야기이다. 즉, 예언자들은 함께 기도하고, 서로를 기꺼이 받아들이고, 성찰을 공유하는 것이다. 이것은 진정한 무슬림 영성의 패러다임이 되었으며, 개인적인 자아와 부족적 자아 모두의 완벽한 복종을 보여준다.

이 이야기에 특별한 애착을 품고 있던 이슬람 신비주의자인 수피교도들은 다른 신앙에 대한 탁월한 이해를 발전시켰다. 수피교 시인들이 무아의 경지에서 자신들은 더 이상 유대인이나 기독교인 혹은 무슬림이 아니며, 유대교 회당이나 모스크, 신전 혹은 교회에서도 똑같이 평온함을 느낀다고 외치는 것은 지극히 일반적인 일이다. 일단 신성한 존재를 보게 된다면 이처럼 인간들이 만들어놓은 구별을 버려야 하기 때문이다. 이번 단계를 마무리하면서, 우리는 명망 높은 수피파 철학자인 무이드 앗딘 이븐 알아라비 Muid ad-Din ibn al-Arabi(1165~1240)의 말을 곰곰이 되새겨봐야 한다. 종교적 배타성에 반대하는 그의 경고는 부족 국수주의에도 적용될 수 있을 것이다.

다른 모든 것을 믿지 못하게 만드는 특정한 신조에 그토록 배타적으로 매달리지 마라. 그렇지 않으면 많은 선한 것을 잃게 될 것이며, 또한 문제의 참된 진실을 알지 못하게 될 것이다. 전지전능한 신은 그 어떤 한 가지 신조로 제한되어 있지 않다.

신께서 말하기를 "어떤 곳으로 고개를 돌리든, 그곳에는 알라의 얼굴이 있다."고 하셨기 때문이다.13 누구나 자신이 믿는 것을 찬양한다. 그의 신은 그 자신의 창조물이며, 그 신을 찬양하는 것은 자신을 찬양하는 것이다. 따라서 자신이 정의롭다면 다른 사람들의 믿음을 비난하지 않을 것이다. 그의 반감은 무지에 근거한 것일 뿐이다.14

다음 단계에서 우리는 이러한 무지를 바로잡기 위해 노력할 것이다.

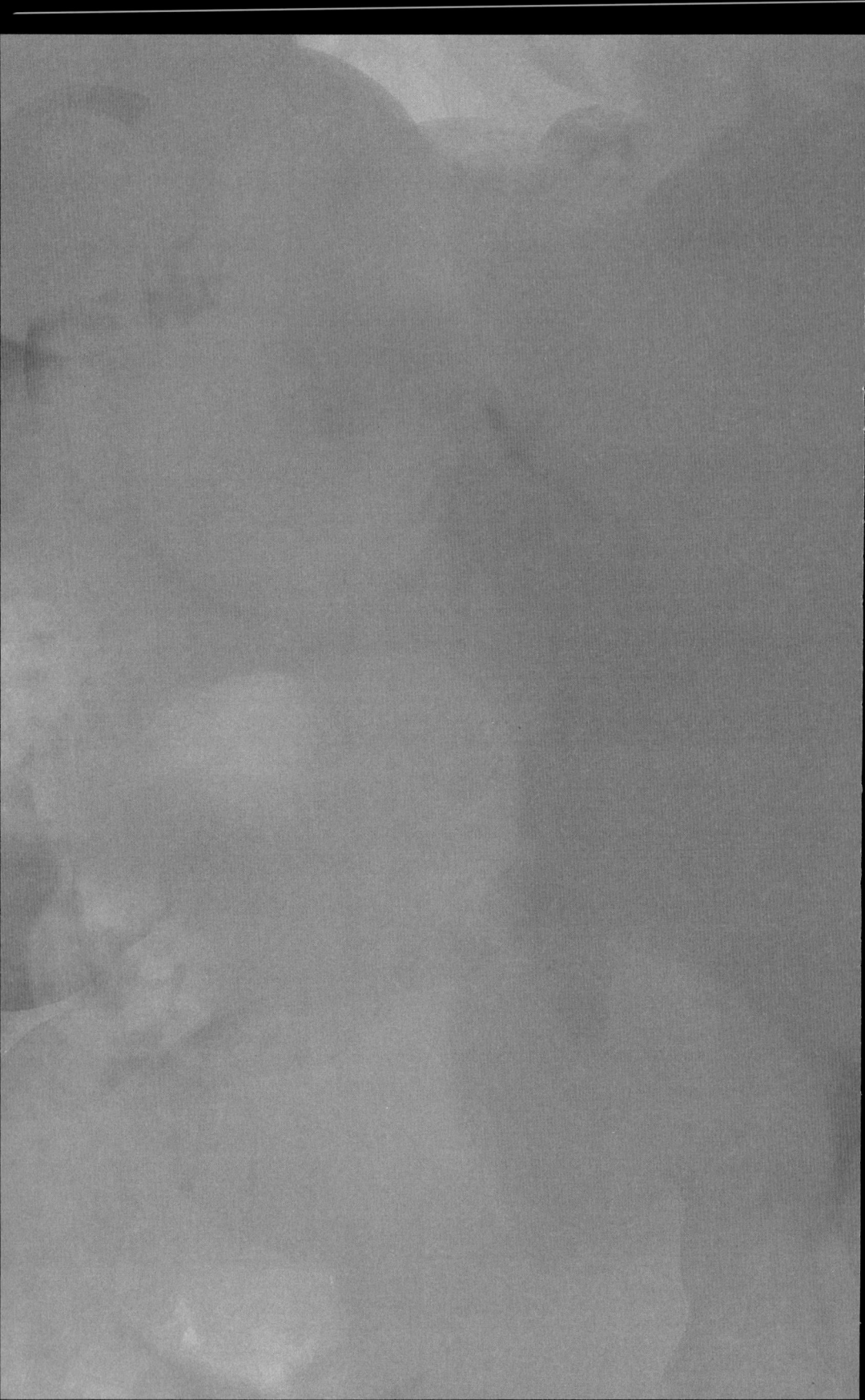

열 번째 단계

모르는 것을 이해할 수는 없다

지금까지 '서로에 대해 알기' 위한 부족 중심 사고방식 버리기의 중요성을 살펴보았다. 하지만 그것은 쉬운 일이 아니다. 우리는 모두 바쁘게 살고 있으며, 모든 사람이 다른 민족의 문화적·종교적·정치적 관습을 면밀히 살펴보는 어렵고도 민감한 과제를 수행할 시간이나 의욕이 있는 것도 아니다. 그래서 전문가들의 도움이 필요한데, 대부분의 경우 이러한 종류의 정보는 미디어나 정부에 의존하고 있다. 하지만 민주주의 국가에 사는 사람들은 자기 자신이 당파적이거나 심지어는 부족적인 세계관을 지닌 정치인에게 투표하고 있다는 것을 알게 될 수도 있다. 자신의 국가나 다른 국가를 위해 이웃 국가에 대한 보다 폭넓고 포괄적인 지식과 이해를 발전시킬 의무가 있다.

　우선, 일곱 번째 단계를 되새겨보고 다시 한번 우리는 얼마나 무지한가를 기억해야 한다. 사람들은 종종 국제 문제에 대해 위험하리만큼 무지한 태도로 거드름을 피우며 이야기한다. 미디어도 언제나 신뢰할 수 있는 것은 아니다. 일부 신문사나 텔레비전 방송국은 정치·사회적 의도를 갖고 국제적인 사건에 관한 기사를 왜곡한다. 정치인들도 종종 그와 똑같은 행태를 보인다. 이라크 전쟁을 준비하면서 영국 정부는 대중에게 사담 후세인이 키프로스 섬의 영국 기지를 40분 안에 공격할 수 있는 대량 살상 무기를 갖고 있다고 했다. 그 말이 사실이 아니라는 것은 나중에 밝혀졌다. 이라크 전쟁을 지지하던 사람들 대다수는 서구의 정부들이 수년 동안 사담 후세인을 지원하고 무장시켜 왔으며, 그러므로 그가 자신의 국민에게 가한 고통에 일정 정도의 책임을 함께 져야 한다는 사실은 모르고 있었다. 서로를 알기 위한 노력에는 믿을 만한 정보와 전달받은 견해를 검증해 보려는 적극적인 태도가 요구된다. 비록 우리에게 자기 인식과 무지의 심각성을 인식하도록 따끔하게 자극해 줄 소크라테스는 없어도, 우리 지식의 빈 곳을 채우기 위해 진지하게 노력할 수는 있다.

다시 한번, 우리 자신에서부터 시작해야 한다. 우리는 자신의 조국과 종교전통의 역사에 대해 근시안적 안목을 지닌 경우가 잦으며, 과거에 '우리'가 저질렀거나 지금까지도 지속 중인 범죄 행위에 대해서도 남을 탓한다. 2001년 9월 11일의 잔혹 행위 이후로 나는 일부 기독교인들이 폭력성과 편협성을 이슬람교와 결부하며 맹렬히 비난하는 태도를 보면서 깜짝 놀라곤 했다. 그들은 당혹스러울 만큼 이슬람교의 역사에 무지할 뿐만 아니라 스스로 자신의 신념에 상처를 입힌 십자군 전쟁과 종교 재판, 박해, 종교 전쟁에 대해 경악스러울 정도로 맹목성을 드러냈다. 나는 종종 '이슬람의 이해'라는 제목의 강좌는 '기독교의 이해'라는 강좌와 함께 진행되어야만 한다고 생각한다.

현재의 일부 문제들에도 책임이 있는, 서구가 식민지 시대에 저지른 행위에 대한 걱정스러울 만큼의 인식 결핍도 있다. 비록 의도는 없다 해도, 이중 잣대는 우리의 정직성을 침해하고 신뢰성을 훼손시킨다. 세계화된 사회에서 분쟁이 오직 어느 한쪽의 잘못인 경우는 거의 없다. 분쟁에 가담하고 있는 사람들은 모두 과거에 잘못된 업業의 씨를 뿌린 것이며, 지금 우리는 그 결과물을 거둬들이고 있는 것이다.

다른 국가나 종교전통을 비판하기 전에, 우리는 자신을 돌아보고 과연 우리의 국가는 과거에 그와 유사한 잘못을 저지르지 않았는지 물어보는 습관을 가져야만 한다. 어떤 상황의 옳고 그름과 관계없이 지도자를 옹호하려 달려드는 본능적이고 부족적인 반응은 더 이상 바람직하지 않다. 두 번째 단계를 거치면서 구축한 반성적인 성찰을 바탕으로 우리는 비판적으로 한 걸음 물러나 보다 공평한 태도를 취할 필요가 있다. '헤아릴 수 없는 것들'에 대한 명상에서 우리는 자비로운 삶에 필수적인 평정심을 연마하기 위해 노력해왔다. 산스크리트어 '우펙샤*upeksha*'는 '~위에서'라는 의미의 *upa*와 '바라보다'라는 의미의 *iksh*에서 비롯된 단어이다. '모든 사람에 대한 관심'을 계발하면서, 전체 상황을 보려는 객관적인 시각을 추구하는 것이다. 우펙샤는 우리의 이해를 막을 수 있는 편견과 선입견, 집착, 맹점에 대한 인식을 전제한다. 우리는 국가적 권익에 과도하게 집착하지 않고 세계적인 문제를 바라볼 수 있으며, 다른 국가에 대한 이해를 바탕으로 종교적 혹은 문화적인 국수주의를 초월할 수 있는 평정심을 갖기 위해 노력해야 한다.

하루아침에 세계적·종교적·문화적 역사에 정통한 사람이 될 수는 없다. 그보단 한두 개의 이웃 국가를 알아가는 것에 우선 노력을 집중하는 게 더 낫다. 이번 단계에서는 두 가지 훈련이 공감을 확장시키는 데 도움이 될 것이다. 첫째, 자신이 매력적이라고 생각하는 한 나라를 선택한다. 자주 가 보았거나 아주 잘 알고 있는 나라일 수도 있고, 또는 방문해 볼 기회는 없었지만 흥미를 끄는 나라도 좋다. 국가 대신 자신이 속하지 않은 종교적, 문화적 전통에 대해 살펴볼 수도 있다. 중요한 점은 이제부터 '낯선 것'에 대한 관심을 활성화하게 되었다는 것이다. 한 달에 한두 번 정도는 반드시 자신이 선택한 낯선 것에 관한 기사나 소설을 읽거나 영화를 보도록 하자. 그것은 당신의 삶에 있어 생생하고도 일상적인 존재가 될 것이다. 그 낯선 나라 또는 종교전통이 당신에게 줄 수 있는 가르침은 무엇인지 자문해 보자. 그들이 우리보다 더 잘하는 것들이 있을까? 과거에 우리에게 영향을 끼친 적이 있을까? 우리는 그들에게 무엇을 알려줄 수 있을까?

　　그러한 탐구가 지루한 의무가 되어서는 안 된다. 재미있게 할 수도 있다. 그 나라의 시나 문학에 대해 더욱더 많이 알아보자. 그 나라의 언어를 배우자. 선택한 나라의 민속 음악을 들어 보고, 요리를 먹어 보고, 축구 대표팀을 응원해 보고, 그 나라의 국경일을 축하하는 자리에 친구들을 부르자. 만약 다른 종교를 알아보기로 했다면 그 종교의 의식에 참여해 보고, 그 종교를 믿는 친구들이 있다면 도움을 청한다. 어쩌면 세데르Seder(유대교 축제인 유월절 첫날 밤의 만찬 -옮긴이)나 이드Eid al-Fitr(이슬람교의 대축제 -옮긴이), 혹은 디왈리Diwali('빛의 축제'로 불리는 힌두교의 축제 -옮긴이)에 초청받을 수도 있다. 캐나다의 저명한 비교종교학자인 윌프레드 캔트웰 스미스Wilfred Cantwell Smith(1916~2000)는 맥길대학교에서 이슬람학을 가르칠 동안 학생들에게 라마단 기간의 금식과 이슬람 국경일을 지키고, 정확한 시간에 기도를 드리도록 했다. 심지어 새벽 기도를 위해 일찍 일어나게 하기도 했다. 단순히 그 종교에 관한 책을 읽는 것만으로 다른 신앙을 이해하기란 불가능하다고 확신했기 때문이었다.

자신이 선택한 나라의 역사나 종교전통을 자세히 살펴보고, 그들의 성공과 실패에 대해 좀 더 많이 찾아보자. 뉴스에서 그 나라를 다룬 내용을 찾아본다. 정기적으로 다양한 나라의 최신 소식을 알려주는 'Search for Common Ground(sfcgupdate@sfcg.com)' 같은 사이트를 참고하거나 국제 문제를 다루는 정기 간행물을 구독하는 것도 도움이 될 것이다. 이러한 훈련의 목표는 자신의 마음속에 '다른 사람들을 위한 공간을 만드는' 것이다. 이 훈련은 '자비의 과학'의 자세로 접근할 필요가 있다. 어려운 문제를 마주치게 되면 줄곧 '그렇지만, 왜?'라는 질문을 던져야 한다. 항상 어떤 사건의 전체적인 맥락을 이해하기 위해 노력하고, 정신을 더욱 확장시켜 비슷한 환경에서 같은 감정을 느끼는 자신을 상상할 수 있도록 한다. 가끔은 가장 친한 친구들의 행위 때문에 어리둥절해지기도 하듯이, 이런 과정에는 언제나 우리가 이해하지 못하거나 받아들이기 어려운 것들도 있을 것이다. 하지만 우리가 얼마나 무지**할 수 있는가**를 인식하며 이해의 한계를 체험하는 것은 그 자체로 가치 있는 경험이다.

이 과정을 진행하면서 어쩌면 모든 것이 생각보다 훨씬 복잡하다는 것을 알게 될 수도 있다. 우리는 기억 속에 강렬하게 각인되는 저녁 뉴스 속 한마디(soundbite)와 비슷하게 단순화된 이미지로 타인을 보려는 경향이 있다. 예를 들어 사람들은 런던이 언제나 안개에 싸여 있다고 생각한다. 런던의 연간 강수량은 로마나 이스탄불, 시드니보다 적지만(연간 강수량 중 대부분이 여름에 몰린다는 사실은 인정해야겠다), 언제나 비 오는 장면이 등장하는 찰스 디킨스의 작품을 TV에서 너무 많이 보았기 때문이다. 또 사람들은 영국인이 매일 엄청나게 많은 차를 마신다고 생각한다. 그래서인지 내가 차를 거절하면(나는 평생 차를 좋아해 본 적이 없다!) 깜짝 놀라서 어리둥절해한다. 당신이 '받아들인' 나라 혹은 종교전통을 조금씩 더 자세히 알게 될수록, 이처럼 친구들이 가진 틀에 박힌 생각을 알아차리기 시작하고 그것들을 교정하고 싶어질 것이다. 또한 그들이 의외로 자신의 견해나 생각을 바꾸려 하지 않는다는 것을 알게 될 수도 있다. 그러한 것들이 이미 개인적인 지리학의 일부분으로 자리 잡고 있기 때문이다.

헤아릴 수 없는 것들에 대해 명상할 때, 이제 막 '알아가기 시작한' 사람들을 포함해서 그들에게 당신의 우정, 자비, 공감적 기쁨, 평정심을 베풀 수도 있을 것이다. 당신이 공부하고 있는 나라나 종교전통의 놀라운 특질을 생각해 보고, 인류에 대한 특별한 공헌에 감사한 마음을 가지면서 그들의 고통과 실패, 범죄를 기억하고 당신의 자비를 전해 보자. 그 종교전통에 참여하고 있거나 그 나라의 시민인 수백만 명의 사람들 각자를 그들만의 고통의 역사와 함께 기억하고, 당신 자신에게 이뤄지길 기대하는 모든 것이 그들에게도 이뤄지길 기대한다. 최종적으로는 그들을 우펙샤로 존중하도록 한다. 그들의 종교전통은 당신의 전통만큼이나 결함이 있을 수도 있지만, 그렇다고 해도 자비와 우정, 공감적인 기쁨을 베풀자.

다른 나라 혹은 종교전통의 이해가 복잡한 문제라는 것을 인식하기 시작했다면, 이번 단계의 두 번째 훈련을 시작할 때가 된 것이다. 이제부터는 좀 더 민감한 문제들을 탐구하게 될 것이다. 부록의 〈더 읽어볼 책들〉에서 '모든 사람에 대한 관심'이라는 항목을 찾아보자. 그곳에 지금 서구와 이슬람 세계 간의 긴장 상태를 다룬 책들을 몇 권 소개해 두었다. 이것은 현재 주요한 관심사이며 대부분의 사람들이 저마다 의견을 가지고 있는 주제이기도 하다. 먼저 제목을 읽어보고 현재 논의되고 있는 다양한 문제들을 알아보자. 그중에서 자신의 견해를 반영할 것이라고 여겨지는 책을 선택하여 읽어 본 다음, 그러한 견해를 반박하는 책도 읽어 보도록 한다. 여기에서도 역시 '자비의 과학'과 '자비의 원칙'을 적용하는 것이 필요하다. 다시 한번 '우리가 얼마나 아는 것이 없는지'를 되새겨 본다. 책을 읽으면서, 각 저자가 당신의 생각을 어떻게 변화시켰는지 나열해 보자.

생각이 바뀌기 시작했다고 느껴지기 전까지는 이번 단계를 떠나지 않도록 한다. 이전까지 가지고 있던 모든 의견을 뒤엎어야 한다는 의미는 아니다. 오히려 붓다가 '풍문'이라고 부르던 것에 건전한 의심을 품는 것이다. 이번 단계를 거치면서 자기 자신과 소크라테스식의 대화를 나누고, '검증되지 않은 삶'의 한계와 관습적인 부족 중심 사고의 위험성을 극복하게 될 것이다.

다음 단계로 넘어갈 준비가 되었다면, 불교의 아주 오래된 시 한 편을 자신의 일상생활에 포함해도 좋을 것이다. 이것은 '헤아릴 수 없는 것들'에 대한 최고의 결론이라 할 수 있다.

모든 존재가 행복을 누리도록 하라!

약하거나 강하거나, 그 신분이 높거나 낮거나 중간이거나,

작거나 크거나, 보이거나 보이지 않거나,

가까이 있거나 멀리 있거나, 살아 있거나 앞으로 태어날 것이거나—

그들 모두가 완벽하게 행복을 누릴 수 있기를!

누구도 거짓말을 하거나 어디서든 그 어떤 존재도 무시하지 않도록 하라.

그 어떤 생명체에게도 분노, 또는 미움에 싸여 해를 끼치려는 사람이 없기를!

어머니가 하나뿐인 아기를 품에 안듯이, 모든 생명체를 소중히 여기도록 하라.

우리의 자애로운 생각이 천상, 천하와 피안을 비롯한 온 세상을 채울 수 있기를!

— 아무런 한계 없이 채우기를, 우리의 사랑에는 아무런 장애물도 없음을 알게 되리니 —

미움이나 적대감에서 벗어나

무한한 호의가 제한 없이 온 세상으로 퍼져나가기를.

서 있거나, 걷고 있거나, 앉아 있거나, 누워 있거나,

우리가 깨어 있는 한, 마음속에서 이러한 사랑을 길러야 한다.

이것이야말로 가장 고귀한 삶의 방식이다.[1]

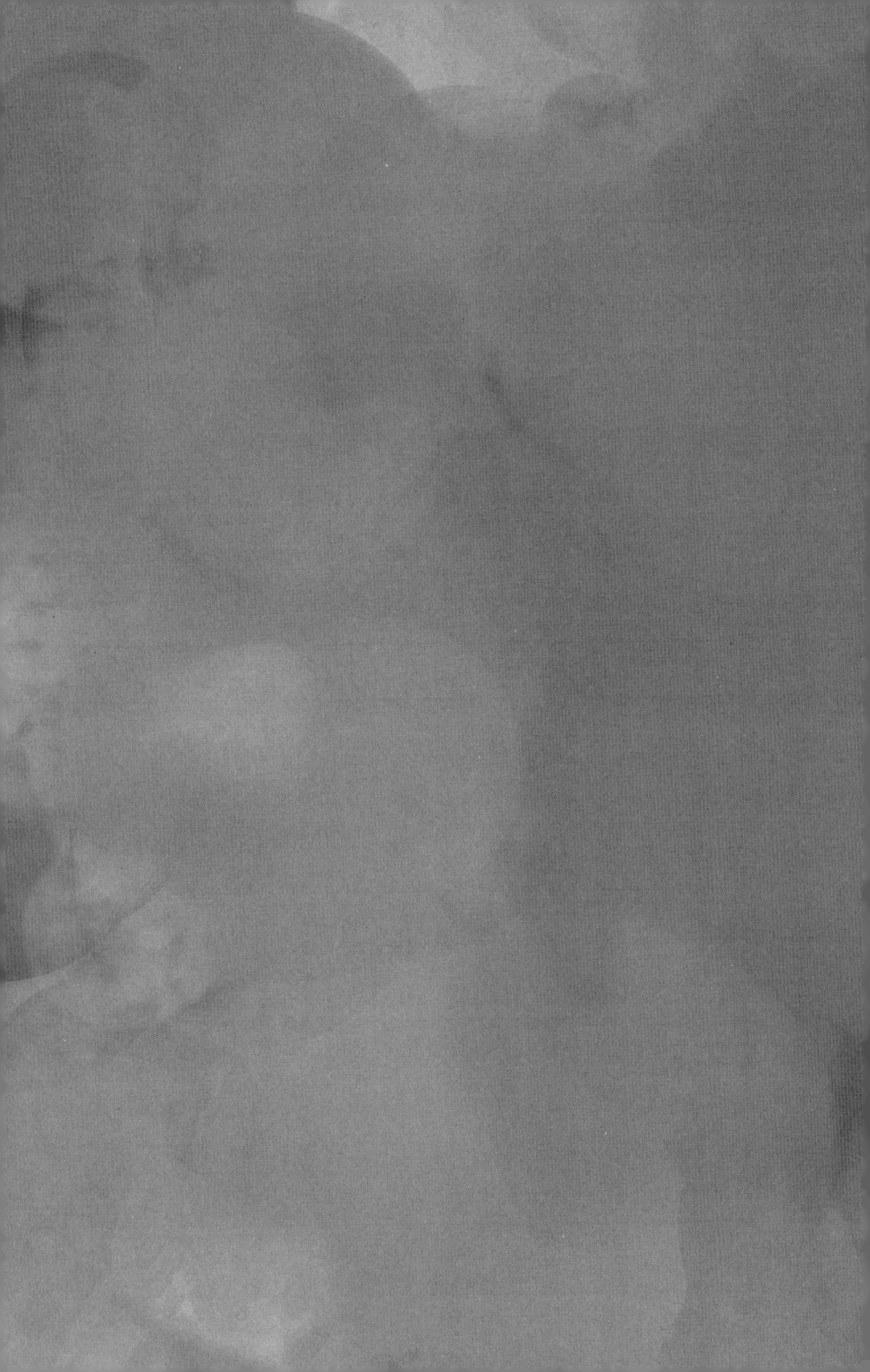

열한 번째 단계

고통을 마주하라

아일랜드 작가인 크리스티나 노블Christina Noble(1944~)은 인생이 아주 불행하던 시기에 강렬한 꿈을 꾸었다. "벌거벗은 어린이들이 네이팜탄 폭격을 피해 먼지가 풀썩이는 길을 달려가고 있었다. … 그 중 한 소녀의 눈망울에는 자신을 감싸 안고 안전한 곳으로 데려가 달라는 간절한 애원이 드러나 있었다. 도망치는 어린이들의 머리 위로 '베트남'이라는 단어가 포함된 눈부신 하얀 섬광이 비추고 있었다."[1] 그 순간부터 크리스티나는 스스로도 이해할 수 없는 어떤 방식으로 자신의 운명이 베트남과 연결되어 있으며, 언젠가는 그곳의 어린이들과 함께하게 될 것이라는 확신을 갖게 되었다.

이 꿈이 왜 그녀에게 그처럼 강렬한 인상을 남겼는지 아는 것은 어렵지 않다. 40년이 지난 후에도 자신의 어린 시절에 대한 기억은 여전히 그녀의 목소리를 "높고 긴장감이 넘치게 했으며, 어렴풋한 두려움에 물들게 했다."[2] 열두 살 무렵 그녀는 겨울에는 공중화장실에서, 여름엔 피닉스 공원의 숲속에서 잠을 자는 부랑아였다. 그녀는 끊임없이 배가 고팠다. 한번은 성당의 신부가 예수상 앞에 있는 봉헌초의 촛농을 먹고 있던 그녀를 밖으로 쫓아낸 적도 있었다. 어느 날 밤에는 두 명의 남자에게 강간당했으며, 상처 입고 피 흘리며 멍들고 부어오른 얼굴로 다시 길거리에 내던져진 그녀는 "찾아갈 사람이 아무도 없다는 끔찍한 깨달음에" 충격을 입었다. "나를 먼지나 간신히 짐승을 벗어난 존재로 여기지 않을 단 한 사람이 필요했다."3 그 남자들 중 한 명이 그녀를 임신시켰다. 열악한 보호시설로 보내진 크리스티나는 아이를 빼앗겼고, 종국에는 영국으로 향하는 어떤 보트에 몸을 싣게 되었다. 영국에서는 세 아이를 주었지만 동시에 그녀를 학대한 마리오라는 그리스인과 살게 되었다. 그녀가 베트남 아이들의 꿈을 꾸었던 것은 바로 이 무렵이었다.

마리오를 떠난 뒤 크리스티나의 삶은 긍정적으로 변했고, 새로운 파트너의 도움을 받아 성공적인 케이터링 회사를 창업하게 되었다. 하지만 그녀는 베트남의 어린이들과 함께 일할 운명이라는 자신의 믿음을 한 번도 의심해 본 적이 없었다. 1989년에 때가 되었다고 생각한 그녀는 처음으로 베트남을 방문했다. 어느 날, 먼지가 자욱한 길 위에서 놀고 있는 두 명의 빈민가 소녀들을 지켜보던 그녀에게 한 아이가 미소를 짓더니 그녀의 손을 잡으려고 했다. 순간 크리스티나는 너무나도 고통스러웠던 기억들에 압도되어 그 자리를 떠나려 했다. 더 이상 슬퍼하고 싶지 않았고, 관여하고 싶지도 않았다. 하지만 그녀는 줄곧 이렇게 혼잣말을 하고 있었다. "아일랜드나 베트남이나 빈민굴은 아무런 차이가 없어. 결국에는 둘 다 똑같은 거야." 갑작스럽게 과거와 현재가 겹쳐졌고, 그 베트남 소녀가 아주 오래전 꿈에서 보았던 바로 그 아이라는 것을 깨닫게 되었다. 그녀는 흐느껴 울면서 흙바닥에 주저앉아 아이를 끌어안으며 앞으로 잘 돌봐주겠다고 약속했다. 이것이 중요한 전환점이 되었다. "바로 여기에서 아일랜드에서 겪었던 내 어린 시절의 고통, 슬픔, 분노가 해소될 것이다. 호치민시의 부랑아들과 함께 일할 것이다. 여기에 머무를 것이며, 여기에서 행복을 찾을 것이다."4

크리스티나는 베트남 거리의 아이들을 지원하는 사회 활동가가 되었다. 부유한 사업가들의 지원을 받아 보육원을 세웠으며, 그 후에는 크리스티나 노블 재단을 설립해 수천 달러의 기부금을 모았다. 이 돈으로 베트남을 처음으로 방문하고 단 2년만인 1991년에 호치민시에 '아동 의료·사회 지원 센터(Children's Medical and Social Centre)'를 열었다. 현재는 프랑스와 미국, 호주에도 재단이 설립되어 있다(원서가 발간된 2011년 기준이며, 지금까지 이탈리아, 홍콩, 아일랜드에도 지부가 설립되었다 -편집자). 그녀가 이 일을 시작했을 때 친구들은 불가능한 일을 시도하고 있는 것이라고 했다. 그들은 '너 혼자뿐이잖아!'라고 했다. 하지만 크리스티나는 "어렸을 때, 나의 고통과 아픔을 이해해줄 단 한 사람이 필요했다. … 한 사람의 존재는 무척 중요하다."라고 생각한 것을 전혀 잊지 않고 있었다. 그녀의 삶은 이 진실을 입증해 왔다.5

이러한 인식의 순간에 대해 생각해 보자. 크리스티나는 그 아이의 얼굴에서 자기 자신을 보았다. 즉, '우리'도 '그들'도 없으며 '결국에는 모두 다 똑같다'는 것을 깨달은 것이다. 단순히 이성적인 시각에서 본다면, 이 문장은 전혀 이치에 맞지 않는다. 베트남과 아일랜드의 빈민촌 간에는 수많은 차이점이 있을 것이다. 크리스티나가 아일랜드에서 집 없는 아이들을 위해 일하는 것이 분명 더 합리적이었을 것이다. 그녀와 베트남 소녀 사이에는 **현실적**인 연결 고리도 전혀 없었다. 하지만 앞선 단계들을 거치면서 우리는 논리보다는 상상력에 기반을 둔, 보다 더 공감적인 시각을 길러왔다.

우리는 지금까지의 공부를 통해 우리만 고통을 겪고 있는 것이 아니며 모든 사람이 고통에 빠져 있다는 것을 알게 되었다. 우리는 붓다가 그랬듯이 안락한 왕궁에 머무는 대신 의식을 파고들기 위해 자신의 불행과 타인의 슬픔을 기꺼이 받아들이기로 했다. 우리는 자신을 특별하고도 분리된 영역에 놓아둘 수 없다는 것을 배웠다. 그 대신 서恕의 배려하는 자세를 갖추기 위해 노력하면서, 재귀적으로 자신의 고통을 타인들의 불행에 연계시켰다. 그 결과로 티베트 불교에서 말하는 '다른 사람이 슬퍼하는 모습을 참을 수 없는 태도'를 갖추기 시작하게 되고, 그로 인해 다른 사람의 슬픔을 자신의 것처럼 강하게 느끼게 된다.

우리는 이전의 그 어떤 세대보다 더 많은 고통의 이미지들에 둘러싸여 있으며, 그것들은 매일 밤 뉴스를 통해 집으로 전달되고 있다. 우리가 개인적으로 할 수 있는 일은 아무것도 없으며 그러한 비극은 우리와 아무런 관계도 없다고 말하면서 자비심을 거둬들이고 참혹한 광경을 잊어버리는 것은 쉬운 일이다. 크리스티나 역시 네이팜탄 폭격을 피해 도망치던 어린 베트남 소녀의 사진을 본 기억이 무의식에 남았을 터다. 그 장면은 미국의 여론이 베트남 전쟁에 등을 돌리도록 만드는 데 어떤 정치적 연설보다도 강한 영향력을 끼쳤을 것이다. 자신은 충분히 고통을 겪었다면서 그 이미지를 쉽게 마음속에서 없애버릴 수도 있었지만, 그녀는 무의식적으로 자신과 그 베트남 소녀를 연결했다. 마치 잠재의식의 차원에서 그 꿈이 언젠가 자신을 미궁에서 빠져나오도록 해줄 단서라는 것을 알고 있었던 것처럼 꿈을 잊어버리지 않았다.

그녀의 이야기는 우리 또한 어떻게 하면 그와 비슷한 인식의 순간에 도달할 수 있는지를 제시해 준다. 다른 사람들의 슬픔이 침범해 오지 못하도록 단단히 방어하는 대신, 지구적인 고통을 마주하는 것을 영적인 기회로 생각해야 한다. 이러한 TV 속 이미지들이 의식으로 들어와 자리를 잡을 수 있도록 의도적으로 노력해야 한다. 그들을 향한 호의를 확대하고 자신의 삶 속에 '다른 사람을 위한 공간'을 마련해야 한다. 이것은 '모든 사람에게 관심 갖기'를 발전시킬 강력한 방법이다. 어떤 특정한 장면에 마음이 강하게 끌린다면, 크리스티나가 그랬듯이 그것에 집중한다. 그녀의 경우처럼 그 끌림에는 특별한 이유가 있을 것이다. 시시때때로 그 장면을 일부러 마음속에 떠올리자. 스스로가 가엾다고 생각될 때나, 자신의 행운에 감사하는 마음으로 충만해진 행복을 느끼는 순간에 그것을 떠올려 보자. 어려움을 겪는 사람을 친구로 받아들여, 그 사람이 자신의 삶에 의미 있는 존재가 되도록 하자. 헤아릴 수 없는 것들을 명상하는 동안 자애심과 자비심이 담긴 생각이 그 사람을 향하도록 한다.

하지만 그 정도에서 멈출 수는 없다. 크리스티나는 다른 사람들의 고통을 덜어주기 위해 실질적인 일을 하는 것이 끔찍한 어린 시절의 감당하기 힘든 기억들을 뛰어넘는 방법임을 알게 되었다. 만약 자신의 슬픈 기억을 혼자서만 간직한다면, 다른 사람들의 불행에 마음을 닫게 될 수도 있다. 심지어는 불행한 경험이 자신에게 특별한 혜택을 주는 것이라고 생각하게 될지도 모른다. 하지만 황금률은 우리의 고통을 활용해 다른 사람들의 삶을 변화시키기를 요구한다. 헤아릴 수 없이 엄청난 세계적 불행에 스스로가 압도되도록 놓아둬서는 안 된다. 크리스티나의 이야기는 한 사람이 만들 수 있는 중요한 차이를 다시 한번 생각해 보도록 한다.

우리 모두가 크리스티나처럼 외국으로 달려나갈 수는 없다. 그렇게 할 필요도 없다. 우리 근처에서도 수없이 많은 기회를 찾을 수 있다. 고통은 멀리 떨어진 곳에만 있는 것이 아니다. 이번 단계를 거치면서, 자기 주변의 세상을 다시 한번 살펴볼 시간을 가져 본다. 마음챙김 훈련과 어디에나 있는 고통에 대한 새로운 인식은 가장 가까운 주변을 전혀 다르게 경험할 수 있게 해줄 것이다. 이제 바라보는 모든 곳에 존재하는 슬픔에 한층 민감해진 자신을 발견하게 될 것이다. 그것을 **알아보기** 위해 우리의 마음을 훈련할 필요가 있다. 우리에게는 붓다의 안락한 궁전과 흡사한 심리적 장소에 스스로를 격리해 고통을 가까이 다가오지 못하게 하려는 자기방어적인 경향이 있다. 그래서 우리는 가끔 자기 도시와 마을 또는 가족이 보여주는 가난, 외로움, 슬픔, 공포, 쓸쓸함의 징후들을 인식하지 못한다. 그러므로 자신이 속한 세상을 새롭게 바라보고, 해야 할 일을 선택하기 전까지는 이번 단계를 떠나지 말아야 한다. 당신이 ―그리고 오직 당신만이― 충족시킬 수 있는 결핍이 있다. 자신이 암울한 고행을 겪어야 할 운명에 빠져 있다거나, 고통에 관여하면 즐거운 삶이 사라질 것이라고 생각해서는 안 된다. 사실은 다른 사람의 고통을 덜어주는 일이 자신을 훨씬 더 행복하게 만들어준다는 것을 알게 될지도 모른다. 기자들은 종종 크리스티나를 테레사 수녀에 빗대곤 하지만, 그녀는 전혀 동의하지 않았다.

> 나로서는 그들이 왜 그러는지 알 수가 없습니다. 그건 단지 나를 제대로 알지 못한다는 사실을 증명할 뿐입니다. 나는 성인聖人이라면 하지 않을 모든 일을 하고 있거든요. 나는 클럽에 가면 목청껏 노래를 부릅니다. (...) 나는 시시때때로 위스키 더블을 마십니다. 나는 춤추는 걸 좋아합니다. 나는 신나게 달리는 자동차 안에 앉아 있는 걸 좋아하죠. 폭력은 싫어하지만, 어린이를 보호하기 위해 누군가를 두들겨 패야만 한다면, 그렇게 합니다. 나는 조금은 거친 사람입니다. 아일랜드 사람이거든요. 테레사 수녀가 아니에요.6

다른 사람의 고통을 품어주기 위해 관대하게 다가서면 엑스타시스를 경험하게 된다. 그 순간에 우리의 이기적인 자아를 버리게 되기 때문이다. 이것은 한결같이 인식의 순간에 집중하고 있는 다음의 세 가지 성서 속 이야기에 아름답게 묘사되어 있다. 신화는 행동을 위한 프로그램이라는 것을 기억하라. 자신의 삶 속에서 실행에 옮길 때만 이야기 속에 담긴 진실을 인식하게 될 것이다.

우선, 아브라함의 아주 오래된 이야기를 살펴보기로 하자. 후대의 유대인들은 신을 보는 것이 가능했다는 것을 강하게 부인하지만,

성서의 저자는 이렇게 말한다.

여호와께서 마므레의 상수리나무 곁에서 아브라함에게 나타나셨다. 한창 더운 대낮에 장막 어귀에 앉아 있던 아브라함이 고개를 들고 보니, 웬 사람 셋이 자기의 맞은쪽에 서 있었다. 그들을 본 그는 장막 어귀에서 달려나가 그들을 맞이하며 땅에 엎드려 절하였다. 아브라함이 말하였다. "손님들께서 저를 좋게 보시면, 이 종의 곁을 그냥 지나가지 마시기 바랍니다. 물을 좀 가져오라고 하셔서 발을 씻으시고, 이 나무 아래에서 쉬시기 바랍니다. 손님들께서 잡수실 것을 제가 조금 가져오겠습니다. 이렇게 이 종에게로 오셨으니 좀 잡수시고, 기분이 상쾌해진 다음에 길을 떠나시기 바랍니다." 그들이 대답하였다. "좋습니다. 정 그렇게 하라고 하시면 사양하지 않겠습니다."

아브라함이 장막 안으로 뛰어 들어가 사라에게 말하였다. "빨리 고운 밀가루 세 스아seah를 가지고 와서, 반죽하여 빵을 좀 구우시오." 그러고는 아브라함이 소 떼가 있는 데로 달려가서 기름진 좋은 송아지 한 마리를 끌어다가 하인에게 주니, 하인이 재빨리 그것을 잡아서 요리하였다. 아브라함이 엉긴 젖과 우유와 하인이 만든 송아지 요리를 나그네들 앞에 차려 놓았다. 그들이 나무 아래에서 먹는 동안에 아브라함은 서서 시중을 들었다.7

고대 사회에서 외국인은 위험한 사람들이었다. 지역에서 대대로 이어지는 복수에 얽매이지 않기 때문에 그들은 살인과 약탈을 해도 아무런 처벌을 받지 않았다. 오늘날에도 거리에서 마주친 완전히 낯선 세 명의 이방인을 기꺼이 자신의 집으로 데려오는 사람은 거의 없을 것이다. 하지만 아브라함은 전혀 주저하지 않았다. 오히려 여행자들을 반갑게 맞이하기 위해 달려나가 마치 신이나 왕이라도 되는 듯이 그들 앞에 엎드려 절하고, 자신의 천막 안으로 모셔 가지고 있던 가장 좋은 것으로 대접했다. 이러한 실제적인 자비의 행위는 신성한 만남으로 이어지게 된다.

노골적인 계시의 순간은 없었다. 야훼는 갑작스럽게 정체를 드러내지도 않는다. 그 어떤 소란스러움도 없이 그저 서서히 드러나면서 이어지는 대화에 신비롭게 참여한다. 하느님은 세 이방인을 통해 말하는 것으로 보인다. 그들은 아브라함에게 그의 아내 사라가 어디에 있는지를 묻고, 한 명이 다음과 같이 약속한다. "다음 해 이맘때에, 내가 반드시 너를 찾아오겠다. 그때 너의 아내 사라에게 아들이 있을 것이다." 그 말을 엿듣던 사라는 예언의 어리석음을 비웃는다. 그녀는 이제 늙은 여인이니까. 하지만 불현듯 그 이방인이 야훼라는 것이 밝혀진다.

> 그때에 여호와께서 아브라함에게 말씀하셨다. "어찌하여 사라가 웃으면서 '이 늙은 나이에 내가 어찌 아들을 낳으랴' 하느냐? 여호와가 할 수 없는 일이 있느냐? 다음 해 이맘때에, 내가 다시 너를 찾아오겠다. 그때 사라에게 아들이 있을 것이다."**8**

하지만 그 이방인들이 떠났을 때 "아브라함은 여호와 앞에 그대로 서 있었다."**9** 떠돌이 여행자들의 곤경은 자신과 아무런 관계도 없다고 생각하는 대신 아브라함은 그의 삶에 '다른 사람을 위한 자리를 마련'했다. 그는 공격으로부터 자신을 보호하기 위해 세워둔 장벽을 허물고 신성한 경험의 차원으로 들어섰다. 히브리어에서 '신성'을 나타내는 단어는 카도쉬*qaddosh*이며, 이를 문자 그대로 해석하면 '분리된, 다른'이라는 뜻이다. 이 이야기는 이방인을 배척하는 대신 타성과 머뭇거림과 두려움, 또는 기본적인 반감을 극복하고 그를 반긴다면 '신'이라고 불리기도 하는 초월적인 타자성을 마주하게 될 수도 있다는 것을 보여준다.

신약 성서의 누가복음에도 이와 유사한 순간이 등장한다. 예수가 십자가형을 받고 사흘째 되던 날, 그의 제자 두 명은 예루살렘에서 인근의 엠마오를 향해 걸어가고 있었다.**10** 당연하게도 그들은 엄청난 비탄 속에 빠져 있었다. 길 위에서 우연히 마주친 어떤 여행자가 왜 그렇게 괴로워하고 있는지 묻자, 그들은 상관하지 말라고 말하는 대신 예수의 처형에 관한 끔찍한 이야기를 들려주면서 예수가 메시아였다고 믿고 있었노라 설명해 주었다. 그 이방인에게 쉽게 조롱당할 수도 있었으므로 제자들의 말은 위험을 감수한 것이었다. 하지만 그들은 마음을 열고 있는 그대로의 약점을 노출시킬 용기가 있었으며, 한 번도 만난 적 없던 사람에게 가장 개인적인 소원을 털어놓았다. 그들이 보여 준 신뢰는 보상을 받았다. 그 이방인은 그들을 비웃는 대신 위로해 주었다. 그는 모세로부터 시작하는 '예언자들의 모든 메시지'를 설명하면서, 메시아는 자신의 영광에 들어서기 전에 고통을 받아야 할 운명을 타고난 것이라고 주장했다. 사실, 토라 혹은 예언서 어디에도 그러한 내용은 없다. 그 이방인은 고도로 창의적인 랍비식 해석인 미드라쉬를 시작했던 것이며, 제자들은 지나치게 자유로운 원전의 해석을 비난할 수도 있었다. 그러나 그들은 그의 통찰력에 귀를 기울일 준비가 되어 있었고, 그로 하여금 자신들의 신념에 대한 생각을 바꾸도록 했다. 나중에 그들은 이방인이 성경을 해석해 주었을 때 마음이 '속으로부터 뜨거워졌다'는 것을 기억했다.

이것은 호의에 대한 또 다른 이야기이다. 제자들은 한 이방인을 그들의 마음속에 받아들였고 그의 생각이 그곳에 자리 잡도록 했다. 목적지에 도착했을 때 제자들은 새로운 친구에게 그날 밤 함께 자고 갈 것을 청했다. 인식의 순간은 그 이방인이 저녁 식사 자리에서 빵을 떼어 줄 때 다가왔다. 제자들은 자신들이 줄곧 메시아, 즉 '크리스토Christos'와 함께 있었으나 그를 알아차릴 '눈이 닫혀 있었다'는 것을 알게 되었다. 그것은 순식간에 벌어진 일이었으며, 그는 거의 즉시 그들 앞에서 사라졌다. 누가는 그 후로 그리스도인들은 오직 성서를 공부할 때와 성만찬, 그리고 낯선 이에게 손을 내밀 때만 부활한 예수를 어렴풋이 알아볼 수 있다고 제시한다. 이방인을 멀리하거나 그의 통찰을 거부하는 대신 그가 우리의 관념을 변화시키도록 한다면, 그 만남을 통해 우리 전통에 대한 이해가 풍부해지고 우리 역시 신비로운 통찰의 순간을 경험할 수도 있다.

마지막으로, 가나안으로 돌아오던 길에 정체를 알 수 없는 이방인과 씨름을 한 야곱의 이야기를 생각해 보도록 하자. 이십 년 전 쌍둥이 형 에서에게 치명적인 해를 끼친 야곱은 목숨을 지키기 위해 메

소포타미아로 도망쳤다. 지금 그는 자기의 가족과 함께 약속의 땅으로 돌아가는 중이며, 에서와 다시 만나는 것을 몹시 걱정하고 있다. 형이 400명의 부하를 이끌고 자신을 만나러 오고 있다는 소식을 들은 야곱은 공포에 질려 있었다. 그는 가족이 먼저 요단강을 건너가도록 하고, 하인들을 통해 에서에게 수많은 가축을 선물로 바치도록 하면서 이렇게 말한다. "내 얼굴을 마주하기 전에 여러 차례 미리 보낸 선물들이 형의 얼굴에서 (분노를) 지우게 될 것이다. 마침내 형의 얼굴을 보게 될 때, 형이 나를 반가이 맞아 주리라!"11

그렇게 해서 야곱은 홀로 남게 되었는데,

> 어떤 이가 나타나 야곱을 붙잡고 동이 틀 때까지 씨름을 하였다. 그는 도저히 야곱을 이길 수 없다는 것을 알고서, 야곱의 허벅지 관절을 건드렸다. 야곱은 그와 씨름을 하다 허벅지 관절을 다친다. 그가 날이 새려고 하니 놓아 달라고 하였지만, 야곱은 자신을 축복해 주지 않으면 놓지 않겠다고 떼를 썼다. 그가 야곱에게 물었다. "너의 이름이 무엇이냐?" 야곱이 대답하였다. "야곱입니다." 그 사람이 말하였다. "네가 하나님과도 겨루어 이겼고, 사람과도 겨루어 이겼으니, 이제 너의 이름은 야곱이 아니라 이스라엘('신과 겨루는 자')이다." 야곱이 말하였다. "당신의 이름이 무엇인지 가르쳐 주십시오." 그러나 그는 "어찌하여 나의 이름을 묻느냐?" 하면서, 그 자리에서 야곱을 축복하여 주었다.
>
> 야곱은 "내가 하나님의 얼굴을 직접 뵙고도 목숨이 이렇게 붙

어 있구나!" 하면서, 그곳의 이름을 브니엘('하나님의 얼굴')이라고 하였다. 그가 절뚝이며 브니엘을 가로지를 때 해가 솟아올라서 그를 비추었다.12

이 이야기는 우리가 깨어 있는 동안 억누르던 문제를 마주하는 꿈처럼 읽힌다. 씨름 시합은 야곱과 에서가 어머니의 태 안에서 다투던 일을 생각나게 한다. 그들은 "그 안에서 서로를 거의 짓뭉갤 뻔했다."13 마침내 쌍둥이가 태어날 때 동생인 야곱('발뒤꿈치를 잡는 자')은 형의 발뒤꿈치를 잡고 있었다. 신화에서 쌍둥이는 종종 단일한 완전체의 두 반쪽을 상징한다. 자신의 분신임에도 야곱은 평생 에서와 싸운다. 또한 야곱과 에서는 끊임없이 충돌하는 두 나라인 이스라엘과 에돔Edom을 의미하기도 한다.14 이방인과 씨름할 때, 야곱은 그의 형과 그의 하느님, 그리고 그 자신과 싸우고 있는 것이다. 성서의 구절 속에서 야곱과 그 이방인을 구별하는 것이 어렵다는 것, 그리고 '얼굴'이라는 단어가 야곱, 에서, 하느님에게 반복적으로 사용되어 읽는 이들의 마음속에서 하나로 합쳐지는 점을 주목하라.

증오는 우리의 의식과 정체성을 형성한다. 미워하는 사람에 관한 생각은 우리의 머릿속을 떠나지 않는다. 비정상적인 형태의 명상에 빠져 그들의 나쁜 특징을 곰곰이 생각할 때 그들은 우리 마음속에 부정적인 방식으로 자리 잡게 된다. 이렇게 그 적수는 점점 우리가 닮게 되는 '그림자 자아'인 쌍둥이가 되어가는 것이다. 국가 또한 야곱의 경우처럼 자신들이 해를 끼쳤던 민족을 향해 깊은 적개심을 느낄 수 있으며, 그 적수는 국가적 의식과 정체성에 너무나도 중심적인 대상이 되어 제2의 자아가 된다. 화해를 원한다면 적들과 싸워야 할 뿐만 아니라, 우리 자신과도 씨름해야만 한다. 그러한 싸움에서 더욱 위대한 어떤 존재로부터 축복받고 포용될 수도 있다는 것을 이 신화가 말해 주고 있다.

다음날 두 형제가 만났을 때, 에서는 젊은 왕자처럼 너그러운 태도를 보이며 자신의 쌍둥이 동생에게 달려가 그를 안아 주었다. 두 사람은 함께 울었다. 그리스인들처럼, 공유하고 있는 과거의 슬픔이 그들 사이의 유대감을 만들어냈음을 느끼게 된 것이다. 이것은 샬롬, 즉 '평화, 완전함, 완성'의 순간이다. 야곱은 즉시 이러한 화해의 엑스타시스를 브니엘의 신의 현현과 연결하고 에서에게 이렇게 말한다. "형님께서 저를 이렇게 너그럽게 맞아 주시니, 형님의 얼굴을 뵙는 것이 하나님의 얼굴을 뵙는 듯합니다."15

이제 우리의 여정은 거의 끝나 가고 있다. 마지막 단계로 들어설 준비를 하면서, 이방인과 치열한 싸움을 마친 후의 야곱에 대해 생각해 보아야만 한다. 비록 그 만남으로 인해 상처를 입었지만, 그는 공격자에게서 축복을 받았다. 그리고 이제 새로운 날의 햇살을 받으며 과거의 적을 향해 발걸음을 내딛고 있다.

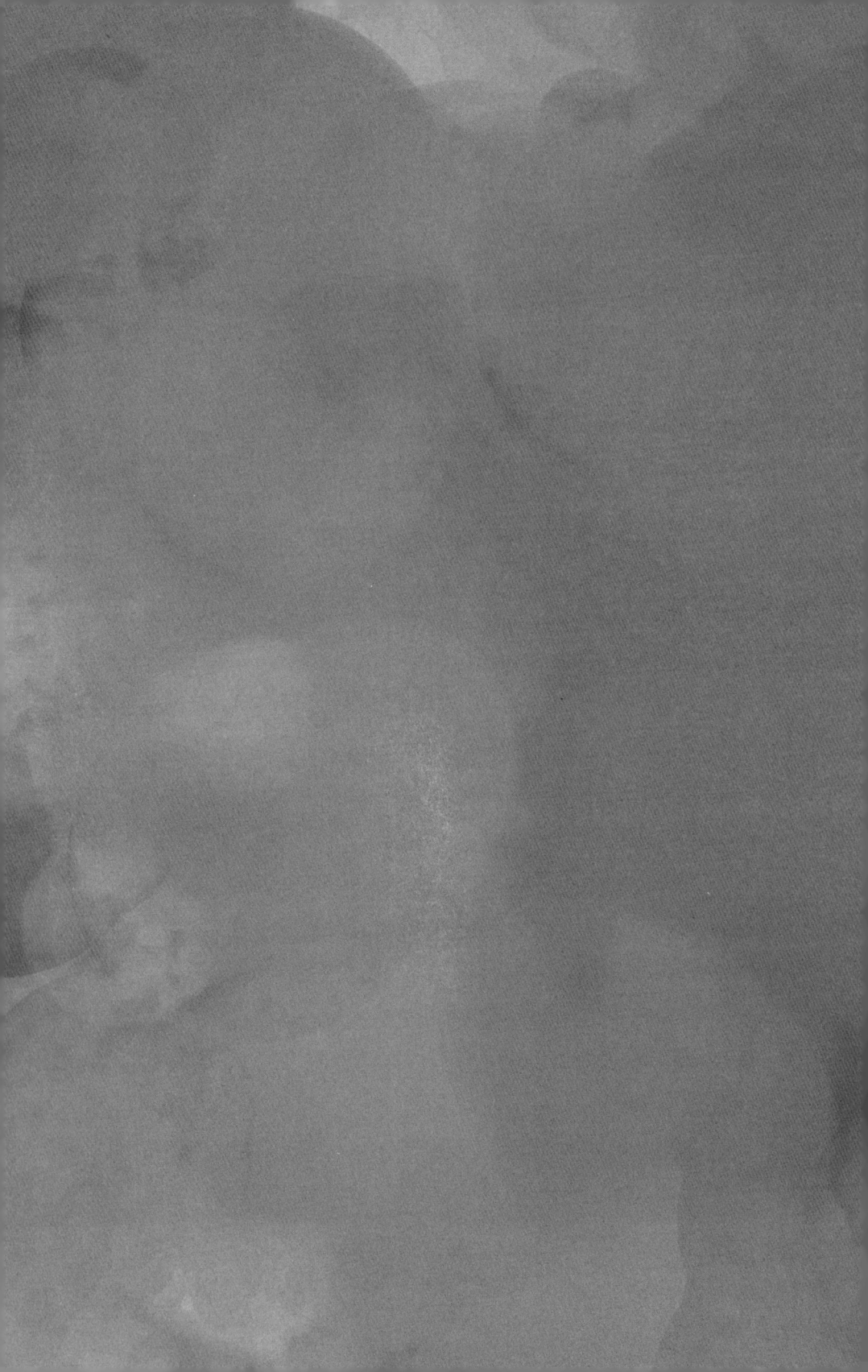

열두 번째 단계

원수를 사랑하라

황금률은 '나'가 나 자신과 부족, 국가를 소중히 여기는 만큼 상대방도 자신과 그의 부족, 국가를 소중히 여긴다고 가르친다. 이것을 명확하게 규정한 위대한 현인들은 만약 '나'가 개인적·정치적 정체성과 생존을 절대적 가치로 여긴다면 인간 사회는 불가능하다고 믿었으며, 그러므로 우리는 모두 서로에게 '양보'해야 한다고 주장했다. 이러한 예언자, 신비주의자, 그리고 현자들은 대부분 폭력이 고조되고 갓 태어난 시장 경제가 게걸스러운 탐욕을 조장하던 시대를 살았다. 파충류 뇌의 원시적 감정은 자신의 능력을 더욱 향상할 기술을 발명해 낸 호모 사피엔스의 새로운 두뇌 능력인 추론과 계산으로 한층 더 강해졌다. 묵자는 춘추전국시대 초기에 당대의 군주들에게 '모든 사람에게 관심을 가지는 일'이 실질적으로 가능하며, 그들에게 이익이 되리라고 설득했다. 이것은 오늘날에 와서는 더욱더 타당해진 성찰이다. 전쟁은 구시대적인 개념이라는 달라이 라마의 지적을 떠올려 보자. 전쟁은 인간의 역사에서 빠뜨릴 수 없는 부분이지만 오늘날과 같은 글로벌 사회에서 더 이상 이해될 수 없는 것이다. 우리의 이웃을 파괴한다면, 결국 그 결과는 우리에게 끔찍하게 되돌아올 것이다.[1]

잔혹했던 춘추전국시대가 끝나기 직전인 기원전 3세기경, 훗날 노자老子로 알려진 무명의 중국 저자는 의도가 제아무리 좋다 해도 폭력은 언제나 그 가해자에게 되돌아온다는 점을 지적했다. 자신이 원하는 대로 행동하도록 사람들에게 강요할 수는 없다. 강압적인 방법은 정반대의 결과를 초래할 가능성이 더 크기 때문이다. 오늘날 『도덕경道德經』은 일반적으로 경전으로 읽히고 있지만, 사실은 국가 경영을 위한 지침서였다. 강대국인 진나라에 의해 멸망할 위기에 처해 임박한 멸절의 공포에 사로잡혀 있던 조그만 제후국의 통치자를 위해 작성된 것이다. 이 글은 위험에 처한 군주에게 생존 전략을 제공한다. 노자는 정치적인 삶에서 사람들은 언제나 분노에 찬 행위와 막강한 군사력의 과시를 더 선호하지만, 폭력과 강압은 자기 파괴적이라고 주장한다. 오르막이 있으면 내리막도 있다는 것이 삶의 법칙이다. 따라서 양보하여 적의 힘을 강하게 만드는 것이 실제로는 적의 몰락을 재촉하는 것이다.

현명한 통치자는 "무기란 불길한 도구"임을 인식하고 그것을 "다른 대안이 없는 경우에만" 사용한다.[2] 노자는 평화주의자가 아니었고, 때로는 전쟁이 필요악이라고 믿었다. 그러나 증오와 폭력의 가중을 막아주는 절제된 공격 태도를 옹호했다.

훌륭한 전쟁 지휘자는 호전적이지 않으며,
훌륭한 전사는 충동적이지 않으며,
가장 뛰어난 정복자는 절대로 공세를 취하지 않는 자이다.
사람들의 마음을 얻는 자는 그들을 겸손하게
대접하는 자이다.3

군주가 다른 사람들에게 자신의 뜻을 강요하면 그들은 반사적으로 저항하기 때문에 폭군은 제 스스로 몰락을 재촉하는 것이다. 그러므로 현명한 군주는 오직 마지막 방책으로써만 무력에 의지한다. 그는 승리주의, 쇼비니즘, 공격적 애국주의 없이 적대 행위를 온화하게 끝내야만 한다는 것을 알고 있었다. "목적을 이루되 으스대지 않으며, 목적을 이루되 자랑하지 않으며, 목적을 이루되 오만하지 않으며, 목적을 이루기 위해 어쩔 수 없이 무력을 사용할 뿐이며, 목적을 이루되 강제로 군림하지 않는다."4

　이러한 태도는 오직 통치자가 자신의 마음을 다스리고 현자가 되었을 때만 가능했다. 그는 위협에 대한 우리의 본능적인 반응인 '나 우선'의 공격성을 통제해야 했다. 그 첫걸음으로 언어의 부적절함을 이해하기 위해 공부해야 하며, 진정한 성찰은 정보의 습득이 아니라 우리의 이기주의와 탐욕을 억누르는 데에서 비롯된다는 것을 인식해야만 한다.5 슬기로운 통치자는 자신의 원칙을 거만하게 내세우지 않는다. 백성을 **자신이** 원하는 모습대로 만들려 노력하지 않고, "백성의 마음을 자신의 마음으로" 받아들인다.6 통치할 준비가 되어 있는 유일한 사람은 바로 이기적인 습관을 극복한 사람이다.

커다란 고통을 겪는 이유는 나에게 자아가 있기 때문이다.
만약 자아가 없다면 내가 어떤 고통을 겪겠는가?
그러므로 자신의 자아만큼이나 천하를 소중하게 여기는 자에게는
천하를 맡길 수 있을 것이며
자신의 자아만큼이나 천하를 사랑하는 자에게는
천하를 건넬 수 있을 것이다.7

춘추전국시대 최후의 승자로 떠오른 것은 현명한 군주가 아닌 무자비하게 공격적인 진나라였다. 하지만 진나라의 잔학하고 억압적인 정책은 209년의 민중 반란을 촉발했고, 왕조가 제대로 발전하기도 전에 멸망하는 것으로 결국 노자가 옳았음이 증명되었다.

적을 향해 절제하는 지혜를 배워야만 오늘날 세계를 뒤흔드는 공격과 반격의 악순환을 멈출 수 있다. 우리는 예수가 제자들에게 원수를 사랑하라고 했을 때, 아힘사의 윤리를 촉구했던 것임을 알게 되었다. 성문成文 토라에서는 제한적인 복수를 허락하고 있으며, 그러므로 **오직** 눈에는 눈, 이에는 이를 가져가는 복수만 가능하다.8 그러나 간디는 "눈에는 눈(식의 보복)은 온 세계를 눈이 멀게 만들 것이다."라는 유명한 말을 남겼다. 예수가 제자들에게 "악한 자에게 맞서지 말라" 한 것은 우리에게 용기를 보여달라고 요구한 것이다.9

"그러나 내 말을 듣고 있는 너희에게 내가 말한다. 너희의 원수를 사랑하여라. 너희를 미워하는 사람들에게 잘해 주고, 너

희를 저주하는 사람들을 축복하고, 너희를 모욕하는 사람들을 위하여 기도하여라. 네 뺨을 치는 사람에게는 다른 뺨도 돌려 대고, 네 겉옷을 빼앗는 사람에게는 속옷도 거절하지 말아라. 너에게 달라는 사람에게는 주고, 네 것을 가져가는 사람에게서 도로 찾으려고 하지 말아라. 남에게 대접받고자 하는 대로 남을 대접하여라."**10**

『도덕경』과 마찬가지로 예수는 적의 노여움을 진정시키기 위해서는 아낌없는 열린 마음을 가져야 한다고 설하고 있다. 그러한 사랑은 개인적인 보상을 바라지 않는다. "너희가 너희를 사랑하는 사람들만 사랑하면, 그것이 무슨 장한 일이 되겠느냐? … 그러나 너희는 너희 원수를 사랑하고, 좋게 대하여 주고, 또 아무것도 바라지 말고 꾸어 주어라."**11** 이 부분의 그리스어 원문은 모호해서, 마지막 구절은 '누구도 절망에 빠지지 않게 하라', 또는 '아무도 절망하지 않도록 하라'는 뜻이 되기도 한다. 우리는 지금까지 적의 최악만 볼 수 있는 정의감에 기반한 강경 정책의 결과를 목격했다. 사람들을 절망으로 내몰고, 그들의 요구를 무시하고, 그들의 열망을 진지하게 받아들이기를 거부하는 무자비한 복수의 위험성을 확인했다. 우리는 아무것도 잃을 것이 없다고 느낄 때 사람들이 절망적이고 자기 파괴적인 방법에 의존하게 된다는 것을 알게 되었다.

자비의 목소리가 먼 과거에만 있었던 것은 아니다. 우리는 최근에도 그런 목소리를 들었다. 간디는 생의 막바지에 이제 더는 어느 누구도 증오하지 않는다고 했다. 영국 식민주의의 억압적인 체제를 증오했지만, 그것을 실행에 옮겼던 사람들을 미워할 수는 없었던 것이다. "내 사랑은 배타적이지 않다. 무슬림이나 힌두교인을 사랑하면서 영국인을 미워할 수는 없다. 만약 내가 단순히 힌두교인이나 무슬림의 행동 방식이 전반적으로 내 마음에 들기 때문에 사랑하는 것이라면, 그들이 언제라도 내 마음에 거슬리는 방식으로 행동하게 되면 나는 즉시 그들을 미워하게 될 것이기 때문이다. 사랑하는 사람의 미덕을 근거로 하는 사랑은 대가를 바라고 하는 것일 뿐이다."12 넬슨 만델라는 29년간 감금되어 있던 남아프리카 공화국의 감옥을 떠나면서 상대방을 비난할 마음이 전혀 없었다. 그리고 권력을 잡은 뒤에도 복수를 꾀하기보다 화해의 과정을 밟기 시작했다. 젊은 시절 중국의 압력으로 티베트에서 망명해야 했던 달라이 라마는 비록 자신의 사찰이 파괴되고 승려들이 학살되는 것을 보았지만, 줄곧 중국을 비난하길 거부했다.

마틴 루터 킹 목사는 예수의 삶에서 최고의 순간은 자신의 사형을 집행한 사람들을 용서한 때였다고 믿었다. 악에 맞서 악으로 물리치려 하는 대신 그는 선으로 악을 압도했다. "오직 선만이 악을 몰아낼 수 있으며 오직 사랑만이 미움을 극복할 수 있다."13 우리의 원수를 사랑한다는 것은 "우리에게 악행을 저지르고 상처를 주는 사람을 거듭해서 용서할 필요성"을 받아들여야만 한다는 뜻이다. 킹 목사는 이것이 바로 "우리의 생존을 위한 절대적인 필요성이며 … 우리 세상의 모든 문제를 해결하는 열쇠"라고 확신했다.14 적들이 우리에게 가한 상처가 더욱 긍정적인 관계를 만드는 데 있어 넘어설 수 없는 장벽이 되는 것을 허용할 수는 없다. 킹 목사는 이렇게 주장했다. "우리는 적을 굴복시키거나 모욕을 주려고 하는 대신 그의 우정과 이해를 얻도록 노력해야만 한다. 모든 말과 행동은 적을 이해하는 데 쓰여야 하며, 미움이라는 통과할 수 없는 벽에 가로막힌 광대한 선의의 저수지를 개방해야만 한다."15

하지만 자비에는 위험이 따르며, 우리를 취약하게 만든다. 킹 목사는 1968년에 암살당했다. 그는 증오가 두려움에서 비롯된 것임을 알고 있었지만, 오직 사랑만이 이러한 '질병'을 치료할 수 있다는 신념을 견지했다. "증오는 인생을 마비시키지만 사랑은 인생을 조화롭게 만든다. 증오는 인생을 혼란스럽게 하지만, 사랑은 균형을 가져온다. 증오는 인생을 어둡게 만들지만, 사랑은 밝게 빛나게 한다."16 비록 킹 자신은 증오의 희생양이 되었으나 자비를 향한 그의 헌신은 세상을 변화시켰으며, 그에 대한 기억은 변치 않는 영감으로 남아 있다. 1948년 암살당한 간디의 경우도 마찬가지였다. 그의 사망 이후, 당시 인도의 수상이었던 판딧 네루는 국민들에게 다음과 같이 말했다.

> 저는 '빛이 사라졌다'고 말했습니다. 하지만 제가 틀렸습니다. 이 나라를 밝게 비추었던 그 빛은 평범한 빛이 아니었기 때문입니다. 지금까지 이 나라를 밝혀 주었던 그 빛은 앞으로도 더 오랜 세월 동안 이 나라를 비출 것이며, 천 년이 지난 후에도 이 나라를 밝게 비추는 빛을 보게 될 것입니다. 전 세계가 그 빛을 볼 것이며, 그 빛은 수많은 사람의 마음을 위로해줄 것입니다.17

증오의 유혹에 굴복하기를 한결같이 거부하는 삶은 그 자체로 영속적인 힘을 지닌다.

하지만 '사랑'은 어떤 결과를 가져오게 될까? 이제 열두 번째 단계에 도착한 우리는 자비가 단순한 감성이나 감정적 부드러움의 문제일 수 없다는 것을 알고 있다. 원수를 사랑하라는 예수의 말은 레위기의 "너는 너의 이웃을 네 몸처럼 사랑하라."라는 말을 논한 것이다.18 레위기는 율법을 기록한 책이므로 대법원 판결이 그렇듯 감정이 개입된 이야기는 적절하지 않다. 고대 중동에서 '사랑'은 국제 조약에 사용되는 법률 용어였다. 두 나라의 왕이 서로 '사랑'하기로 약속했다면, 비록 단기적인 이익에는 해가 될지라도 서로를 존중하고 실질적인 도움과 지원을 주기로 맹세했다는 의미였다. 이것은 가장 실리적인 태도의 정부라도 수용할 수 있는 일이다. '지구촌'에서는 모든 사람이 우리의 이웃이며 적과 동맹을 맺는 것은 필수적이다. 우리는 모든 사람이 자신의 목소리를 내고 모두의 포부가 진지하게 받아들여지는 민주주의 세계를 만들 필요가 있다. 최후의 수단으로서 이러한 종류의 '사랑'과 '모든 사람에 대한 관심'은 근시안적이며 이기적인 정책들보다 훨씬 우리에게 이익이 될 것이다.

그러므로 이번 단계를 거치면서 우리의 '헤아릴 수 없는 것들'에 대한 명상에 마지막 하나를 추가한다. 당신의 우정, 자비심, 공감적인 기쁨, 우펙샤를 당신 자신과 당신에게 무관심한 사람, 그리고 당신이 싫어하는 사람에게 향하도록 한 후에 가장 중요한 '적'을 마음속에 떠올려 보자. 적은 당신의 생존과 당신이 지키려는 모든 것을 위협하는 것처럼 보이는 어떤 인물, 또는 어떤 것일 수도 있다. 그것은 당신의 나라와 전쟁을 치르고 있는 국가, 강압적인 제국주의, 특정한 종교전통, 당신의 국민에게 상처와 공포를 주고 기본권을 박탈하며 당신을 파멸시키려는 듯이 보이는 국가일 수도 있다.

언제나 그랬듯이 우리 자신에서부터 시작하기로 한다. 당신은 타당한 이유로 그 '적'에게 깊은 분노를 느낄 수도 있다. 바로 여기가 당신이 앞으로 해 나가야만 하는 작업의 시작점이므로, 자신의 증오를 인정해야 한다. 그 적을 친구로 만드는 데 당신이 심각한 거부감을 품고 있다는 것에 주목하자. 우리가 그 적과 '쌍둥이'가 될 수도 있으며, 적을 닮아갈 수 있다는 것을 기억하라. 우리의 증오는 정체성의 일부인 제2의 자아가 될 수도 있다.

개인과 증오를 퍼뜨리는 그들의 지도자를 구별하는 것의 중요성을 상기하자. 그리고 그 개인들이 당신에게 적대적인 상황에서 태어나겠다고 선택한 것은 아니라는 점을 기억하라. 그것은 인생에서 '미리 정해진 것들' 중의 한 가지이다. 적국의 개별적인 구성원, 모든 종교전통의 개별적인 신봉자들은 각자 자신들만의 고난의 역사를 지녔으며 당신만큼이나 그러한 상황으로부터 개인적인 고통을 당하고 있을 것이다. 당신의 적이 억압과 수탈, 망명, 탄압의 역사를 겪고 있는가? 당신의 국가는 어떤 역할을 했는가? 마지막으로 당신이 속한 국가의 국민이 지닌 결함을 생각해 보자. 당신의 증오가 혹시 '내 눈의 들보와 다른 사람 눈의 티끌'을 나타내는 또 다른 예는 아닐까? 우리는 평화를 위해 공평하고 공정하게 상황을 평가하는 우펙샤를 목표로 하고 있다. 당신의 적이 평안하고 행복해지기를 바라도록 노력하라. 당신의 적이 겪는 고통에 책임감을 가질 수 있도록 노력하라.

이것은 자비를 평가하는 가장 중요한 시험이다. 처음에는 불가능해 보일 수도 있다. 하지만 자신이 품고 있는 증오를 극복하겠다는 의지와 결심만 있다면 이 연습을 통해 시간이 지날수록 적대감과 의심, 혐오감의 패턴을 바꿀 수 있다. 야곱과 에서의 이야기에서 확인했듯이, 적은 우리의 또 다른 자아이다. 적과 우리는 적대감으로 함께 구속되어 있으며, 같은 곤경에 처해 있다.

베트남 출신 승려인 틱낫한Thich Nhat Hanh은 베트남 전쟁 동안 자기 나라의 군인들을 위해 '헤아릴 수 없는 것들'에 대한 명상을 수행했다. 또 그들과 똑같이 고통을 받고 있을 미군들의 곤경에 대해서도 명상하여, 스스로가 미군의 안전과 안녕을 염원하도록 했다. 일단 당신의 적 역시 고통을 겪고 있다는 것을 인식하게 되면, 적들의 눈에서 자신이 겪고 있는 고통과 똑같은 거울 이미지를 볼 수 있게 된다. 이러한 방식으로 적들도 자비를 받을 자격이 있다는 것을 인식하게 되는 것이다. 결국, 전쟁을 끝내기 위해 노력한다는 오직 한 가지 행동 방식만이 가능하다는 것이 틱낫한에게 명확해졌다.[19] 오늘날 분쟁에서 자녀를 잃은 이스라엘과 팔레스타인 사람들이 평화를 위해 노력하고자 함께 모여, 자신들이 겪고 있는 고통으로 정치적 분열을 초월하는 연대를 형성했다. 인도 아대륙에서도 양측이 겪은 테러 행위에 충격을 받은 인도와 파키스탄 사람들이 두 나라 사이의 평화를 위해 함께 사회 운동을 펼치고 있다.

지금이야말로 열 번째 단계에서 자신이 '선택한' 국가나 전통에 대해 알아가기 시작했던 것과 똑같은 방식으로 자비의 과학을 활용하여 당신의 적을 살펴보아야 할 때이다. 자신이 적에 대해 아는 것이 얼마나 없는지를 인식하는 것에서 시작하여, 적의 역사를 점점 더 많이 찾아보도록 한다. 당신의 생각보다 문제들이 더 복잡하다는 것을 다시 한번 발견할 수도 있다. 각각의 문제점마다 적의 상황을 공감적으로 이해하도록 해 주는 맥락에 대한 이해가 축적될 때까지 '하지만 왜?'라는 질문을 던져 본다. 우리는 잔혹 행위, 끔찍한 폭력, 테러리즘, 조직적인 권리 침해를 절대로 용납할 수 없다. 하지만 당신과 당신의 국가, 종교전통에도 역시 결함이 있으며 아마 십중팔구 과거에 다른 국가에 심각한 범죄를 저질렀으리라는 사실을 기억해야 한다. 어쩌면 지금도 그런 일을 저지르고 있을 수도 있다. 적의 역사에 엄청난 고통이 있었는가? 위협받는 환경에서 인간의 뇌는 영구적으로 공격적인 성향을 띠게 된다는 사실을 기억하자. 당신의 적에게 이런 일이 일어난 것은 아닐까? 또한 자신의 마음속에 생긴 '그림자'를 돌아보는 일의 중요성도 기억하자. 다른 상황에서는 당신 역시 악한 행동을 할 수 있을지도 모른다.

보복은 오로지 위협 메커니즘에 의해 활성화된 증오와 폭력을 악화시킬 뿐이다. 2001년 9월 11일, 팔레스타인과 이란을 포함한 세계의 모든 나라가 미국에 위로의 뜻을 밝혔다. 쌍둥이 빌딩에 가해진 공격에 미국이 군사적인 공격 대신 비폭력적이고 열린 마음으로 반응했다면 그 결과가 달라질 수 있었을까? 공자의 말을 되새겨 보자. 적에게 모멸감을 주는 것은 위험한 일이다. 제1차 세계 대전 이후 베르사유 조약에 의해 독일에 부과된 가혹한 조건들은 아돌프 히틀러가 권력을 잡을 발판이 되었다. 우리 자신이 기대하는 대우를 모든 사람이 확실하게 누리도록 해줄 방법을 찾을 필요가 있다.

국제 관계 향상을 위한 방법으로 대화의 필요성을 언급하는 논의가 무성하다. 하지만 그것이 소크라테스식 대화일까, 아니면 모멸감을 주거나 속이고 좌절시키려는 공격적인 대화일까? 우리는 '다른 사람을 위한 공간'을 마련할 준비가 되어 있는가, 아니면 단순히 자신의 의지를 강요하기로 결심했는가? 이러한 대화의 가장 필수적인 부분은 **경청**하려는 노력이어야만 한다.

적이 자신의 이야기를 시작하려 할 때, 상대방은 너무나도 자주 그들의 말을 방해하거나 소리쳐 억누르고 반대하며, 그의 말은 거짓이고 부정확하다고 매도한다. 하지만 모든 신화가 그렇듯이, 이야기는 종종 사실적이고 역사적인 정확성보단 어떤 사건의 내적인 의미를 반영한다. 정신분석학자라면 누구나 알고 있듯이 고통, 배신, 잔혹 행위에 관한 이야기는 화자에게 실제로 일어난 일만큼이나 중요한 사건의 감정적인 양상을 표현한다. 우리는 적들의 이야기에서 암암리에 흐르고 있는 고통을 들여다볼 필요가 있다. 그리고 똑같은 사건에 대한 우리의 설명은 공평하고 전적으로 사실적인 진술이기보다 우리 자신의 상황과 고통을 반영한 것이 되기 쉽다는 것 또한 인식하고 있어야만 한다.

자신의 마음을 세심하고 깊숙이 살펴보려 노력해야 하며, 그렇게 함으로써 적의 슬픔을 헤아리는 법을 배우게 된다. 그리스인들은 호전적인 민족이었지만 이를 잘 이해하고 있었다. 현존하는 최초의 그리스 비극은 기원전 472년, 아테네가 기념비적인 살라미스 해전에서 페르시아 군대에 승리한 지 8년 뒤에 디오니소스 축제에서 공연되었던 아이스킬로스의 《페르시아인들 *The Persians*》이다. 아테네가 승리를 거두기 전, 페르시아는 아테네 전역을 약탈과 방화로 짓밟고 아크로폴리스에 새롭게 지어놓은 아름다운 신전들을 모두 파괴했다. 하지만 아이스킬로스는 극을 통해 청중들에게 페르시아인들을 위해 슬퍼해 주고, 적들의 관점에서 살라미스 전투를 바라볼 것을 요청했다. 그는 패주한 페르시아의 왕 크세르크세스와 그의 어머니인 아토사, 선왕 다리우스의 유령을 동정하고 존중한다. 이들은 모두 안전감의 베일을 벗겨내 인간의 삶 한가운데 자리한 공포를 드러내는, 사별死別의 뼈에 사무치는 슬픔을 이야기한다.『도덕경』의 정신과 같이, 승리를 뽐내거나 흡족해하지도 않는다. 페르시아인들은 비탄에 빠진 민족으로 그려진다. 그리스와 페르시아는 "완벽한 아름다움과 우아함을 지닌 … 같은 조상을 모신 자매들"로 표현된다.[20]

하지만 아이스킬로스는 그리스와 페르시아가 권력에 대한 욕망으로 서로에게 구속되어 있다고 넌지시 암시한다. 다리우스는 그 자신이 신에게서 인정받은 자기 제국의 경계를 준수하지 않고 그리스를 침략하여 자국 백성들에게 재난을 가져온 것임을 인정하며 지나친 자만심(휴브리스hubris)의 위험성을 경고한다.

(...) 그 누구도
더 많이 차지하려는 탐욕에 빠져, 자신의 행운을 경멸하거나,
모든 재산을 헛되이 낭비해서는 안 된다. 고귀한 옥좌에 계신 제우스께서는
오만하고 거들먹거리는 자들을 엄하게 응징하신다.[21]

하지만 아테네인들도 그들과 똑같은 자만과 탐욕의 죄를 지었다. 본래 페르시아의 위협에 함께 맞서고, 그리스 도시국가 간의 우정과 형제애를 다지기 위해 맺어진 델로스 동맹을 위반한 것을 불편하게 생각하는 아테네인들이 생기기 시작했다. 하지만 살라미스 해전 이후 아테네는 다른 도시국가들을 침략하기 시작했으며, 전리품으로 호사스러운 건축물을 지었다.22 아이스킬로스는 아테네가 이제는 독선적으로 적의 죄악에 대해 거들먹거리며 이야기할 입장이 아님을 청중들에게 명확하게 제시한다.

오늘날 우리에게는 바로 이러한 정신이 필요하다. 아이스킬로스보다 수 세기 앞선 호메로스Homeros(기원전 800?~?)는 전시에 적에게 손을 내민다면 어떤 일이 벌어질 수 있는지를 보여주었다. 그가 8세기에 쓴 서사시 《일리아스Iliad》는 그리스와 트로이의 10년 전쟁 중 일어났던 작은 사건에 관한 이야기를 전해준다. 그리스 진영의 장군인 아킬레우스는 아가멤논 왕과 언쟁을 벌인 후 이기적인 분노에 휩싸여 병사들을 퇴각시키고 군막에 처박혀버린다. 이러한 그의 행동은 그리스군에 커다란 손실을 끼쳤으며, 그로 인한 혼란 속에서 아킬레우스의 절친한 친구인 파트로클로스가 트로이의 왕자 헥토르에게 살해당하게 된다. 죄의식과 슬픔, 분노에 휩싸인 아킬레우스는 거의 반미치광이가 되어버린다. 그는 헥토르에게 결투를 신청하여 그를 살해한 다음, 트로이의 왕족들이 성벽 위에서 뻔히 지켜보는 가운데 헥토르의 시체를 끌고 파트로클로스의 무덤가를 돌면서 끔찍하게 훼손한다. 게다가 그는 매장할 수 있도록 시신을 돌려달라는 유족들의 요청을 거부한다. 그것은 헥토르의 영혼이 영원히 안식처를 찾을 수 없으리라는 뜻이었다.

그러던 어느 날 밤, 그리스 진영으로 잠입한 트로이의 왕 프리아모스는 아킬레우스를 찾아가 아들의 시신을 돌려줄 것을 애원한다. 변장을 벗어던진 늙은 왕은 놀랍게도 아들을 죽인 아킬레우스의 발 앞에 엎드려 울며 "험악한 살인자이며, 자신의 아들들을 수없이 살해한" 그의 두 손에 입을 맞춘다.23 아무런 조건 없이 굴욕을 감수하는 프리아모스 왕의 태도는 아킬레우스로 하여금 자신의 죽은 아버지를 향한 깊은 슬픔을 일깨워 준다. 그리고 그 역시 "이제는 자신의 아버지를 위해, 그리고 다시금 파트로클로스를 위해" 울기 시작한다.24 두 사람은 서로를 부여안고 각자의 망자들을 위해 비통해한다. 마침내 아킬레우스는 자리에서 일어나 프리아모스의 손을 잡고, "흰 머리카락과 흰 수염을 가엾이 여기며" 부드럽게 그를 일으켜 세운다.25 그는 정중하고 조심스러운 태도로 이 약하고 늙은 왕에게는 시신이 너무 무거울 것이라고 걱정하며 헥토르의 시신을 건네준다. 그리고 두 적수는 고요한 경외감으로 서로를 바라본다.

> 다르다노스의 아들인 프리아모스는 아킬레우스를 바라보며
> 그의 건장함과 아름다움에 경탄했다.
> 그는 마치 이제 막 나타난 신과 같았기 때문이었다.
> 이번에는 아킬레우스가 다르다노스의 아들 프리아모스를 바라보았다.
> 그리고 그의 용맹한 외모를 보고, 그의 말을 들으며 경탄했다.26

격렬한 전쟁의 와중에 공유하게 된 고통과 연민은 그들 각자의 증오를 초월하고, 자신의 적이 지닌 신성한 신비를 볼 수 있게 해 주었다.

마지막 한마디

트로이 전쟁이 아킬레우스와 프리아모스가 서로를 기꺼이 받아들이는 것으로 끝나진 않았다. 전투는 그다음 날에도 계속되었으며 아름다운 도시 트로이가 파괴되기 전까지 멈추지 않는다. 우리는 자기 도취를 벗어나게 해 주는 깨달음의 순간을 경험하지만, 너무나도 쉽게 과거의 익숙한 방식으로 돌아간다. 브니엘에서 신을 만난 야곱은 인생 최고의 순간을 경험했지만, 그것을 바탕으로 성장하지 못했다. 창세기의 저자들은 그의 노년이 소모적인 이기주의에서 벗어나지 못했음을 보여준다. 자신의 딸 디나가 강간당했을 때, 야곱은 딸의 고통보다 지역 내의 자기 평판을 더 많이 걱정한다. 가족들을 동등한 사랑으로 대하는 대신 선호하는 아들에게만 방종한 편애를 쏟아부어 거의 치명적인 결말을 초래한다.

이것이 우울한 결말로 이 책을 맺겠다는 뜻은 아니다. 오히려 자비로운 인간이 되기 위한 시도는 평생에 걸친 프로젝트임을 상기시키고자 하는 것이다. 한 시간이나 하루 만에, 또는 열두 단계 만에 달성되지 않는다. 이것은 우리가 죽는 그 순간까지 지속해야 하는 노력이다. 거의 매일 실패하겠지만, 야곱처럼 포기할 수는 없다. 스스로를 추스르고 다시 시작해야만 한다. 지금까지 이 단계들을 주의 깊게 잘 따라왔다면 아주 큰 진전을 이룬 것이다. 하지만 그 과정은 끝나지 않았다. 평생 열두 단계 모두를 지속적으로 실천해야 한다. 자비에 대해 더 많이 배우고, 자신의 세상을 새롭게 관찰하고 자기혐오와 낙담에 맞서 싸워야 한다. 원수를 사랑하는 것은 고사하고, 때로는 가장 가까우며 가장 사랑하는 사람을 헌신적으로 끈기 있게 사랑하는 것마저도 고단한 노력이 될 것이다.

그러나 나는 이 책에서 자비는 가능한 것이며, 분열되어 다투고 있는 이 세상에서조차 공감, 용서, '모든 사람을 위한 관심'을 초인적인 수준으로 성취한 사람들이 있음을 보여주고 싶었다. 우리는 고통, 혐오, 탐욕, 질투 속에 살아가도록 운명지어지지 않았다. 순자가 주장했듯이, 누구라도 자비의 화신인 현자가 될 수 있다. 우리 자신의 고통과 주변에서 겪게 되는 불행으로 인해 낙담하게 될 때, 그것을 더 많이 노력하라는 요구로 받아들여야만 한다. 자비에 관한 신화들은 우리가 해야 할 일을 알려준다. 거듭된 실패로 우울해하는 대신, 지속적인 연습은 실제로 완벽을 만들어줄 것이며 인내를 갖고 계속하다 보면 우리도 이 세상에 유익한 힘이 될 수 있다는 것을 기억하고 있어야 한다.

붓다의 친구인 파세나디왕은 왕비가 죽었을 때 매우 의기소침해졌다. 더 이상 세상 어느 곳에서도 마음이 편하지 않아 군대를 이끌고 왕궁을 벗어난 그는 이곳저곳으로 정처 없이 떠돌아다녔다. 어느 날, 그는 거대한 열대 나무들로 가득 차 있는 공원을 지나고 있었다. 마차에서 내린 왕은 그 나무들의 사람 키만큼이나 큰 뿌리 사이를 걸으며 위안을 받는다. 그곳의 고목들은 그에게 "신뢰와 확신"을 심어주었다. "나무들은 평온했다. 그 어떤 불협화음도 나무들의 평화를 방해하지 않았다. 나무들은 일상적인 세계에서 멀찍이 떨어져 있다는 느낌을 주었으며, 그곳은 (삶의 잔혹함으로부터) 피신할 수 있는 장소였다." 이 불가사의한 고목들을 천천히 관찰하던 중 왕은 붓다를 떠올리게 되었다. 내면의 고요는 요란한 이기심이 활개 치는 세상의 시시한 혼란스러움 너머로 그를 끌어올렸으며, 위기가 닥쳤을 때 붓다와 함께 평온을 찾도록 해 주었다.1

편견 없이 공평하고 온화하고 친절하고 평온하며, 포용할 줄 알고 열린 마음을 가진 사람은 실로 피난처와 같다. 이기심의 한계와 편파성을 뛰어넘은 붓다의 모습에서 많은 사람은 삶을 감내할 수 있다고 느끼게 하는 인간애를 경험했다. 진정으로 자비로운 사람은 우리의 가장 깊은 열망과 공명하는 내부의 심금을 울린다. 폭력적이고 성난 세상 속에서 평화로운 안식처를 제공하기 때문에 사람들은 그런 이들 주위로 모여든다. 바로 이것이 우리가 열망하는 이상이며, 우리의 능력 너머에 있는 것이 아니다. 그러나 비록 이런 깨달음의 일부만을 성취하고, 이 세상을 아주 조금 더 좋은 곳으로 만들고 떠난다 해도 우리의 삶은 충분히 가치 있는 것이리라.

이제 더 덧붙일 말은 없다. 우리는 우리가 해야만 하는 일을 알고 있다. 이 책은 이렇게 끝나지만, 우리의 과제는 이제 막 시작되었다.

부록

각 장의 주

더 나은 세상을 위한 소원

1. 다음 사이트에서 이와 관련된 활동 정보를 찾아볼 수 있다: www.charterforcompassion.org
2. 『논어』 15편 23장. Arthur Waley, trans. and ed., *The Analects of Confucius* (New York, 1992). 별도의 표시가 없는 경우 본문 안에 인용된 『논어』의 모든 구절은 이 책에서 가져온 것이다.
3. 『논어』 4편 15장. translated by A. C. Graham, *Disputers of the Tao: Philosophical Argument in Ancient China* (La Salle, IL, 12, 1989), p. 21.(앵거스 찰스 그레이엄 지음, 나성 옮김, 『도의 논쟁자들』, 새물결, 2015)
4. Tu Wei-Ming, *Confucian Thought: Selfhood as Creative Transformation* (Albany, 1985), p. 84.
5. 『논어』 12편 3장.
6. 붓다의 출생 연대에 대해서는 여전히 논쟁 중이다. 서양의 학자들은 기원전 563년경이라고 생각했지만, 최근 학자들은 그보다 한 세기 후에 살았을 수도 있다고 추정하고 있다. Heinz Berchant, 'The Date of the Buddha Reconsidered', *Indologia Taurinensen* 10, n.d.
7. Richard Dawkins, *The God Delusion* (London and New York, 2006), p. 221. (리처드 도

킨스 지음, 이한음 옮김, 『만들어진 신』, 김영사, 2007)

8   E. O. Wilson, *On Human Nature* (Cambridge, MA, 1978), p. 156. (에드워드 오스본 윌슨 지음, 이한음 옮김, 『인간 본성에 대하여』, 사이언스북스, 2011)

9   Paul Gilbert, *The Compassionate Mind: A New Approach to Life's Challenges* (London, 2009).

10   August Comte, *A General View of Positivism*, trans. J. H. Bridges (London, 1865), p. 16.

11   Mircea Eliade, *A History of Religious Ideas*, 3 vols., trans. Willard R. Trask (Chicago and London, 1978, 1982, 1985), 1: 7 –8, 24; Joseph Campbell, *Historical Atlas of World Mythologies*, 2 vols (New York, 1988), pp. 48 –49; Joseph Campbell (with Bill Moyers), *The Power of Myth* (New York, 1988), pp. 70 –70, 85 –87. (조지프 캠벨·빌 모이어스 지음, 이윤기 옮김, 『신화의 힘』, 21세기북스, 2020)

12   Barbara L. Frederickson, 'The Broaden and Build Theory of Positive Emotions', *Philosophical Transactions of the Royal Society of London*, 359, 2004; Alan M. Isen, Andrew S. Rosensweig and Mark J. Young, 'The Influence of Positive Affect on Clinical Problem Solving', *Medical Decision Making*, 11, 1991; George E. Vaillant, MD, *Spiritual Evolution: A Scientific Defense of Faith* (New York, 2008), pp. 3 –46.

13   P. Broca, 'Anatomie comparée des circonvolutions cérébrales: Le grand lobe limbique', *Revue Anthropologique*, 1., 1878.

14   최근 연구 결과에 따르면 대뇌변연계의 위치는 브로카와 맥린이 추측한 것만큼 분명하지는 않다.

15   Antonio Damasio, *Descartes's Error* (New York, 1994) (안토니오 다마지오 지음, 김린 옮김, 『데카르트의 오류』, 눈출판그룹, 2017); Eric R. Kandel, James H. Schwartz and Thomas M. Jessell, *Principles of Neural Science* (New York, 2000). (에릭 R. 캔델 지음, 『Kandel 신경과학의 원리』, 범문에듀케이션, 2014)

16   Gilbert, *The Compassionate Mind*, pp. 42 –44.

17   Vaillant, *Spiritual Evolution*, pp. 42 –46, 94 –95; Elliot Sober and David S. Wilson, *Unto Others: The Evolution and Psychology of Unselfish Behavior* (Cambridge, MA, 1998). (엘리엇 소버·데이비드 슬론 윌슨 지음, 설선혜·김민우 옮김, 『타인에게로』, 서울대학교출판문화원, 2013)

18   Gilbert, *Compassionate Mind*, pp. 170 –71; D. C. Bell, 'Evolution of Care-giving

Behavior', *Personality and Social Psychology Review*, 5, 2001.

19   Gilbert, *Compassionate Mind*, pp. 168-71.

20   R. A. Depue and J. V. Morrone-Strupinsky, 'A Neuro-behavioral Model of Affiliative Bonding', *Behavioral and Brain Sciences*, 28, 2005; M. Kosfield, M. Heinrichs, P. J. Zak, U. Frisbacher and E. Fehr, 'Oxytocin Increases Trust in Humans', *Nature Neuroscience*, 435, June 2005.

21   L. Cozolino, *The Neuroscience of Human Relationships: Attachment and the Developing Brain* (New York, 2007); S. Gerhart, *Why Love Matters: How Affection Shapes a Baby's Brain* (London, 2004).

22   Tania Singer, 'Empathy for Pain Involves the Affective but not Sensory Components of Pain', *Science*, 303, 2004; James T. Kaplan and Marco Iacoboni, 'Getting a Grip on the Other Minds: Mirror Neurons, Intention Understanding, and Cognitive Empathy', *Social Neuroscience*, 1, 2006.

23   『맹자』 공손추 上 6장, in D. C. Lau, trans., *Mencius* (London, 1970).

24   HH the Dalai Lama, *Ethics for the New Millennium* (New York, 1999), p. 19. (달라이라마 지음, 도솔 옮김, 『오른손이 하는 일을 오른손도 모르게 하라』, 나무심는사람, 2002)

첫 번째 단계: 자비란 무엇인가

1   신화에 대한 더 자세한 해설은 다음의 책들을 참고하는 것이 좋다. Johannes Sloek, *Devotional Language*, trans. Henrik Mossin (Berlin and New York, 1996), pp. 53-96; Joseph Campbell (with Bill Moyers), *The Power of Myth* (New York, 1988); 그리고 내가 쓴 *A Short History of Myth* (London and New York, 1995). (카렌 암스트롱 지음, 이다희 옮김, 이윤기 감수, 『신화의 역사』, 문학동네, 2005)

2   Mircea Eliade, *Myths, Dreams and Mysteries: The Encounter between Contemporary Faiths and Archaic Realities*, trans. Philip Mairet (London, 1960), p. 225. (미르치아 엘리아데 지음, 강응섭·고승미 옮김, 『신화·꿈·신비』, 동연출판사, 2024)

3   이에 대해서는 다음의 책에서 더 상세히 들여다보았다. *The Great Transformation: The Beginning of our Religious Traditions* (London and New York, 2006). (카렌 암스트롱 지음, 정영목 옮김, 『축의 시대』, 교양인, 2010)

4   Paul Gilbert, *The Compassionate Mind, A New Approach to Life's Challenges* (London, 2009), pp. 45-46.

5   Karl Jaspers, *The Origin and Goal of History*, trans. Michael Bullock (London, 1953), pp. 1-70; 그리고 『축의 시대』.

6   J. C. Heesterman, 'Ritual, Revelation and the Axial Age', in S. N. Eisenstadt, ed., *The Origins and Diversity of Axial Age Civilizations* (Albany, 1986), p. 403.

7   Patrick Olivelle, ed. and trans., *Upanisads* (Oxford and New York, 1996), p. xxix. 『우파니샤드』의 모든 인용은 이 번역본에서 가져왔다.

8   위의 책; Michael Witzel, 'Vedas and Upanisads', in Gavin Flood, ed., *The Blackwell Companion to Hinduism* (Oxford, 2003), pp. 85-86.

9   브리하다란야까 우파니샤드 [BU], 3.4.

10   Jan Gonda, *Change and Continuity in Indian Religion* (The Hague, 1965), p. 200; Louis Renou, 'Sur la notion de *brahman*', *Journal Asiatique*, 237(1940).

11   BU 4.4.23-25.

12   위의 책.

13   BU 4.4.5-7.

14   *Chandogya Upanishad* 8.7.1-8.11.3.

15   위의 책, 8.15; J. C. Heesterman, *The Broken World of Sacrifice: An Essay in Ancient Indian Ritual* (Chicago and London, 1993), p. 170.

16   Mircea Eliade, *Yoga: Immortality and Freedom*, trans. Willard R. Trask (London, 1958)(미르치아 엘리아데 지음, 김병욱 옮김, 『요가』, 이학사, 2015); Edward Conze, *Buddhist Meditation* (London, 1956).

17   Yoga Sutra 2.42 in Eliade, *Yoga*, p. 52.

18   맛지마 니까야 [MN] 36. 팔리 경전에는 붓다의 설교 네 편(맛지마 니까야, 디가 니까야, 앙굿따라 니까야, 상윳따 니까야)과 다른 이야기들이 담겨 있다.

19   Joseph Campbell, *Oriental Mythology: The Masks of God* (New York, 1962), p. 236. (조지프 캠벨 지음, 이진구 옮김, 『신의 가면 2: 동양 신화』, 까치, 1999)

20   앙굿따라 니까야 [AN] 9.3; MN 38.41.

21   AN 8.7.3.

22   Robert Emmons, *Thanks! How the New Science of Gratitude Can Make You Happier* (Boston, 2007), p. 4; George E. Vaillant, *Spiritual Evolution: A Scientific Defense of Faith* (New York, 2008), pp. 5-6.

23   Astasahasrika 15.293 in Edward Conze, *Buddhism: Its Essence and Development* (Oxford, 1951), p. 125. (에드워드 콘즈 지음, 배광식 옮김, 『불교의 길』, 뜨란, 2021)

24 Jacques Gernet, *Ancient China: From the Beginnings to the Empire*, trans. Raymond Rudorff (London, 1968), pp. 71–75.

25 Marcel Granet, *Chinese Civilization*, trans. Kathleen Innes and Mabel Brailsford (London and New York, 1951), pp. 261–79.

26. Remarks of Jacques Gernet, reported in Jean-Pierre Vernant, *Myth and Society in Ancient Greece*, 3rd edn, trans. Janet Lloyd (New York, 1996), pp. 80–82.

27 『논어』 12편 1장. Translation suggested by Benjamin I. Schwartz, *The World of Thought in Ancient China* (Cambridge, MA and London, 1985), p. 77.

28 『논어』 12편 2장.

29 『논어』 6편 28장.

30 Tu Wei-Ming, *Confucian Thought: Selfhood as Creative Transformation* (Albany, 1985), pp. 115–16.

31 위의 책, pp. 57–58; Huston Smith, *The World's Religions: Our Great Wisdom Traditions* (San Francisco, 1991), pp. 180–81.

32 『논어』 6편 20장, 16편 12장.

33 『논어』 7편 29장.

34 『논어』 8편 7장.

35 『논어』 9편 10장.

36 Jacques Gernet, *A History of Chinese Civilization*, trans. J. R. Foster and Charles Hartman, 2nd edn. (Cambridge, UK and New York, 1996), pp. 62–67; Gernet, *Ancient China*, pp. 93–94, 96–101.

37 『묵자』 3:16, trans. Fung Yu Lan, in *A Short History of Chinese Philosophy*, ed. and trans. Derk Bodde (New York, 1976), p. 55.(펑유란 지음, 정인재 옮김, 『간명한 중국철학사』, 마루비, 2018)

38 A. C. Graham, *Disputers of the Tao: Philosophical Argument in Ancient China* (La Salle, IL, 1989), p. 41.

39 『묵자』 15:1–15, in Burton Watson, trans. and ed., *Mo-Tzu: Basic Writings* (New York, 1963).

40 『묵자』 16.

41 『순자』 15편 72절, in Burton Watson, ed. and trans., *Xunzi: Basic Writings* (New York, 2003).

42 『순자』 23편 1–4절. Watson 번역본.

43　위의 책.
44　『순자』 17편 44절.
45　『순자』 21편 28 – 30절.
46　『순자』 19편 63절.
47　『순자』 19편 17 – 79절.
48　B. Shabbat 31a, in A. Cohen, ed., *Everyman's Talmud* (New York, 1975).
49　Sifra on Leviticus 19:11.
50　창세기 5:1 Genesis Rabbah, Berishit 24.7.
51　Aboth de Rabbi Nathan I. N, 11a, in C. G. Montefiore and H. Loewe, eds., *A Rabbinic Anthology* (New York, 1976).
52　호세아서 6:6.
53　M. Sotah 8.7; M. Sanhedrin 1.5; B. Sanhedrin.
54　Louis Jacobs, 'Peace,' in *Jewish Values* (London, 1960), pp. 155 – 60.
55　Sifra on Leviticus 19:17.
56　Aboth de Rabbi Nathan 2.16.
57　위의 책 23. Cohen translation.
58　Mekhilta on Exodus 20:13.
59　B. Sanhedrin 4.5.
60　M. Baba Metziah 58b; M. Arkhim 15b.
61　마태복음 7:12; 누가복음 6:31.
62　마태복음 22:34 – 40; 마가복음 12:29 – 31; 누가복음 10:25 – 28.
63　마태복음 7:1.
64　마태복음 25:31 – 46.
65　마태복음 19:16 – 22; 마가복음 10:13 – 16; 누가복음 18:18 – 23.
66　마태복음 5:39 – 40. 성경 인용은 예루살렘 성경(Jerusalem Bible)에서 가져왔다.
67　마태복음 5:43 – 48. 성문 토라는 원수를 미워하는 것을 용납하지 **않는다**. '원수를 미워하라'는 번역의 아람어 원 표기는 아마도 '너는 원수를 사랑할 필요가 없다' 정도일 것이다.
68　빌립보서 2:6 – 11.
69　빌립보서 2:2 – 4.
70　고린도전서 13:1 – 3.
71　사도행전 4:32.

72 사도행전 2:44 – 45.
73 Augustine, *On Christian Doctrine*, trans. D. W. Robertson (Indianapolis, 1958), p. 30.
74 Toshiko Izutsu, *Ethico-Religious Concepts in the Qur'an* (Montreal and Kingston, Ont., 2002), p. 46.
75 위의 책 pp. 28 – 45.
76 위의 책 pp. 28, 68 – 69.
77 코란 14:47, 39:37, 15:79, 30:47, 44:16.
78 코란 90:13 – 17.
79 코란 25:63, in Muhammad Asad, trans., *The Message of the Qur'an* (Gibraltar, 1980).
80 코란 55:10.
81 코란 22:39 – 40.
82 코란 16:125 – 126.
83 코란 48:26, Asad translation.
84 코란 20:114; 75:17 – 19 참고.

두 번째 단계: 한발 물러나 세상을 둘러보라

1 Joseph Campbell, *The Hero with a Thousand Faces* (Princeton, N.J., 1949). (조지프 캠벨 지음, 이윤기 옮김, 『천의 얼굴을 가진 영웅』, 민음사, 2018)
2 맛지마 니까야 26, 36, 85, 100.
3 마태복음 4:1 – 10.
4 『논어』 2편 7장.
5 『논어』 2편 8장.

세 번째 단계: 나를 사랑해야 남도 사랑한다

1 레위기 19:18.
2 Sheila MacLeod, *The Art of Starvation* (London, 1981).
3 Youssef M. Choueri, *Islamic Fundamentalism* (London, 1990), p. 36.에서 재인용.
4 비나야: 마하왁가 1.6 (이 책은 불교 교단의 규칙을 성문화한 율장, 즉 승가 규율서의 일부이

다.); 상윳따 니까야 22.59.

5 Norman Cohn, *The Pursuit of the Millennium: Revolutionary Millenarians and Mystical Anarchists of the Middle Ages* (London, 1970), pp. 76-78, 86-87.
6 M. Montgomery Watt, *The Influence of Islam on Medieval Europe* (Edinburgh, 1972), pp. 74-86.
7 비나야: 마하왁가 1.6.
8 Madhyama Agama 86, in Thich Nhat Hanh, *Teachings on Love* (Berkeley, 2007), p. 13. (틱낫한 지음, 박혜수 옮김, 『틱낫한의 사랑의 가르침』, 열림원, 2003)
9 H. H. the Dalai Lama, *Ethics for the New Millennium* (New York, 1999), p. 24.
10 위의 책.
11 위의 책, p. 26.
12 고린도전서 13:4-7.
13 맛지마 니까야 1.
14 비나야: 마하왁가 1.6.
15 M. Avoth 6.1, trans. Michael Fishbane, "From Scribalism to Rabbinism," in *The Garments of Torah: Essays in Biblical Hermeneutics* (Bloomington and Indianapolis, 1989).
16 빌립보전서 2:6-11.
17 Cyril of Jerusalem, *Mystagogical Catechesis* 3.1.
18 Maximus the Confessor, *Ambigua* 42.
19 『순자』 21편 34-39절, in Burton Watson, trans. and ed., *Xunzi: Basic Writings* (New York, 2003).
20 앙굿따라 니까야 4.36.

네 번째 단계 : 타인의 입장에 서 보기

1 *Agamemnon* 177-84, in Robert Fagles, trans., *Aeschylus: The Oresteia* (London, 1975).
2 Charles Segal, "Catharsis, Audience and Closure in Greek Tragedy," in M. S. Silk, ed., *Tragedy and the Tragic: Greek Theatre and Beyond* (Oxford, 1996), pp. 157-58; Oliver Taplin, "Comedy and the Tragic," in Silk, *Tragedy*, pp. 198-99.
3 Euripides, *Medea* 1021-80; Bernard Seidensticker, "Peripeteia and Tragic

Dialectic in Euripidean Tragedy," in Silk, *Tragedy*, pp. 387-88.

4   Aristotle, *Rhetoric* 1385b.11-1386b.7; *Poetics* 6.1449b.28.

5   Euripides, *Heracles* 1233-38, 1398-1428, in Philip Vellacott, trans., *Euripides: Medea and Other Plays* (London and New York, 1963).

6   Segal, "Catharsis", in Silk, *Tragedy*, pp. 166-68; Claude Calame, "Vision, Blindness and Mask: The Radicalisation of the Emotions", in Silk, *Tragedy*, pp. 19-31; Richard Buxton, "What Can You Rely on in Oedipus Rex?" in Silk, *Tragedy*, pp. 38-49.

7   Sophocles, *King Oedipus* 1297, 1312, 1299, 1321, in E. F. Watling, trans., *Sophocles: The Theban Plays* (London, 1947).

8   Jean-Pierre Vernant, with Pierre Vidal-Naquet, *Myth and Tragedy in Ancient Greece*, trans. Janet Lloyd (New York, 1990), pp. 113-17.

9   H. H. the Dalai Lama, *Ethics for the New Millennium* (New York, 1999), p. 64.

10 Albert Schweitzer, *Reverence for Life* (New York, 1965), p. 1.

11 Albert Schweitzer, *Out of My Life and Thought* (New York, 1953), p. 70. (알베르트 슈바이처 지음, 천병희 옮김, 『나의 생애와 사상』, 문예출판사, 1999)

12 코란 93:5-20, in Michael Sells, ed. and trans., *Approaching the Qur'an: The Early Revelations* (Ashland, Ore., 1999).

13 Patty Anglin (with Joe Musser), *Acres of Hope: The Miraculous Story of One Family's Gift of Love to Children Without Hope* (Uhrichsville, Ohio, 1999), p. 29.

여섯 번째 단계 : 일상의 작은 행동부터

1   Wordsworth, *The Prelude*, Book XII, "Imagination and Taste, How Impaired and Restored," lines 207-15 in Thomas Hutchinson, ed., *Wordsworth: Poetical Works*, revised by Ernest De Selincourt (Oxford, 1966).

2   Wordsworth, "Lines Composed a Few Miles Above Tintern Abbey, on Revisiting the Banks of the Wye During a Tour," lines 32-34, 위의 책.

일곱 번째 단계 : 우리는 얼마나 무지한가

1   Marshall G. S. Hodgson, *The Venture of Islam: Conscience and History in a World*

Civilization, 3 vols. (Chicago and London, 1974), 1, p. 379. '자비의 과학'이란 표현은 Louis Massignon, "Les Nusayris," in Claude Cahen, ed., L'Elaboration de l'Islam (Paris, 1961). 에서 가져왔다.

2   다음 책의 마지막 장에서 이에 대해 상세히 논의했다. *The Spiral Staircase* (London and New York, 2004). (카렌 암스트롱 지음, 이희재 옮김,『마음의 진보』, 교양인, 2006)

3   Plato, *Apology* 21d, trans. G. M. A. Grube, in John M. Cooper, ed., *Plato: Complete Works* (Indianapolis, 1997).

4   Plato, Seventh Letter 344, in Walter Hamilton, trans., *Plato: Phaedrus and Letters VII and VIII* (London, 1973).

5   위의 책, 341.

6   위의 책, 29d, 30e‒31c, 36c.

7   위의 책, 38a.

8   『장자』 6.93, in David Hinton, trans., *Chuang-Tsu: The Inner Chapters* (Washington, D.C., 1998).

9   위의 책, 17.3.

10 위의 책, 2.1‒3.

11 『장자』 6.80, in Martin Palmer, with Elizabeth Brenilly, trans., *The Book of Chuang Tzu* (London and New York, 1996).

12 위의 책, 1.21.

13 위의 책, 7.32; 13.2‒6; 33.56.

14 Huston Smith, *Beyond the Post-Modern Mind* (Wheaton, Ill., 1989), p. 8.

15 Bel Mooney, ed., *Devout Sceptics* (London, 2003), p. 57. 벨 무니와 함께한 폴 데이비스의 인터뷰에서 발췌.

16 Brian Magee, *Confessions of a Philosopher: A Journey Through Western Philosophy* (London, 1997), p. 561.

17 Karl R. Popper, *Unended Quest: An Intellectual Autobiography* (London, 1992), p. 145. (칼 포퍼 지음, 박중서 옮김,『끝없는 탐구』, 갈라파고스, 2008)

18 Albert Einstein, "Strange Is Our Situation Here on Earth," in Jaroslav Pelikan, ed., *Modern Religious Thought* (Boston, 1990), p. 225.

19 위의 책.

20 Albert Schweitzer, *Out of My Life and Thought* (New York, 1953), p. 170.

21 William Shakespeare, *Hamlet, Prince of Denmark*, 2막 2장, lines 304‒309,

        in Peter Alexander, ed., *William Shakespeare: The Complete Works* (London and Glasgow, 1951).
22   위의 책, line 310.
23   위의 책, 3막 2장, lines 341-63.
24   Iris Murdoch, *The Bell*, with an introduction by A. S. Byatt (London, 1999), p. 196.

여덟 번째 단계 : 우리는 서로 어떻게 대화해야 할까

1   Pierre Hadot, *Philosophy as a Way of Life: Spiritual Exercises from Socrates to Foucault*, intro. and ed. Arnold I. Davidson, trans. Michael Chase (Oxford, 1995), pp. 91-93.
2   Plato, *Meno* 75c-d, in *Meno*, trans. G. M. Grube, in John M. Cooper, ed., *Plato: Complete Works* (Indianapolis, 1997).
3   Plato, Seventh Letter 344, in Walter Hamilton, trans., *Plato: Phaedrus and Letters VII and VIII* (London, 1973).
4   Tu Wei Ming, *Confucian Thought: Selfhood as Creative Transformation* (Albany, 1985), p. 84.
5   『논어』 7편 33장.
6   맛지마 니까야 89.
7   상윳따 니까야 3:1-8.
8   앙굿따라 니까야 3:65.
9   다음의 책에서 이 주제를 더 자세히 다루었다. *The Battle for God: A History of Fundamentalism* (London and New York, 2000).
10   W. V. O. Quine, *Word and Object* (New York, 1960), pp. 9-12.
11   '자비의 원칙'의 정의는 다음의 책에서 가져왔다. N. L. Wilson, in Ian Hacking, *Why Does Language Matter to Philosophy?* (Cambridge, U.K., 1975), p. 148.
12   Donald Davidson, *Inquiries into Truth and Interpretation* (Oxford, 1984), p. 148. (도널드 데이비슨 지음, 이윤일 옮김, 『진리와 해석에 관한 탐구』, 나남출판, 2011)
13   위의 책, p. 197.
14   Gerald L. Bruns, "Midrash and Allegory: The Beginnings of Scriptural Interpretation," in Robert Alter and Frank Kermode, eds., *The Literary Guide to the Bible* (London, 1987), pp. 639-42.

15   고린도전서 13:4-6.

아홉 번째 단계 : 누구든 낯선 곳에서는 이방인이 된다

1   코란 49:13, in Muhammad Asad, trans., *The Message of the Qur'an* (Gibraltar, 1980).
2   H. H. the Dalai Lama, *An Open Heart: Practicing Compassion in Everyday Life* (New York and Boston, 2001), pp. 10.
3   위의 책, pp. 9-11.
4   이와 관련해서는 내 저서에서 더 자세히 다루었다. Karen Armstrong, *The Battle for God: A History of Fundamentalism* (New York and London, 2000), pp. 330-32.
5   레위기 19:33-34.
6   마태복음 7:3-5.
7   『논어』 6편 28장.
8   이 이야기의 다른 버전들은 다음의 책에서 확인할 수 있다. Annemarie Schimmel, *And Muhammad Is His Messenger: The Veneration of the Prophet in Islamic Piety* (Chapel Hill, N.C., and London, 1985), pp. 155-79; 다음의 책도 참고하길 권한다. Karen Armstrong, *Muhammad: A Prophet for Our Time* (New York and London, 2006), pp. 81-86. (카렌 암스트롱 지음, 김승완 옮김, 『무함마드』, 교양인, 2024).
9   코란 17:1; 53:5-18.
10   W. Montgomery Watt, *Muhammad's Mecca: History in the Qur'an* (Edinburgh, 1988), p. 25.
11   Michael Sells, trans. and ed., *Approaching the Qur'an: The Early Revelations* (Ashland, OR, 1999), pp. xvii-xviii.
12   *Ilahinama*, quoted in Schimmel, *Muhammad Is His Messenger*, p. 168.
13   코란 2:109.
14   R. A. Nicholson, ed., *Eastern Poetry and Prose* (Cambridge, U.K., 1922), p. 148.

열 번째 단계 : 모르는 것을 이해할 수는 없다

1   숫따니빠따 1장 8.

열한 번째 단계 : 고통을 마주하라

1   Christina Noble (with Robert Coram), *Bridge Across My Sorrows: The Christina Noble Story* (London, 1994), p. 179.
2   위의 책, p. 25.
3   위의 책, p. 151.
4   위의 책, pp. 21 – 22.
5   위의 책, p. 307.
6   위의 책, p. 306.
7   창세기 18:1 – 8.
8   창세기 18:10-14.
9   창세기 18:22.
10 누가복음 24:13 – 35.
11 창세기 32:21. 이 이야기를 위해 나는 다음 책의 번역을 사용했는데, 예루살렘 성경보다 원문의 깊은 의미를 더 명확하게 끌어냈기 때문이다: Everett Fox, *The Five Books of Moses* (New York, 1995).
12 창세기 32:25 – 32.
13 창세기 25:23 – 26.
14 창세기 25:23.
15 창세기 33:10.

열두 번째 단계 : 원수를 사랑하라

1   H. H. the Dalai Lama, *An Open Heart: Practicing Compassion in Everyday Life* (New York and Boston, 2001), p. 10.
2   『도덕경』 ('Classic of the Way and Its Potency') 31, in Max Kaltenmark, *Lao Tzu and Taoism*, trans. Roger Greaves (Stanford, Calif., 1969), p. 56.
3   『도덕경』 68, 위의 책.
4   『도덕경』 30, in D. C. Lau trans., *Tao Te Ching* (London and New York, 1963).
5   『도덕경』 1; 위의 책.
6   『도덕경』 49; 위의 책.
7   『도덕경』 13, in William Theodore de Bary and Irene Bloom, eds., *Sources of Chinese Tradition from Earliest Times to 1600* (New York, 1999), pp. 83 – 84.

8 출애굽기 21:24.
9 마태복음 5:39.
10 누가복음 6:27-31.
11 누가복음 6:31, 34.
12 Louis Fischer, ed., *The Essential Gandhi* (New York, 1962), p.193.
13 Martin Luther King Jr., *Strength to Love* (Philadelphia, 1963), pp.40-42.
14 위의 책, p. 50.
15 위의 책, p. 52.
16 위의 책, p. 120.
17 Fischer, *Essential Gandhi*, p. 369.
18 레위기 19:18.
19 Thich Nhat Hanh, *Teachings on Love* (Berkeley, 2007), p. 38.
20 Aeschylus, *The Persians* 179-84, in Philip Vellacott, trans., *Aeschylus: Prometheus Bound and Other Plays* (London and New York, 1961).
21 *The Persians*, 826-29, 위의 책.
22 Christian Meir, *Athens: A Portrait of the City in Its Golden Age*, trans. Robert and Rita Kimber (London, 1999), pp. 207-208.
23 *Iliad*, 479-80, in Richard Lattimore, trans., *The Iliad of Homer* (Chicago and London, 1951).
24 위의 책, 24:511-12.
25 위의 책, 24:516.
26 위의 책, 24:629-32.

마지막 한마디

1 맛지마 니까야 89.

더 읽어볼 책들

첫 번째 단계에서 읽으면 좋은 책들

우리는 자비에 대해 충분히 배운 적이 없다. 아래 목록에서 통찰력을 제공하고 프로그램을 진행하는 동안 활력을 불어 넣어줄 책을 찾을 수 있을 것이다. 접근 방식이 마음에 드는 저자를 발견할 때까지 살펴보자. 이 중 몇 권에는 방대한 참고 문헌이 실려 있으므로 마음에 든 저자를 한층 깊이 들여다보고 그들이 무엇을 읽었는지 확인할 수 있다. 자신이 속한 전통의 신화와 가르침으로부터 시작하고 싶겠지만, 다른 전통의 통찰력을 탐구하면 자신의 전통을 다르게 보는 데 도움이 될 것이다.

자비의 본질에 관한 역사적인 배경과 정보

Armstrong, Karen. *The Great Transformation: The Beginning of Our Religious Traditions*. London and New York, 2006. (카렌 암스트롱 지음, 정영목 옮김, 『축의 시대』, 교양인, 2010) 자비와 비폭력이라는 위대한 주제의 출현에 초점을 맞춰 축의 시대를 다룬다.

_____ *A Short History of Myth*. Edinburgh and New York, 2005. (카렌 암스트롱 지음, 이다희 옮김, 이윤기 감수, 『신화의 역사』, 문학동네, 2005)

Belkin, Samuel. *In His Image: The Jewish Philosophy of Man as Expressed in Rabbinic Tradition*. London, 1960.

Benedikt, Michael. *God Is the Good We Do: Theology of Theopraxy*. New York, 2007.

Buckman, Robert. *Can We Be Good Without God?* New York, 2002.

Campbell, Joseph, with Bill Moyers. *The Power of Myth*. New York, 1988. (조지프 캠벨·빌 모이어스 지음, 이윤기 옮김, 『신화의 힘』, 21세기북스, 2020) 다큐멘터리로도 볼 수 있다.

Eisenstadt, S. N., ed. *The Origins and Diversity of Axial Age Civilizations*. Albany, 1986.

Fingarette, Herbert. *Confucius: The Secular as Sacred*. New York, 1972.

Furnish, Victor Paul. *The Love Command in the New Testament*. Nashville and New York, 1972.

Girard, René. *Violence and the Sacred*. Trans. Patrick Gregory. Baltimore, 1977. (르네 지라르 지음, 박무호·김진식 옮김, 『폭력과 성스러움』, 민음사, 2000)

Holloway, Richard. *Godless Morality: Keeping Religion Out of Ethics*. Edinburgh, 1999.

Jaspers, Karl. *The Great Philosophers: The Foundations*. Ed. Hannah Arendt. Trans. Ralph Mannheim. London, 1962. 이 고전은 붓다, 공자, 소크라테스, 예수에 관한 아주 뛰어난 네 편의 에세이로 구성되어 있다.

_____ *The Origin and Goal of History*. Trans. Michael Bullock. London, 1953. 축의 시대를 다룬 중요한 도서.

Nasr, Seyyed Hossein. *The Garden of Truth: The Vision and Promise of Sufism, Islam's Mystical Tradition*. San Franscisco, 2007.

Outka, Gene. *Agape: An Ethical Analysis*. New Haven, 1972.

Perkins, Pheme. *Love Commands in the New Testament*. New York, 1982.

Ramadan, Tariq. *The Quest for Meaning: Developing a Philosophy of Pluralism*. London, 2010.

Schottroff, Luise. *Essays on the Love Commandment*. Trans. Reginald H. and Ilse Fuller. Philadelphia, 1978.

Sviri, Sara. *The Taste of Hidden Things*. Inverness, CA, 1997.

Tillich, Paul. *Love, Power and Justice*. New York and Oxford, 1963. (폴 틸리히 지음, 성신형 옮김, 『사랑, 힘 그리고 정의』, 한들출판사, 2017)

Tu Wei-Ming. *Confucian Thought: Selfhood as Creative Transformation*. Albany, 1985.

Vorspan, Albert, and David Saperstein. *Jewish Dimensions of Social Justice: Tough Moral Choices of Our Time*. New York, 1998.

자비로운 삶의 수행

Cooper, Howard. *The Alphabet of Paradise: An A-Z of Spirituality for Everyday Life*. London, 2002.

Gandhi, Mahatma. *The Essential Gandhi*. Ed. Louis Fischer. New York, 1962.

Gyatso Tenzin, H. H. the Dalai Lama. *The Art of Happiness*. London, 1998. (달라이 라마·하워드 C.커틀러 지음, 류시화 옮김, 『달라이 라마의 행복론』, 김영사, 2001)

_____ *The Art of Happiness in a Troubled World*. New York, 2009. (달라이 라마·하워드 C.커틀러 지음, 류시화 옮김, 『당신은 행복한가』, 문학의숲, 2012)

_____ *Ethics for the New Millennium*. New York, 1999. (달라이 라마 지음, 도솔 옮김, 『오른손이 하는 일을 오른손도 모르게 하라』, 나무심는사람, 2002)

_____ *Healing Anger: The Power of Patience from a Buddhist Perspective*. Ithaca, NY, 1997.

_____ *Live in a Better Way: Reflections on Truth, Love, and Happiness*. London and New York, 1999.

_____ *Transforming the Mind: Teachings on Generating Compassion*. London, 2000. (달라이 라마 지음, 이거룡 옮김, 『달라이 라마의 관용』, 아테네, 2010)

King, Martin Luther, Jr. *Strength to Love*. Philadelphia, 1963.

Ladner, Lorne. *The Lost Art of Compassion: Discovering the Practice of Happiness in the Meeting of Buddhism and Psychology*. San Francisco, 2004. (론 래드너 지음, 박성현 옮김, 『자비의 심리학』, 학지사, 2014)

Margulies, Alfred. *The Empathic Imagination*. New York, 1989.

Muhaiyaddeen, M. R. Bawa. *A Book of God's Love*. Philadelphia, 1981.

Schweitzer, Albert. *Reverence for Life*. New York, 1965.

Thich Nhat Hanh. *Anger: Wisdom for Cooling the Flames*. New York, 2001. (틱낫한 지음, 최수민 옮김, 『화』, 명진출판사, 2008)

―――― *The Art of Power*. New York, 2004.

―――― *The Miracle of Mindfulness*. Boston, 1975. (틱낫한 지음, 이현주 옮김, 『틱낫한 명상』, 불광출판사, 2013)

―――― *Peace Is Every Step: The Path of Mindfulness in Everyday Life*. New York, 1991. (틱낫한 지음, 김윤족 옮김, 『모든 발걸음마다 평화』, 불광출판사, 2021)

―――― *Taming the Tiger Within: Meditations on Transforming Difficult Emotions*. New York, 2004. (틱낫한 지음, 진화 옮김, 『그대 안의 호랑이를 길들여라』, 케이디북스, 2010)

―――― *Teachings on Love*. Berkeley, 2007.

―――― *True Love: A Practice for Awakening the Heart*. Boston, 1997.

Tolle, Eckhart. *The Power of Now: A Guide to Spiritual Enlightenment*. London, 1999. (에크하르트 톨레 지음, 노혜숙·유영일 옮김, 『지금 이 순간을 살아라』, 양문, 2008)

Tutu, Desmond M. *No Future Without Forgiveness*. New York, 1999. (데즈먼드 음필로 투투 지음, 홍종락 옮김, 『용서 없이 미래 없다』, 사자와어린양, 2022)

―――― and Mpho Tutu. *Made for Goodness: And Why This Makes a Difference*. New York, 2010. (음포 투투·데즈먼드 음필로 투투 지음, 장택수 옮김, 『선하게 태어난 우리』, 나무생각, 2012)

현대 심리학과 뇌과학의 시선으로 본 자비

Begley, Sharon. *The Plastic Mind*. London, 2009.

Browning, Don. *Religious Thought and Modern Psychologies: A Critical Conversation in the Theology of Culture*. Philadelphia, 1987.

Davidson, Richard J., and Anne Harrington, eds. *Visions of Compassion: Western Scientists and Tibetan Buddhists Examine Human Nature*. Oxford, 2002.

Gilbert, Paul. *The Compassionate Mind*. London, 2009.

Hefner, Philip. *The Human Factor: Evolution, Culture, and Religion*. Minneapolis, 1993.

Molino, Anthony, ed. *The Couch and the Tree: Dialogues in Psychoanalysis and Buddhism*. London, 1998.

Pope, Stephen. *The Evolution of Altruism and the Ordering of Love*. Washington, DC, 1994.

Post, Stephen G. *Unlimited Love: Altruism, Compassion, and Service*. Radnor, PA, 2003.

―――― Lynn G. Underwood, Jeffrey S. Schloss, and William B. Hurlbut, eds. *Altruism and Altruistic Love: Science, Philosophy, and Religion in Dialogue*. Oxford, 2002.

Rolston, Holmes. *Genes, Genesis and God*. Cambridge, UK, 1999.

Vaillant, George E. *Spiritual Evolution: A Scientific Defense of Faith*. New York, 2008.

Walsh, Anthony. *The Science of Love: Understanding Love and Its Effects on Mind and Body*. Buffalo, 1991.

Zornberg, Avivah Gottlieb. *The Murmuring Deep: Reflections on the Biblical Unconscious*. New York, 2009.

경전과 경전 해석의 문제

Akenson, Donald Harman. *Surpassing Wonder: The Invention of the Bible and the Talmuds*. New York, San Diego, and London, 1998.

Alter, Robert, and Frank Kermode, eds. *A Literary Guide to the Bible*. London, 1987. 이 안에서도 특히 Gerald L. Bruns의 에세이 'Midrash and Allegory: The Beginnings of Scriptural Interpretation'를 읽어볼 것을 추천한다.

Armstrong, Karen. *The Bible: A Biography*. London and New York, 2007. (카렌 암스트롱 지음, 배철현 옮김, 『성서』, 세종, 2015)

Cragg, Kenneth. *The Event of the Qur'an*. Oxford, 1971.

―― *Readings in the Qur'an*. London, 1988.

Fishbane, Michael. *The Exegetical Imagination: On Jewish Thought and Theology*. Cambridge, Mass., 1998.

―― *The Garments of Torah: Essays in Biblical Hermeneutics*. Bloomington and Indianapolis, 1989. 두 권 모두 무척 추천한다.

Gatje, Helmut. *The Qur'an and Its Exegesis*. Berkeley, 1976.

Holcomb, Justin S., ed. *Christian Theologies of Scripture: A Comparative Introduction*. New York and London, 2006.

Kraemer, David. *The Mind of the Talmud: An Intellectual History of the Bavli*. New York and Oxford, 1990.

Schneidewind, William M. *How the Bible Became a Book*. Cambridge, UK, 2004.

Sells, Michael, intro. and trans. *Approaching the Qur'an: The Early Revelations*. Ashland, OR, 1999. 훌륭한 코란 입문서로, 코란의 운문이 어떻게 작동하는지 보여주며 암송 CD도 포함되어 있다.

Smalley, Beryl. *The Study of the Bible in the Middle Ages*. Oxford, 1941.

Smith, Wilfred Cantwell. *What Is Scripture? A Comparative Approach*. London, 1993. (윌프레드 캔트웰 스미스 지음, 류제동 옮김, 『경전이란 무엇인가』, 분도출판사, 2022)

Tabataba'i, Muhammad H. *Qur'an in Islam*. London, 1988.

모든 사람에 대한 관심

열 번째 단계에서 이 목록을 참고해 연습할 것을 권했다. 물론 몇몇 독자들은 자신에게 맞는 책을 따로 찾는 것을 선호할 수도 있다. 목록이 너무 길다면, 별표(*)로 표시해둔 책부터 시작하기를 권한다.

Abou El Fadl, Khaled, with Tariq Ali, Milton Viorst, John Esposito, and others. *The Place of Tolerance in Islam*. Boston, 2002.

Abu-Nimer, Mohammed. *Nonviolence and Peace Building in Islam: Theory and Practice*. Gainesville, FL, 2003.

*Ahmed, Leila. *A Border Passage: From Cairo to America: A Woman's Journey*. New York, 1999.

*―――― *Women and Gender in Islam: Historical Roots of a Modern Debate*. New Haven and London, 1992.

*Ahmed, Salman, with Robert Schroeder. *Rock & Roll Jihad: A Muslim Rock Star's Revolution*. With an introduction by Melissa Etheridge. New York, 2010.

Al-Ali, Naji. *A Child in Palestine: The Cartoons of Naji al-Ali*. London and New York, 2009. (나지 알 알리 지음, 강주헌 옮김, 『열한 살의 한잘라』, 시대의창, 2012)

Al-Azmeh, Aziz. *Islam and Modernities*, 3rd ed. London and Brooklyn, 2005.

Ansari, Zafar Ishaq, and John Esposito, eds. *Muslims and the West: Encounter and Dialogue*. Islamabad and Washington, DC, 2001.

Appleby, R. Scott. *The Ambivalence of the Sacred: Religion, Violence, and Reconciliation*. Lanham, MD, Boulder, CO, New York and Oxford, 2000.

―――― ed. *Spokesmen for the Despised: Fundamentalist Leaders of the Middle East*. Chicago and London, 1997.

Armstrong, Karen. *The Battle for God: A History of Fundamentalism in Judaism, Chrisitanty and Islam*. London and New York, 2000.

*―――― *Islam: A Short History*. London and New York, 2000. (카렌 암스트롱 지음, 장병옥 옮김, 『이슬람』, 을유문화사, 2012)

―――― *Jerusalem: One City, Three Faiths*. London and New York, 1996.

Aslan, Reza. *How to Win a Cosmic War: God, Globalization, and the End of the War on Terror*. New York, 2009.

*―――― *No God But God: The Origins, Evolution, and Future of Islam*. London and New York, 2005. (레자 아슬란 지음, 정규영 옮김, 『알라 외에 다른 신은 없도다』, 이론과실천, 2006)

Avineri, Shlomo. *The Making of Modern Zionism: The Intellectual Origins of the Jewish State*. London, 1981.

Avishai, Bernard. *The Tragedy of Zionism: Revolution and Democracy in the Land of Israel*. New York, 1985.

*Bauman, Zygmunt. *Modernity and the Holocaust*. Ithaca, NY, 1989. (지그문트 바우만 지음, 정일준 옮김, 『현대성과 홀로코스트』, 새물결, 2013)

Boone, Kathleen C. *The Bible Tells Them So: The Discourse of Protestant Fundamentalism*. London, 1990.

Choueiri, Youssef M. *Islamic Fundamentalism*. London, 1990.

Delong-Bas, Natana J., *Wahhabi Islam: From Revival and Reform to Global Jihad*. Oxford, 2004.

Djait, Hichem. *Europe and Islam: Cultures and Modernity*. Berkeley, 1985.

*Elon, Amos. *The Israelis: Fathers and Sons*. rev. ed. London, 1984.

Esposito, John. *Unholy War: Terror in the Name of Islam*. New York and Oxford, 2002.

―――― ed. *Voices of Resurgent Islam*. New York and Oxford, 1983.

*Esposito, John, with Dahlia Mogahed. *Who Speaks for Islam? What a Billion Muslims Really Think, Based on the World's Gallup Poll*. New York, 2007.

―――― *The Future of Islam*. New York and Oxford, 2010.

Fischer, Michael J. *Iran: From Religious Dispute to Revolution*. Cambridge, MA and London, 1980.

Fisk, Robert. *Pity the Nation: Lebanon at War*. London, 1990.

Friedman, Robert J. *Zealots for Zion: Inside Israel's West Bank Settlement Movement*. New York, 1992.

Gole, Nilufa. *The Forbidden Modern: Civilization and Veiling*. Ann Arbor, MI, 1996.

Gopin, Marc. *Between Eden and Armageddon: The Future of World Religions, Violence, and Peacemaking*. Oxford and New York, 2000.

*―――― *Holy War, Holy Peace: How Religion Can Bring Peace to the Middle East*. New York

and Oxford, 2002.

Gorenberg, Gershom. *The Accidental Empire: Israel and the Birth of the Settlements, 1967–1977*. New York, 2006.

Heikal, Mohamed. *Autumn of Fury: The Assassination of Sadat*. London, 1984.

Hertzberg, Arthur. *The Zionist Idea*. New York, 1969.

Hilterman, Joost R. *A Poisonous Affair: America, Iraq, and the Gassing of Halabja*. Cambridge, UK, 2007.

*Holmes, Jonathan. *Fallujah: Eyewitness Testimony from Iraq's Besieged City*. London, 2007.

Hourani, Albert. *Islam in European Thought*. Cambridge, UK, 1991.

Hroub, Khaled. *Hamas: Political Thought and Practice*. Washington, DC, 2000.

*Karmi, Ghada. *In Search of Fatima: A Palestinian Story*. London and New York, 2002.

──── *Married to Another Man: Israel's Dilemma in Palestine*. London and Ann Arbor, 2007.

Keddie, Nikki R. *Roots of Revolution: An Interpretive History of Modern Iran*. New Haven and London, 1981.

──── *Scholars, Saints and Sufis: Muslim Religious Institutions in the Middle East Since 1500*. Berkeley, Los Angeles and London, 1972.

──── ed. *Religion and Politics in Iran: Shiism from Quietism to Revolution*. New Haven and London, 1983.

Kepel, Gilles. *The Prophet and Pharaoh: Muslim Extremism in Egypt*. Trans. Jon Rothschild. London, 1985.

*Keshavarz, Fatemeh. *Jasmine and Stars: Reading More Than Lolita in Tehran*. Chapel Hill, 2007.

*Klausen, Jytte. *The Cartoons That Shook the World*. New Haven and London, 2009. 2005년 윌란스 포스텐 무함마드 만평 논란에 대한 가장 뛰어난 분석 중 하나.

Klein, Menachem. *Jerusalem: The Contested City*. London, 1988.

Kurzman, Charles, ed. *Liberal Islam: A Sourcebook*. New York and Oxford, 1998.

Lawrence, Bruce B. *Defenders of God: The Fundamentalist Revolt Against the Modern Age*. London and New York, 1990.

Lincoln, Bruce. *Holy Terrors: Thinking About Religion After September 11*. 2nd ed. Chicago and London, 2003. (W. 브루스 링컨 지음, 김윤성 옮김, 『거룩한 테러』, 돌베개, 2005)

Lumbard, Joseph E. B., ed. *Islam, Fundamentalism, and the Betrayal of Tradition: Essays by

Western Muslim Scholars. With a foreword by Seyyed Hoseein Nasr. Bloomington, IN, 2004.

Lustick, Ian S. *For the Land and the Lord: Jewish Fundamentalism in Israel*. New York, 1988.

Malik, Kenan. *From Fatwa to Jihad: The Rushdie Affair and Its Legacy*. London, 2009.

Mastnak, Tomaz. *Crusading Peace: Christendom, the Muslim World, and Western Political Order*. Berkeley and Los Angeles, 2002.

*Mernissi, Fatima. *Women in Islam: An Historical and Theological Inquiry*. Trans. Mary Jo Lakeland. Oxford, 1991.

Milton-Edwards, Beverley. *Islamic Politics in Palestine*. London and New York, 1996.

*Mohsin, Hamid. *The Reluctant Fundamentalist*. London, 2007. (모신 하미드 지음, 왕은철 옮김, 『주저하는 근본주의자』, 민음사, 2012) 파키스탄의 눈으로 바라본 세상에 대한 미묘한 통찰력을 제공하는 아름다운 소설이자 세계적인 베스트셀러.

Momen, Moojan. *An Introduction to Shii Islam*. New Haven and London, 1985.

**Mottahedeh, Roy. *The Mantle of the Prophet: Religion and Politics in Iran*. London, 1985. 이슬람 혁명 이전 수십 년 동안 젊은 아야톨라와 친구들의 인생을 따라가며 이란의 영성, 역사, 문화를 완벽하게 소개하는 책이기에 특별히 별표 두 개를 달았다.

Muzaffar, Chandra. *Global Ethic or Global Hegemony? Reflections on Religion, Human Dignity and Civilisational Interaction*. London, 2005.

―――― *Muslims, Dialogue, Terror*. Selangore, Malaysia, 2003.

*Nasr, Vali. *The Shia Revival: How Conflicts Within Islam Will Shape the Future*. New York, 2005.

―――― *Islamic Leviathan: Islam and the Making of State Power*. Oxford and New York, 2001.

―――― *The Vanguard of the Islamic Revolution: The Jama'at-Islami of Pakistan*. London and New York, 1994.

Noll, Mark A., ed. *Religion and American Politics: From the Colonial Period to the 1980s*. Oxford and New York, 1990.

Oz, Amos. *My Michael*. Trans. Nicholas de Lange. London, 1972. (아모스 오즈 지음, 최창모 옮김, 『나의 미카엘』, 민음사, 1998)

*―――― *In the Land of Israel*. Trans. Maurice Goldberg-Bartura. London, 1983.

Ramadan, Tariq. *Radical Reform: Islamic Ethics and Liberation*. Oxford, 2009.

―――― *Western Muslims and the Future of Islam*. Oxford, 2004.

*―――― *What I Believe*. Oxford and New York, 2010.

Ravitsky, Aviezer. *Messianism, Zionism, and Jewish Religious Radicalism*. Trans. Michael

Swirsky and Jonathan Chipman. Chicago and London, 1993.

Rodinson, Maxime. *Europe and the Mystique of Islam*. Trans. Roger Veinus. London, 1988.

*Rogan, Eugene. *The Arabs: A History*. London, 2009. (유진 로건 지음, 이은정 옮김, 『아랍』, 까치, 2022)

Roy, Olivier. *Globalised Islam: The Search for a New Ummah*. New York, 2004.

Sachedina, Abdulaziz. *The Islamic Roots of Democratic Pluralism*. New York and Oxford, 2001.

Said, Edward. *Orientalism: Western Conceptions of Orient*. New York, 1978. (에드워드 W. 사이드 지음, 박홍규 옮김, 『오리엔탈리즘』, 교보문고, 2015)

Sajoo, Amyn B. *Civil Society in the Muslim World: Contemporary Perspectives*. London and New York, 2002.

*Schechter, Jack. *The Land of Israel: Its Theological Dimensions, A Study of a Promise and of a Land's Holiness*. Lanham, Boulder, New York, Toronto and Plymouth, UK, 2010.

*Schweid, Eliezer. *The Land of Israel: National Home or Land of Destiny*. Trans. Deborah Greniman. London and Toronto, 1985.

Sick, Gary. *All Fall Down: America's Fateful Encounter with Iran*. London, 1985.

Silberstein, Lawrence. *Jewish Fundamentalism in Comparative Perspective: Religion, Ideology, and the Crisis of Modernity*. New York and London, 1993.

Soroush, Abdolkarim. *Reason, Freedom, and Democracy in Islam: Essential Writings of Abdolkarim Soroush*. Trans. and ed. Mahmoud Sadri and Ahmad Sadri. New York and Oxford, 2000.

Sprinzak, Ehud. *The Ascendance of Israel's Radical Right*. Oxford and New York, 1991.

*Takeh, Ray. *Guardians of the Revolution: Iran and the World in the Age of the Ayatollahs*. New York and Oxford, 2009.

*Tarnas, Richard. *The Passion of the Western Mind: Understanding the Ideas That Have Shaped Our World View*. New York and London, 1991.

Tibi, Bassam. *The Crisis of Political Islam: A Pre-Industrial Culture in the Scientific-Technological Age*. Salt Lake City, UT, 1988.

Wolfe, Michael. *Hadj: A Pilgrimage to Mecca*. London, 1993.

―――― ed. (with the editors of @beliefnet). *Taking Back Islam: American Muslims Reclaim Their Faith*. Rodale Inc., 2002.

Yovel, Yirmanyahu. *Dark Riddle: Hegel, Nietzsche, and the Jews*. Cambridge, UK, 1998.

Zaru, Jean. *Occupied with Nonviolence: A Palestinian Woman Speaks Out*. Minneapolis, 2008.

상처
주지
않을
결심

2024년 9월 26일 초판 1쇄 발행

지은이 카렌 암스트롱 • 옮긴이 권혁
발행인 박상근(至弘) • 편집인 류지호 • 편집이사 양동민
책임편집 하다해 • 편집 김재호, 양민호, 김소영, 최호승, 정유리
디자인 쿠담디자인 • 제작 김명환 • 마케팅 김대현, 이선호 • 관리 윤정안
콘텐츠국 유권준, 김대우, 김희준
펴낸 곳 불광출판사 (03169) 서울시 종로구 사직로10길 17 인왕빌딩 301호
대표전화 02) 420-3200 편집부 02) 420-3300 팩시밀리 02) 420-3400
출판등록 제300-2009-130호(1979. 10. 10.)

ISBN 979-11-7261-044-9 (03300)

값 20,000원

잘못된 책은 구입하신 서점에서 바꾸어 드립니다.
독자의 의견을 기다립니다. www.bulkwang.co.kr
불광출판사는 (주)불광미디어의 단행본 브랜드입니다.